南京统计年鉴

NANJING STATISTICAL YEARBOOK

2022

南　京　市　统　计　局
国家统计局南京调查队　编

图书在版编目（C I P）数据

南京统计年鉴. 2022 = Nanjing Statistical Yearbook 2022 / 南京市统计局，国家统计局南京调查队编. -- 北京 : 中国统计出版社，2022.9
ISBN 978-7-5037-9878-8

Ⅰ. ①南… Ⅱ. ①南… ②国… Ⅲ. ①统计资料—南京—2022—年鉴 Ⅳ. ①C832.531-54

中国版本图书馆 CIP 数据核字(2022)第 130319 号

南京统计年鉴 2022

作　　者　南京市统计局　国家统计局南京调查队
责任编辑　钟钰
装帧设计　周荣美
出版发行　中国统计出版社有限公司
地　　址　北京市丰台区西三环南路甲 6 号
邮政编码　100073
电　　话　邮购（010）63376909　书店（010）68783171
网　　址　http://www.zgtjcbs.com
印　　刷　南京茂华彩色印务有限公司
经　　销　新华书店
开　　本　890mm×1240mm　1/16
字　　数　590 千字
印　　张　26　彩页 0.75
版　　别　2022 年 9 月第 1 版
版　　次　2022 年 9 月第 1 次印刷
定　　价　380.00 元

如有印装差错，由本社发行部调换。

编委会和编辑人员

编辑委员会

编辑部

编 者 说 明

一、《南京统计年鉴 2022》以大量的统计数据，全面、系统地反映了 2021 年南京经济和社会等各方面的发展情况，是一本数据信息密集、内容广泛的资料性工具书。

二、全书内容分为 17 个篇目，即：1. 综合；2. 国民经济核算；3. 人口和就业；4. 人民生活；5. 价格指数；6. 农业；7. 工业和能源；8. 交通运输和邮电通讯业；9. 固定资产投资和建筑业；10. 批发和零售业、住宿和餐饮业；11. 对外经济贸易和旅游业；12. 财政、金融和保险；13. 科技和教育；14. 文化、体育和卫生；15. 司法、社会福利与其他社会活动；16. 城市建设与环境保护；17. 分区社会经济。为便于读者正确地使用资料，各篇目还附有主要统计指标解释。

三、本年鉴国民经济行业分类按 2017 年国家标准《国民经济行业分类》（GB/T4754—2017）执行。

四、本年鉴部分统计数据来源于有关主管部门，对此我们分别予以注明。如使用者在使用该资料时认为有必要，可与该部门直接联系。

除部门统计数据外，本年鉴的统计资料，由南京市统计局、国家统计局南京调查队依法通过统计调查，汇总、加工取得，并对统计资料的质量负责。请使用者客观、科学、合理的依法使用，对使用本年鉴统计数据所产生的法律争议由使用者自行解决。

五、本年鉴部分数据合计数或相对数由于单位取舍不同产生的计算误差均未作机械调整。

六、读者在使用统计资料时，凡与本年鉴有出入的，均以本年鉴为准。

七、本年鉴中符号使用说明：“一”或“空格”表示数据不详或无该项数据；

“#”表示其中的主要项；

“★”表示另有注解。

八、《南京统计年鉴》公开出版以来，受到社会各界的关注和支持，对年鉴的内容和编辑工作提出了许多宝贵的意见，对此，我们深表谢意。欢迎读者继续对年鉴的不足之处给予批评指正，帮助我们进一步提高编辑水平，以期更好地为广大读者服务。

《南京统计年鉴》编辑部

2022 年 8 月

南京市户籍人口总数示意图

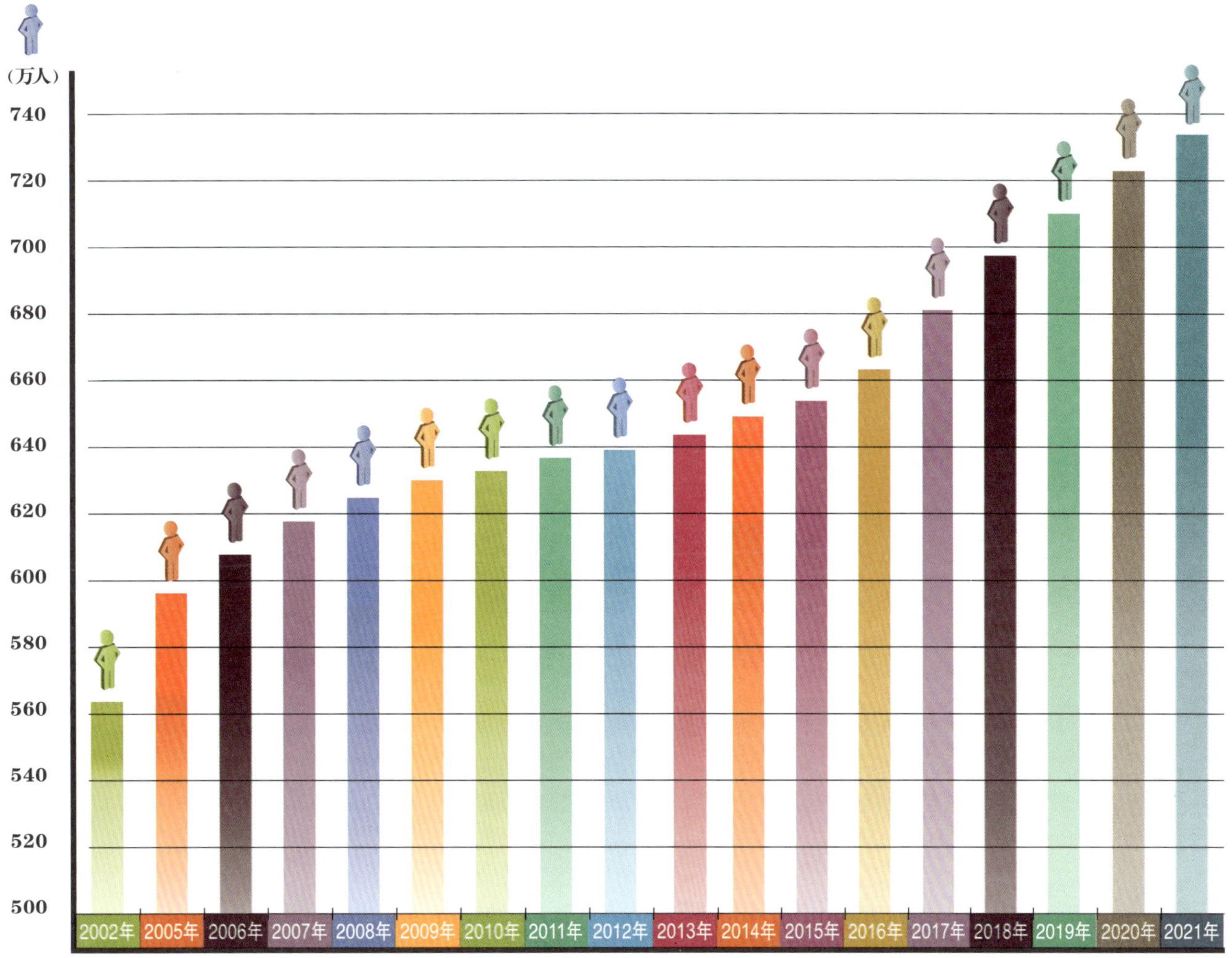

(万人)
740
720
700
680
660
640
620
600
580
560
540
520
500

2002年 2005年 2006年 2007年 2008年 2009年 2010年 2011年 2012年 2013年 2014年 2015年 2016年 2017年 2018年 2019年 2020年 2021年

南京市地区生产总值示意图

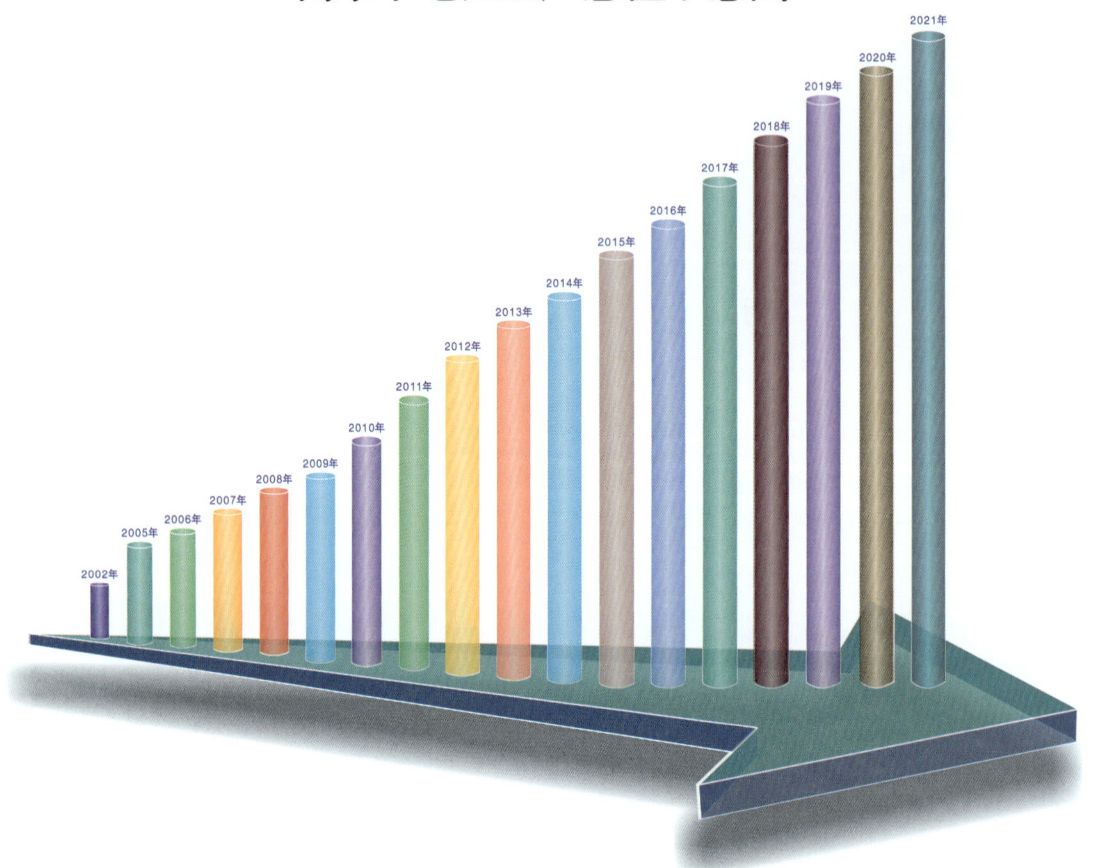

南京市人均地区生产总值（按常住人口计算）示意图

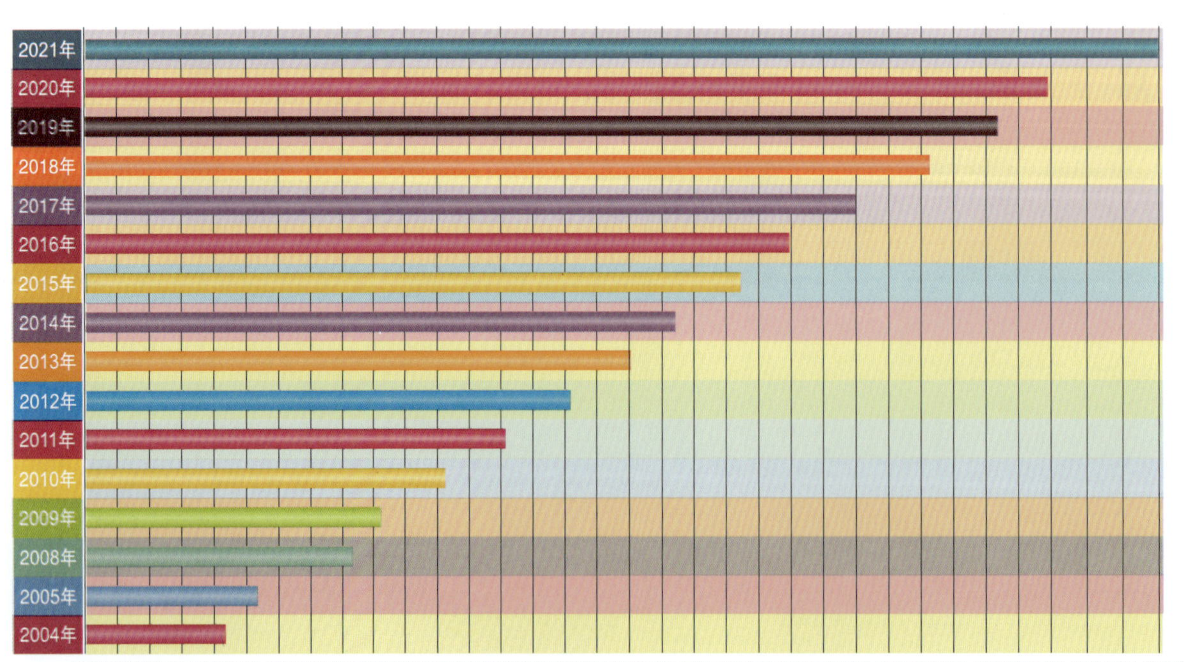

南京市第三产业占地区生产总值比重示意图

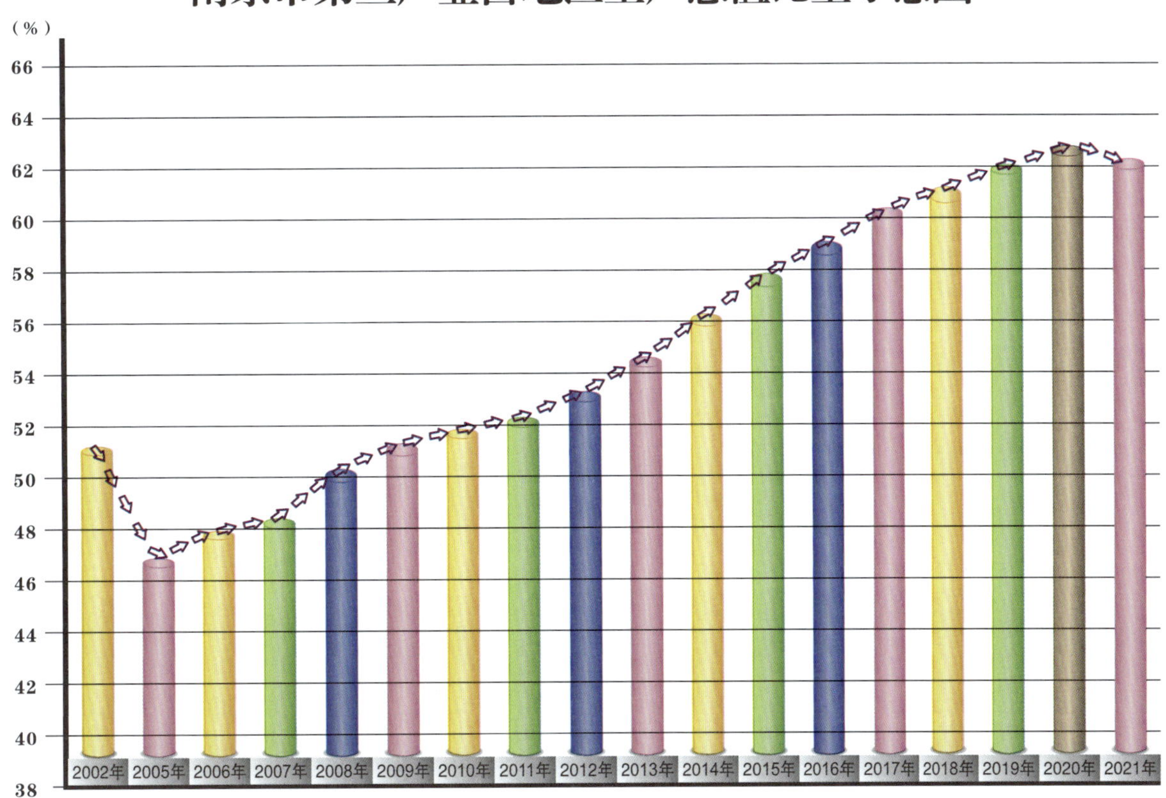

南京市财政收入示意图

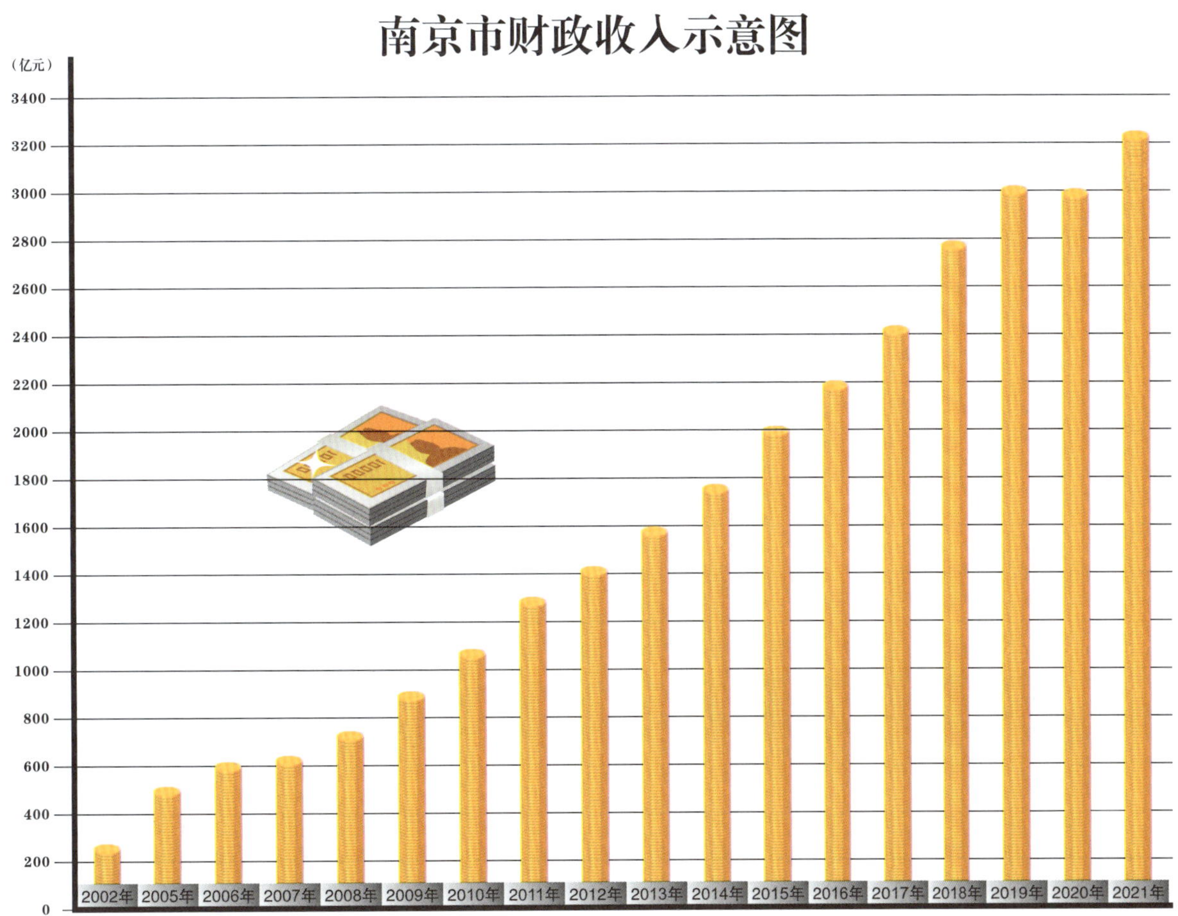

南京市社会消费品零售总额示意图

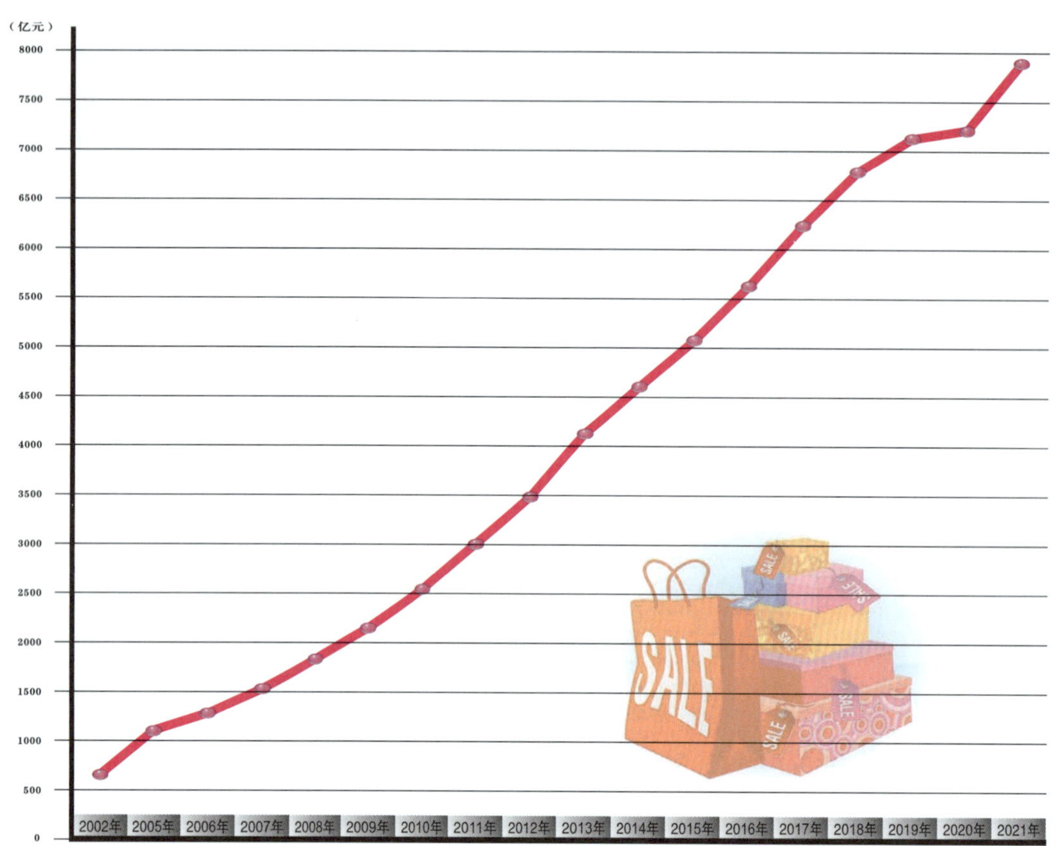

南京市外贸进出口总额示意图

南京市农林牧渔总产值（现价）示意图

南京市人均公园绿地面积示意图

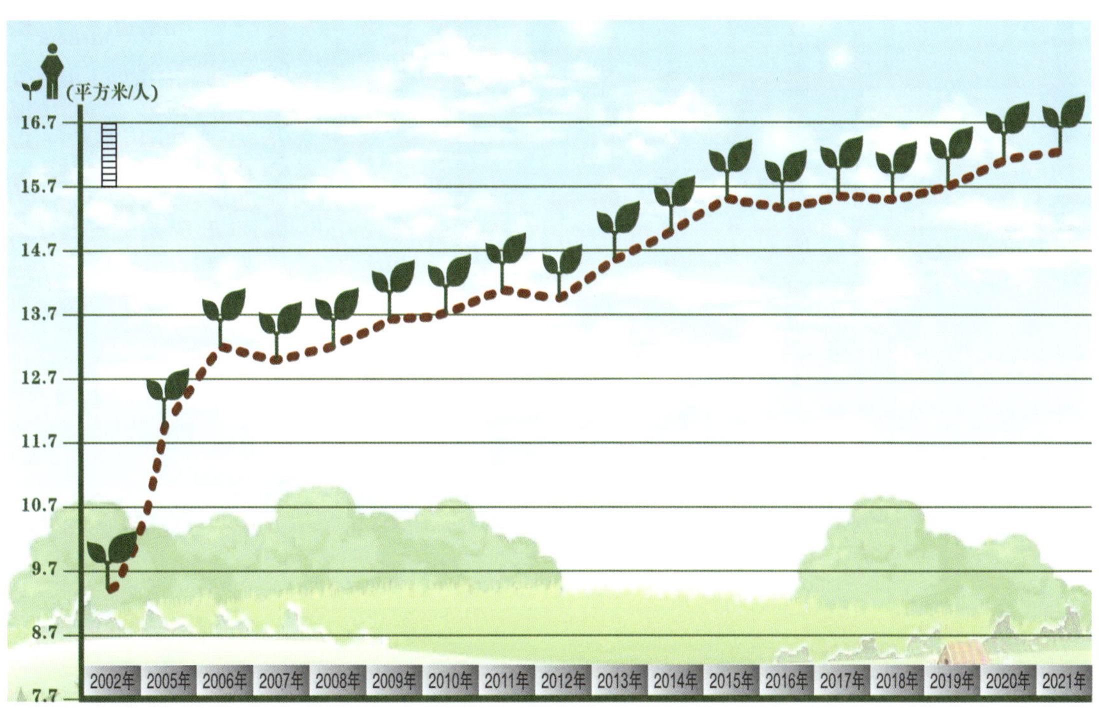

南京市普通高校在校学生人数示意图

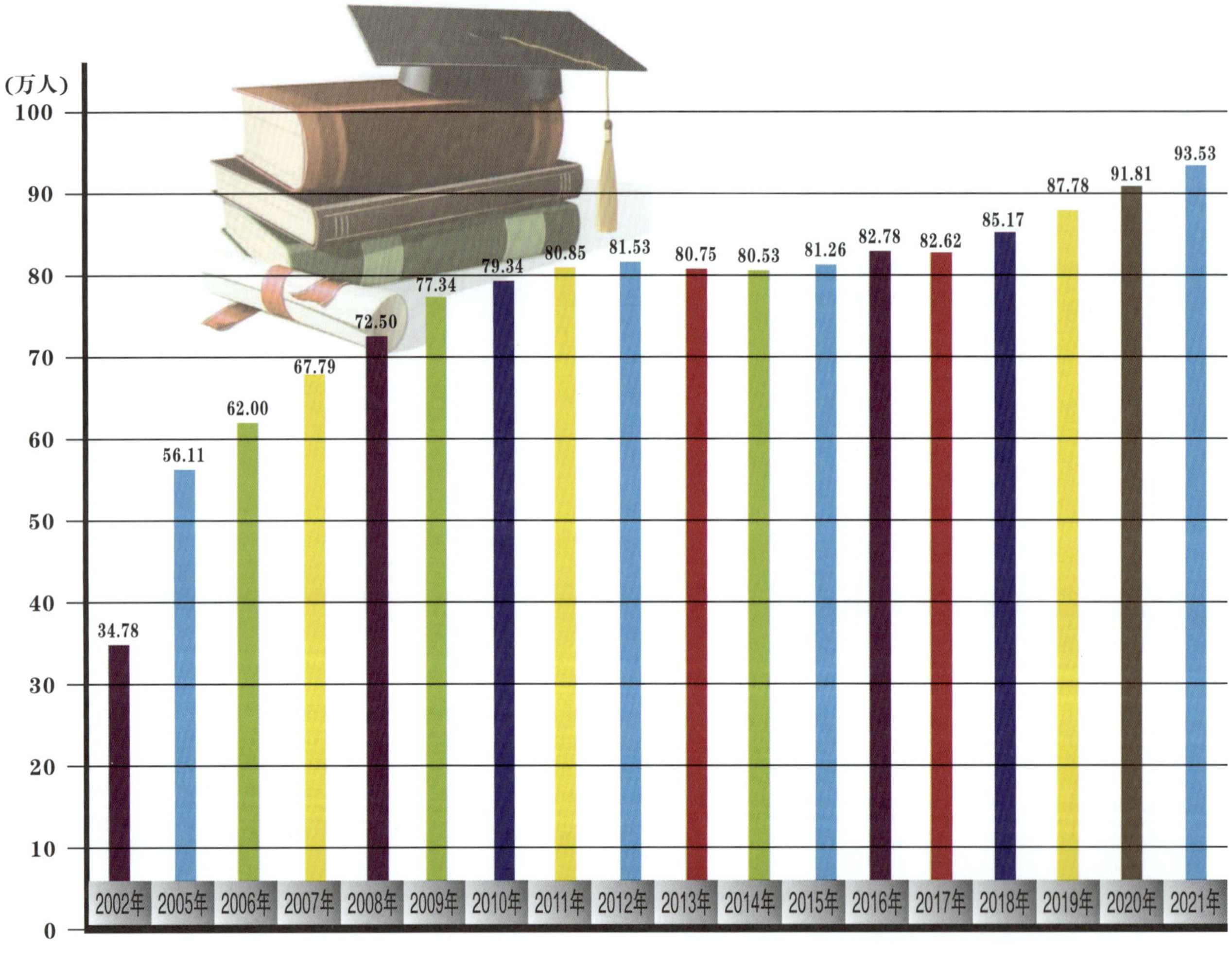

(万人)

年份	在校学生人数
2002年	34.78
2005年	56.11
2006年	62.00
2007年	67.79
2008年	72.50
2009年	77.34
2010年	79.34
2011年	80.85
2012年	81.53
2013年	80.75
2014年	80.53
2015年	81.26
2016年	82.78
2017年	82.62
2018年	85.17
2019年	87.78
2020年	91.81
2021年	93.53

南京市城镇居民人均可支配收入示意图

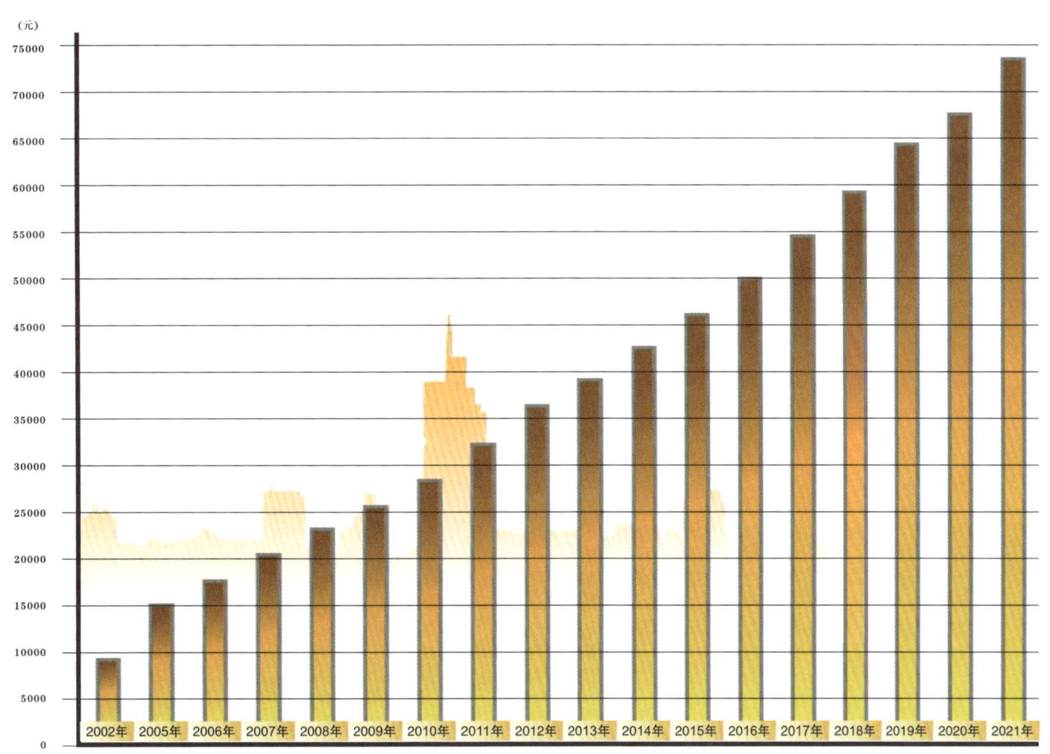

南京市农村居民人均可支配收入示意图

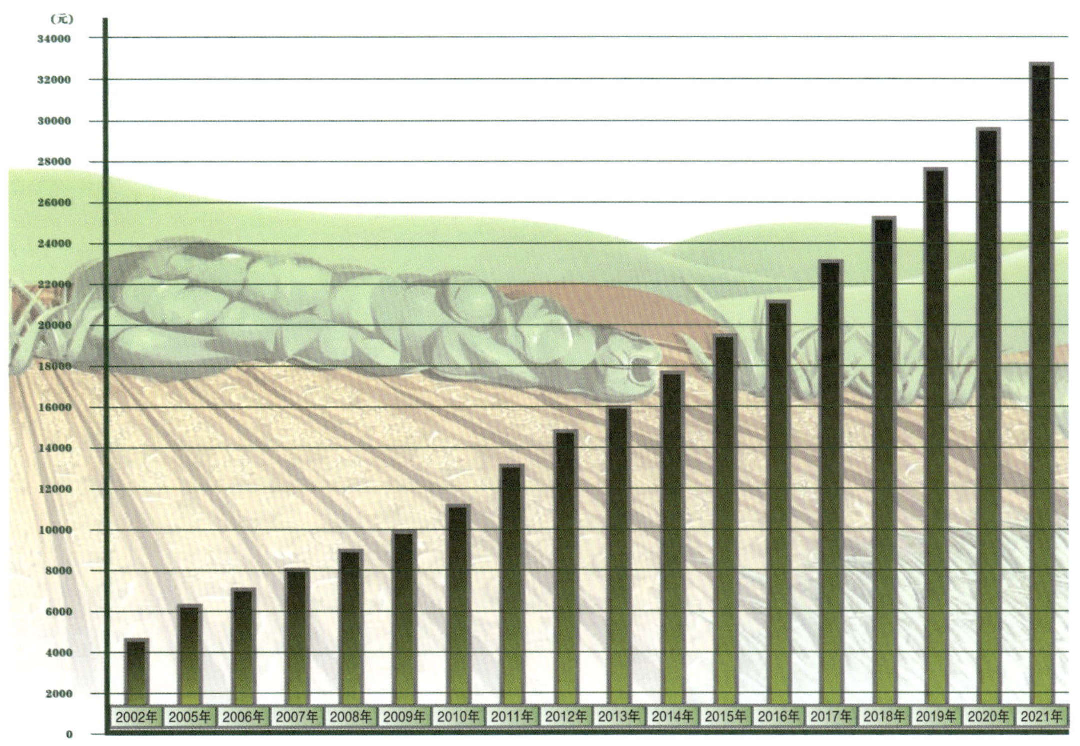

2022 年统计年鉴目录

CONTENTS ON STATISTICAL YEARBOOK 2022

（一）综合

General Survey

（二）国民经济核算

National Accounts

（三）人口和就业

Population And Employment

（四）人民生活

People's Livelihood

（五）价格指数

Price Indices

（六）农业

Agriculture

（七）工业和能源

Industry and Energy

（八）交通运输和邮电通讯业

Transportation, Post and Telecommunication Services

（九）固定资产投资和建筑业

Investment in Fixed Assets and Construction

（十）批发和零售业、住宿和餐饮业

Wholesale and Retail Trade, Accommodations and Catering

（十一）对外经济贸易和旅游业

Foreign Trade and Economic Cooperation, Tourism

（十二）财政、金融和保险

Finance, Banking and Insurance

（十三）科技和教育

Science and Technology, Education

（十四）文化、体育和卫生

Culture, Sports and Public Health

（十五）司法、社会福利与其他社会活动

Judicature, Social Welfare and Others

（十六）城市建设与环境保护

Urban Construction and Environmental Protection

（十七）分区社会经济

Social Economy by District and County

（一）综合

CHAPTER 1 GENERAL SURVEY

表 1—1　行政区划与行政区域土地面积（2021 年末）

计量单位：个、平方公里

地　区	行　政　区　划				行政区域土地面积
	街道办事处	社区居民委员会	镇人民政府	村民委员会	
全　市	95	906	6	325	6587.04
玄　武	7	59			75.46
秦　淮	12	104			49.11
建　邺	6	64			81.75
鼓　楼	13	120			54.18
浦　口	9	93		27	910.49
栖　霞	9	97		29	395.44
雨花台	7	64			132.39
江　宁	10	128		73	1563.33
六　合	11	91	1	55	1471.00
溧　水	5	74	3	37	1063.67
高　淳	6	12	2	104	790.22

注：本表中行政区划数据由市民政局提供；行政区域土地面积由市规划和自然资源局提供。

表 1—2　区所辖街道办事处、镇名称（2021 年）

地　区	街道办事处、镇
玄武区	梅园新村街道、新街口街道、玄武门街道、锁金村街道、红山街道、孝陵卫街道、玄武湖街道
秦淮区	秦虹街道 、夫子庙街道、双塘街道、中华门街道、红花街道、洪武路街道、五老村街道、大光路街道、瑞金路街道、月牙湖街道、光华路街道、朝天宫街道
建邺区	兴隆街道、南苑街道、双闸街道、沙洲街道、江心洲街道、莫愁湖街道
鼓楼区	宁海路街道、华侨路街道、湖南路街道、中央门街道、挹江门街道、江东街道、凤凰街道、下关街道、热河南路街道、幕府山街道、建宁路街道、宝塔桥街道、小市街道
浦口区	泰山街道、顶山街道、沿江街道、江浦街道、桥林街道、汤泉街道、盘城街道、星甸街道、永宁街道
栖霞区	尧化街道、马群街道、迈皋桥街道、燕子矶街道、仙林街道、龙潭街道、栖霞街道、八卦洲街道、西岗街道
雨花台区	赛虹桥街道、雨花街道、西善桥街道、板桥街道、铁心桥街道、梅山街道、古雄街道
江宁区	东山街道、禄口街道、淳化街道、麒麟街道、横溪街道、江宁街道、谷里街道、汤山街道、秣陵街道、湖熟街道
六合区	龙池街道、雄州街道、横梁街道、金牛湖街道、程桥街道、马鞍街道、龙袍街道、冶山街道、大厂街道、葛塘街道、长芦街道、竹镇镇
溧水区	永阳街道、柘塘街道、白马镇、东屏街道、石湫街道、洪蓝街道、晶桥镇、和凤镇
高淳区	淳溪街道、古柏街道、漆桥街道、固城街道、东坝街道、桠溪街道、阳江镇、砖墙镇

注：本表由市民政局提供。

表 1—3　耕地面积情况

计量单位：千公顷

指　　标	2021 年
一、年初耕地面积	141.70
二、年内增加耕地面积	5.07
三、当年经批准减少耕地面积	4.68
四、年末耕地面积	142.09

注：本表数据来源于市规划和自然资源局。本次数据是 2021 年度国土变更调查的数据。

表 1—4　气候（2021 年）

月　　份	平均气温（摄氏）	平均气温（摄氏）		降水量合计（毫米）
		最高	最低	
全　　年	17.6	31.9	0.6	1267.1
一月	4.5	9.6	0.6	28.1
二月	9.8	15.1	6.0	38.2
三月	11.9	16.1	8.3	57.1
四月	16.2	20.3	12.4	69.8
五月	22.1	27.1	18.0	224.9
六月	26	30.2	22.3	77.7
七月	28.1	31.9	25.1	385.6
八月	27.5	31.3	24.6	200
九月	26.3	30.8	22.8	38.6
十月	19.2	23.9	15.6	120.2
十一月	12.6	18.1	8.2	23.2
十二月	6.7	12.4	2.2	3.7

附：极端最高气温：37.0℃　　出现日期：2021 年 07 月 15 日
　　极端最低气温：-8.1℃　　出现日期：2021 年 1 月 8 日、2021 年 1 月 9 日
　　全年日照：1955.5 小时

表1—5　社会经济主要指标

指　　标	2021年	2020年
行政区域土地面积（平方公里）	6587.04	6587.04
# 建成区面积	868.28	868.28
户籍总人口（万人）	733.73	722.57
常住人口（万人）	942.34	931.97
地区生产总值（亿元）	16355.32	14817.95
数字经济核心产业增加值（亿元）	2602.86	—
数字经济核心产业增加值占地区生产总值比重（%）	15.9	—
房地产开发投资（亿元）	2719.80	2631.40
社会消费品零售总额（亿元）	7899.41	7203.03
实际使用外资（亿美元）	50.14	45.15
海关进出口总额（亿元）（按经营单位口径）	6366.83	5340.21
# 出口总额	3989.89	3398.92
接待国内外旅游人数（万人次）	10844	9704
国际旅游创汇收入（亿美元）	2.64	3.85
财政收入（亿元）	3264.26	3009.55
# 一般公共预算收入	1729.52	1637.70
一般公共预算支出（亿元）	1817.73	1754.62

表 1—5　社会经济主要指标（续表）

指　　标	2021 年	2020 年
城市居民消费价格指数（以上年为 100）	101.5	102.4
城镇企业职工基本养老保险参保人数（万人）	372.94	337.60
城镇失业保险参保人数（万人）	345.89	329.24
城镇职工基本医疗保险参保人数（万人）	503.96	483.73
私人轿车拥有量（万辆）	152.43	150.23
互联网接入用户（万户）	1735.73	1652.26
国家级重点实验室（家）	31	31
专利授权量（件）	91964	76323
普通高校拥有数（所）（不含部队院校）	51	53
# 双一流高校	12	12
普通高校在校学生数（万人）（含研究生）	93.53	91.81
普通中学在校学生数（万人）	28.85	27.55
小学在校学生数（万人）	50.01	47.10
公共图书馆总藏量（万册）	2166.40	2102.12
三甲医院拥有数（个）（不含部队医院）	19	20
执业（助理）医师（人）	39326	37823
城市绿化覆盖率（%）	45.00	44.70
林木覆盖率（%）	31.90	31.61
环境空气质量良好以上天数（天）	300	304

表 1—6 按人口平均的社会经济主要指标

指 标	2021 年	2020 年
人均地区生产总值（元）*	174520	159322
人均社会消费品零售额（元）*	84291	77447
人均一般公共预算收入（元）*	18455	17608
人均一般公共预算支出（元）*	19396	18866
人均金融机构本外币存款余额（元）*	477068	430684
城镇非私营单位在岗职工年平均工资（元）	149087	138005
城镇居民人均可支配收入（元）	73593	67553
城镇居民人均消费支出（元）	42487	35854
农村居民人均可支配收入（元）	32701	29621
农村居民人均消费支出（元）	24006	19421
城镇居民人均现住房建筑面积（平方米）	40.7	40.5
农村居民人均现住房建筑面积（平方米）	66.5	64.4
人均日生活用水量（升）	322.71	296.54
人均生活用电（千瓦小时）*	1147.64	1047.79
年末每万人拥有医疗床位数（张）	70.13	67.53
年末每万人拥有执业医师、助理医师（人）	41.73	40.58
人均拥有道路面积（平方米）	25.78	25.00

注：本表中人均指标按常住人口计算，加“*”号指标按常住平均人口计算。

表 1—7　南京与全国、全省主要经济指标比较（2021 年）

指　　标	计量单位	南京	全国	全省	占全国比重%	占全省比重%
年末总人口（常住）	万人	942.34	141260	8505.40	0.67	11.08
地区生产总值	亿元	16355.32	1143670	116364.20	1.43	14.06
第一产业增加值	亿元	303.94	83086	4722.42	0.37	6.44
第二产业增加值	亿元	5902.65	450904	51775.39	1.31	11.40
第三产业增加值	亿元	10148.73	609680	59866.39	1.66	16.95
# 金融业增加值	亿元	2021.07	91206	9163.96	2.22	22.05
房地产业增加值	亿元	1160.72	77561	8943.28	1.50	12.98
规模以上工业利润总额	亿元	1075.52	87092	9358.13	1.23	11.49
社会消费品零售总额	亿元	7899.41	440823	42702.65	1.79	18.50
进出口总额	亿元	6366.83	391009	52130.59	1.63	12.21
# 进口	亿元	2376.94	173661	19598.26	1.37	12.13
出口	亿元	3989.89	217348	32532.33	1.84	12.26
实际使用外资	亿美元	50.14	1734.8	288.50	2.89	17.38
一般公共预算收入	亿元	1729.52	202539	10015.16	0.85	17.27
一般公共预算支出	亿元	1817.73	246322	14585.96	0.74	12.46
金融机构本外币存款余额	亿元	44708.68	2386000	196016.31	1.87	22.81
金融机构本外币贷款余额	亿元	43305.40	1985000	180538.69	2.18	23.99

注：全国、全省的指标数据为年度快报数。

表1—8 南京与全国、全省主要经济指标人均水平比较

计量单位：元

指标	2021年			2020年		
	南京	全国	全省	南京	全国	全省
人均地区生产总值	174520	80976	137039	159322	72447	121231
城镇居民人均可支配收入	73593	47412	57743	67553	43834	53102
农村居民人均可支配收入	32701	18931	26791	29621	17131	24198
人均社会消费品零售额	84291	31212	50290	77447	27778	43769
人均一般公共预算收入	18455	14340	11795	17608	12961	10691
人均一般公共预算支出	19396	17440	17177	18866	17404	16148
人均金融机构本外币存款余额	477068	168937	230843	430684	154755	210049
人均金融机构本外币贷款余额	462094	140545	212615	410616	126429	184792

表1—9 用电量

计量单位：万千瓦小时

指标	2021年	2020年	2021年为上年%
全社会用电量	6835698	6329425	108.0
第一产业	22235	18660	119.2
第二产业	3613941	3481973	103.8
# 工业用电	3503331	3388753	103.4
第三产业	2124003	1854276	114.5
城乡居民生活用电	1075519	974516	110.4
# 城镇居民	842614	760398	110.8
乡村生活用电	232905	214118	108.8

表 1—10 个体经营户注册登记情况（2021 年）

指　　标	年末户数（户）	从业人数（人）	资金数额（万元）
合　　计	957015	1649694	8952655
农、林、牧、渔业	17486	42279	547876
采矿业	32	97	648
制造业	23084	67462	316823
电力、热力、燃气及水生产和供应业	35	79	728
建筑业	16911	32608	256632
批发和零售业	575241	864542	4728064
交通运输、仓储和邮政业	31096	39909	283807
住宿和餐饮业	89044	238797	1081350
信息传输、软件和信息技术服务业	23695	27447	137713
金融业	69	140	660
房地产业	2451	6158	26288
租赁和商务服务业	41017	61558	397935
科学研究和技术服务业	11649	15252	70290
水利、环境和公共设施管理业	255	707	3747
居民服务、修理和其他服务业	103748	211659	913225
教育	1483	3242	19972
卫生和社会工作	672	1904	8114
文化、体育和娱乐业	18991	35772	158566
其他	56	78	217

注：本表数据来自市市场监督管理局。

表1—11　私营企业注册登记情况（2021年）

指　　标	年末户数（户）	从业人数（人）	注册资金（万元）
合　　计	534950	2595308	403861198
农、林、牧、渔业	3361	17173	4070319
采矿业	46	1797	172317
制造业	28408	345210	21174754
电力、热力、燃气及水生产和供应业	358	3420	1222214
建筑业	61892	347832	54922630
批发和零售业	137722	564472	59032311
交通运输、仓储和邮政业	12352	62678	5585358
住宿和餐饮业	6922	52925	1983340
信息传输、软件和信息技术服务业	40038	175150	21263030
金融业	1726	8887	15339073
房地产业	12300	72961	16610239
租赁和商务服务业	88383	437918	121802426
科学研究和技术服务业	99892	342616	65805467
水利、环境和公共设施管理业	1188	7215	1337312
居民服务、修理和其他服务业	12662	67715	3897161
教育	3763	11624	638515
卫生和社会工作	1729	9678	937045
文化、体育和娱乐业	22203	66026	8066393
其他	5	5	1294

注：本表数据来自市市场监督管理局。

表1—12 2021年规模以上服务业企业主要财务指标表

计量单位：万元

指 标	单位个数（个）	年初存货	固定资产原价	累计折旧	资产总计	负债合计
合 计	4383	24089516	66845258	15362404	379015636	226428765
按登记注册类型分组						
内资企业	4214	23867714	62600293	14015621	367683151	219591498
# 国有企业	152	1132980	13809115	767164	48453089	21401650
集体企业	18	10336	116149	43477	715985	173931
股份合作企业	4	6	2514	1572	15981	10072
联营企业	5		4107	489	38808	25949
有限责任公司	960	19964107	33065881	8324491	234101638	146394778
股份有限公司	132	1381385	10061396	2618128	33807551	16805305
私营企业	2910	1375172	5484751	2228813	50315846	34639073
其他企业	33	3729	56382	31488	234254	140740
港、澳、台商投资企业	95	107745	3104377	942321	7743724	4699954
外商投资企业	74	114057	1140588	404462	3588760	2137314
按国民经济行业分组						
交通运输、仓储和邮政业	497	355286	42094821	6763380	111049708	63541948
# 铁路运输业	13	2550	20159841	1813201	32504527	13589627
道路运输业	218	155212	15995743	2713321	66619804	43607975
航空运输业	3	14246	1969105	624195	3725620	2049959
多式联运和运输代理业	119	1599	140259	72860	1372656	1019862
信息传输、软件和信息技术服务业	862	1031362	7707057	4253934	32872120	18286988
# 电信、广播电视和卫星传输服务	43	54702	5422042	3374164	9088398	4213452
软件和信息技术服务业	642	649547	1020738	424420	16682224	9776516
租赁和商务服务业	1050	11238710	5972087	1432280	141267251	86344983
# 商务服务业	991	11234696	5587406	1240078	140198614	85572813
科学研究和技术服务业	924	2667245	6259469	1329933	31245640	16881732
# 专业技术服务业	684	1019360	5321049	1107829	19594524	10739246
水利、环境和公共设施管理业	85	6821162	890409	281372	27954260	17855480
居民服务、修理和其他服务业	107	15417	73694	41477	566013	431334
教育	48	905	42936	31716	226951	157969
卫生和社会工作	90	23892	473035	225095	1139783	886950
文化、体育和娱乐业	366	513220	1037596	407938	7714661	5216724
房地产业（除房地产开发经营）	354	1422318	2294155	595279	24979248	16824659

表 1—12　2021 年规模以上服务业企业主要财务指标表（续表 1）

计量单位：万元

指　　标	营业收入	营业成本	税金及附加	销售费用	管理费用	研发费用
合　　计	75268013	60416487	442986	3320706	5679472	2772834
按登记注册类型分组						
内资企业	71716237	58237045	399018	3007379	5357705	2421945
# 国有企业	2163543	1783091	18415	99627	271617	46756
集体企业	286794	214201	1283	2972	30044	6449
股份合作企业	9138	2613	39	2387	3935	
联营企业	34054	9016	140	2373	1639	2029
有限责任公司	32891447	27183003	201042	1279909	2155044	1064631
股份有限公司	6560781	5432870	27191	375220	405426	217645
私营企业	29476532	23399350	150251	1219457	2442446	1084429
其他企业	293949	212900	659	25434	47556	6
港、澳、台商投资企业	1639256	935528	20485	168500	156810	142148
外商投资企业	1912520	1243914	23483	144827	164956	208741
按国民经济行业分组						
交通运输、仓储和邮政业	21552910	20827037	100685	389667	814498	58791
# 铁路运输业	1278237	1251164	3983	937	25113	
道路运输业	9322207	9181073	54791	249482	375246	50242
航空运输业	649567	854516	3288	19918	64327	
多式联运和运输代理业	7418883	7149877	24263	83847	113728	3802
信息传输、软件和信息技术服务业	23520141	16610293	88009	1663447	1377879	1944716
# 电信、广播电视和卫星传输服务	3671181	2815485	7984	238912	237242	53817
软件和信息技术服务业	141052741	9836005	56421	1005517	844948	1460766
租赁和商务服务业	10568365	8545970	93456	378289	1234958	22684
# 商务服务业	10339778	8360516	91502	361722	1198081	20393
科学研究和技术服务业	12036671	8977733	68473	305239	1144935	701664
# 专业技术服务业	10245740	7712481	53394	206532	933622	506765
水利、环境和公共设施管理业	1138085	952161	8420	13531	112672	6107
居民服务、修理和其他服务业	473851	249740	2636	114119	53066	2362
教育	305512	210351	880	52049	54922	1009
卫生和社会工作	991893	710362	205	111536	157971	7004
文化、体育和娱乐业	1994748	1396026	15055	210748	290383	17316
房地产业（除房地产开发经营）	2685837	1936814	65168	82081	438187	11183

表 1—12　2021 年规模以上服务业企业主要财务指标表（续表 2）

计量单位：万元

指　　标	财务费用	投资收益	利润总额	所得税费用	应付职工薪酬	应交增值税
合　　计	2368416	3736618	5523798	847874	12928544	2006019
按登记注册类型分组						
内资企业	2218783	3632571	5185937	784198	12083131	1943544
# 国有企业	378110	662983	170083	25892	403151	38267
集体企业	-11437	676	47563	7207	61505	4579
股份合作企业	-29		490	32	4144	321
联营企业	49		19314	1262	3193	1270
有限责任公司	1302875	2356050	3452621	387308	5394448	834305
股份有限公司	242584	199107	136726	135214	1114042	126875
私营企业	308136	412830	1348572	223000	5015713	934380
其他企业	-1505	926	10568	4285	86937	3547
港、澳、台商投资企业	109769	40721	156223	30018	344286	34865
外商投资企业	39864	63326	181639	33658	501127	27611
按国民经济行业分组						
交通运输、仓储和邮政业	979416	764243	260966	211374	1904240	635712
# 铁路运输业	378393	9990	-331019	52144	31556	8433
道路运输业	522690	686056	552744	134893	994425	376625
航空运输业	27362	3384	-287297	-51192	250793	880
多式联运和运输代理业	8719	8522	51821	15284	163270	210426
信息传输、软件和信息技术服务业	68686	269431	2029990	214881	4703840	631553
# 电信、广播电视和卫星传输服务	25034	177613	497148	43367	735746	93674
软件和信息技术服务业	22444	47376	1133426	116677	2753116	333147
租赁和商务服务业	988651	1566844	1130633	119006	2189566	186591
# 商务服务业	973785	1562320	1143756	117878	2160413	181716
科学研究和技术服务业	80312	490005	1323213	173776	2167940	336102
# 专业技术服务业	46403	241235	1050842	143324	1877679	300053
水利、环境和公共设施管理业	77280	41055	61276	20390	169577	38047
居民服务、修理和其他服务业	-414	69	36481	6469	150220	11052
教育	-1792	244	-10621	4691	130812	6692
卫生和社会工作	12813	3611	-8348	7153	301250	524
文化、体育和娱乐业	23198	45041	153613	36817	348333	55644
房地产业（除房地产开发经营）	140268	556076	546595	53317	862767	104104

表 1—13　2021 年规模以上服务业营业收入三十强企业名单

序号	企业名称	序号	企业名称
1	华为软件技术有限公司	16	华设设计集团股份有限公司
2	江苏满运软件科技有限公司	17	中通服网盈科技有限公司
3	中储南京智慧物流科技有限公司	18	中集凯通物流发展有限公司
4	南京今日头条科技有限公司	19	阿里巴巴华东有限公司
5	中国移动通信集团江苏有限公司南京分公司	20	沪宁城际铁路股份有限公司
6	江苏宁沪高速公路股份有限公司	21	江苏众诚国际物流有限公司
7	中国外运长江有限公司	22	中国能源建设集团江苏省电力设计院有限公司
8	中国电信股份有限公司南京分公司	23	南京中兴软件有限责任公司
9	南京领行科技股份有限公司	24	江苏九州通医药有限公司
10	江苏交通控股有限公司	25	江苏高速铁路有限公司
11	中国中材国际工程股份有限公司	26	江苏零浩网络科技有限公司
12	南京南瑞信息通信科技有限公司	27	南京中兴新软件有限责任公司
13	南京福佑在线电子商务有限公司	28	南京地铁运营有限责任公司
14	中国东方航空江苏有限公司	29	江苏苏宁物流有限公司
15	江苏南钢鑫洋供应链有限公司	30	南京苏宁软件技术有限公司

表 1—14　2021 年末南京境内上市公司名单

证券代码	证券简称	公司中文名称
688105.SH	诺唯赞	南京诺唯赞生物科技股份有限公司
301098.SZ	金埔园林	金埔园林股份有限公司
301078.SZ	孩子王	孩子王儿童用品股份有限公司
301076.SZ	新瀚新材	江苏新瀚新材料股份有限公司
835305.BJ	云创数据	南京云创大数据科技股份有限公司
605588.SH	冠石科技	南京冠石科技股份有限公司
300964.SZ	本川智能	江苏本川智能电路科技股份有限公司
301016.SZ	雷尔伟	南京雷尔伟新技术股份有限公司
301006.SZ	迈拓股份	迈拓仪表股份有限公司
001205.SZ	盛航股份	南京盛航海运股份有限公司
300975.SZ	商络电子	南京商络电子股份有限公司
688221.SH	前沿生物-U	前沿生物药业(南京)股份有限公司
300864.SZ	南大环境	南京大学环境规划设计研究院集团股份公司
300856.SZ	科思股份	南京科思化学股份有限公司
688580.SH	伟思医疗	南京伟思医疗科技股份有限公司
688377.SH	迪威尔	南京迪威尔高端制造股份有限公司
300826.SZ	测绘股份	南京市测绘勘察研究院股份有限公司
688178.SH	万德斯	南京万德斯环保科技股份有限公司
688029.SH	南微医学	南微医学科技股份有限公司
603982.SH	泉峰汽车	南京泉峰汽车精密技术股份有限公司
603351.SH	威尔药业	南京威尔药业集团股份有限公司
601975.SH	招商南油	招商局南京油运股份有限公司
601860.SH	紫金银行	江苏紫金农村商业银行股份有限公司
603693.SH	江苏新能	江苏省新能源开发股份有限公司
601990.SH	南京证券	南京证券股份有限公司
603666.SH	亿嘉和	亿嘉和科技股份有限公司
300742.SZ	越博动力	南京越博动力系统股份有限公司

注：本表数据来自市金融管理局。

表 1—14　2021 年末南京境内上市公司名单（续表 1）

证券代码	证券简称	公司中文名称
600901.SH	江苏租赁	江苏金融租赁股份有限公司
300644.SZ	南京聚隆	南京聚隆科技股份有限公司
300725.SZ	药石科技	南京药石科技股份有限公司
603916.SH	苏博特	江苏苏博特新材料股份有限公司
603912.SH	佳力图	南京佳力图机房环境技术股份有限公司
603707.SH	健友股份	南京健友生化制药股份有限公司
603387.SH	基蛋生物	基蛋生物科技股份有限公司
300670.SZ	大烨智能	江苏大烨智能电气股份有限公司
603326.SH	我乐家居	南京我乐家居股份有限公司
603042.SH	华脉科技	南京华脉科技股份有限公司
601952.SH	苏垦农发	江苏省农垦农业发展股份有限公司
300554.SZ	三超新材	南京三超新材料股份有限公司
603906.SH	龙蟠科技	江苏龙蟠科技股份有限公司
603041.SH	美思德	江苏美思德化学股份有限公司
300631.SZ	久吾高科	江苏久吾高科技股份有限公司
603955.SH	大千生态	大千生态环境集团股份有限公司
300618.SZ	寒锐钴业	南京寒锐钴业股份有限公司
300598.SZ	诚迈科技	诚迈科技（南京）股份有限公司
300584.SZ	海辰药业	南京海辰药业股份有限公司
300585.SZ	奥联电子	南京奥联汽车电子电器股份有限公司
300575.SZ	中旗股份	江苏中旗科技股份有限公司
603900.SH	莱绅通灵	莱绅通灵珠宝股份有限公司
300528.SZ	幸福蓝海	幸福蓝海影视文化集团股份有限公司
600919.SH	江苏银行	江苏银行股份有限公司
603528.SH	多伦科技	多伦科技股份有限公司
603066.SH	音飞储存	南京音飞储存设备（集团）股份有限公司
600959.SH	江苏有线	江苏省广电有线信息网络股份有限公司

表1—14 2021年末南京境内上市公司名单（续表2）

证券代码	证券简称	公司中文名称
300447.SZ	全信股份	南京全信传输科技股份有限公司
002747.SZ	埃斯顿	南京埃斯顿自动化股份有限公司
603518.SH	锦泓集团	锦泓时装集团股份有限公司
603018.SH	华设集团	华设设计集团股份有限公司
300402.SZ	宝色股份	南京宝色股份公司
603111.SH	康尼机电	南京康尼机电股份有限公司
300356.SZ	*ST 光一	光一科技股份有限公司
300339.SZ	润和软件	江苏润和软件股份有限公司
300295.SZ	三六五网	江苏三六五网络股份有限公司
300284.SZ	苏交科	苏交科集团股份有限公司
601928.SH	凤凰传媒	江苏凤凰出版传媒股份有限公司
002608.SZ	江苏国信	江苏国信股份有限公司
002546.SZ	新联电子	南京新联电子股份有限公司
300172.SZ	中电环保	中电环保股份有限公司
002380.SZ	科远智慧	南京科远智慧科技集团股份有限公司
601688.SH	华泰证券	华泰证券股份有限公司
002315.SZ	焦点科技	焦点科技股份有限公司
002182.SZ	云海金属	南京云海特种金属股份有限公司
002165.SZ	红宝丽	红宝丽集团股份有限公司
601009.SH	南京银行	南京银行股份有限公司
601007.SH	金陵饭店	金陵饭店股份有限公司
002090.SZ	金智科技	江苏金智科技股份有限公司
002080.SZ	中材科技	中材科技股份有限公司
600970.SH	中材国际	中国中材国际工程股份有限公司
002040.SZ	南京港	南京港股份有限公司
002024.SZ	ST 易购	苏宁易购集团股份有限公司
600981.SH	汇鸿集团	江苏汇鸿国际集团股份有限公司

表 1—14　2021 年末南京境内上市公司名单（续表 3）

证券代码	证券简称	公司中文名称
600406.SH	国电南瑞	国电南瑞科技股份有限公司
600562.SH	国睿科技	国睿科技股份有限公司
600533.SH	栖霞建设	南京栖霞建设股份有限公司
600501.SH	航天晨光	航天晨光股份有限公司
600250.SH	南纺股份	南京纺织品进出口股份有限公司
600377.SH	宁沪高速	江苏宁沪高速公路股份有限公司
600280.SH	中央商场	南京中央商场（集团）股份有限公司
600358.SH	国旅联合	国旅联合股份有限公司
600282.SH	南钢股份	南京钢铁股份有限公司
600287.SH	江苏舜天	江苏舜天股份有限公司
000919.SZ	金陵药业	金陵药业股份有限公司
600268.SH	国电南自	国电南京自动化股份有限公司
600122.SH	ST 宏图	江苏宏图高科技股份有限公司
600128.SH	弘业股份	江苏弘业股份有限公司
200468.SZ	宁通信 B	南京普天通信股份有限公司
000727.SZ	冠捷科技	冠捷电子科技股份有限公司
600064.SH	南京高科	南京高科股份有限公司
600775.SH	南京熊猫	南京熊猫电子股份有限公司
000421.SZ	南京公用	南京公用发展股份有限公司
600716.SH	凤凰股份	江苏凤凰置业投资股份有限公司
600710.SH	苏美达	苏美达股份有限公司
600713.SH	南京医药	南京医药股份有限公司
600889.SH	南京化纤	南京化纤股份有限公司
000525.SZ	ST 红太阳	南京红太阳股份有限公司
600682.SH	南京新百	南京新街口百货商店股份有限公司

表 1—15　人民币汇率（年平均价）

单位：人民币元

年　份	美　元（100）	日　元（100）	港　币（100）	欧　元（100）
1985	293.66	1.25	37.57	
1986	345.28	2.07	44.22	
1987	372.21	2.58	47.74	
1988	372.21	2.91	47.70	
1989	376.51	2.74	48.28	
1990	478.32	3.32	61.39	
1993	576.20	5.20	74.41	
1994	861.87	8.44	111.53	
1995	835.10	8.92	107.96	
1996	831.42	7.64	107.51	
1997	828.98	6.86	107.09	
1998	827.91	6.35	106.88	
1999	827.83	7.29	106.66	
2000	827.84	7.69	106.18	
2001	827.70	6.81	106.08	
2002	827.70	6.62	106.07	800.58
2004	827.68	7.66	106.23	1029.00
2005	819.17	7.45	105.30	1019.53
2008	694.51	6.74	89.19	1022.27
2009	683.10	7.30	88.12	952.70
2010	676.95	7.73	87.13	897.25
2011	645.88	8.11	82.97	900.11
2012	631.25	7.90	81.38	810.67
2013	619.32	6.33	79.85	822.19
2014	614.28	5.82	79.22	816.51
2015	622.84	5.16	80.34	691.41
2016	664.23	6.12	85.58	734.76
2017	675.18	6.02	86.64	763.03
2018	661.74	5.99	84.43	780.16
2019	689.85	6.33	88.05	772.55
2020	689.76	6.46	88.93	787.55
2021	645.15	5.87	83.00	762.93

主要统计指标解释

可比价格 指在不同时期的价值指标对比时，扣除了价格变动的因素，以确切反映物量的变化。按可比价格计算有两种方法：一种是直接用产品产量乘某一年的不变价格计算；另一种是用价格指数换算。

不变价格 指以同类产品某年的平均价格作为固定价格，来计算各年产品价值。按不变价格计算的产品价值消除了价格变动因素，不同时期对比可以反映生产的发展速度。新中国成立后，随着工农业产品价格水平的变化，国家统计局先后五次制定了全国统一的工业产品不变价格和农业产品不变价格，从 1949 年到 1957 年使用 1952 年工（农）业产品不变价格，从 1957 年到 1971 年使用 1957 年不变价格，从 1971 年到 1981 年使用 1970 年不变价格，从 1981 年到 1990 年使用 1980 年不变价格，从 1990 年开始使用 1990 年不变价格。

平均增长速度 我国计算平均增长速度有两种方法：一种是习惯上经常使用的“水平法”，又称几何平均法，是以间隔期最后一年的水平同基期水平对比来计算平均每年增长（或下降）速度；另一种是“累计法”，又称代数平均法或方程法，是以间隔期内各年水平的总和同基期水平对比来计算平均每年增长（或下降）速度。在一般正常情况下，两种方法计算的平均每年增长速度比较接近；但在经济发展不平衡、出现大起大落时，两种方法计算的结果差别较大。

本《年鉴》内所列的平均增长速度，除固定资产投资用“累计法”计算外，其余均用“水平法”计算。从某年到某年平均增长速度的年份，均不包括基期年在内。如建国四十三年以来的平均增长速度是以 1949 年为基期计算的，则写为 1950-1992 年平均增长速度，其余类推。

三次产业 三次产业的划分是世界上较为常用的产业结构分类，但各国的划分不尽一致。根据《国民经济行业分类》（GB/T 4754—2011）和《三次产业划分规定》，我国的三次产业划分是：

第一产业是指农、林、牧、渔业（不含农、林、牧、渔服务业）。

第二产业是指采矿业（不含开采辅助活动），制造业（不含金属制品、机械和设备修理业），电力、热力、燃气及水生产和供应业，建筑业。

第三产业即服务业，是指除第一产业、第二产业以外的其他行业。

企业（单位）登记注册类型 是以在工商行政管理机关登记注册的各类企业为划分对象，以工商行政管理部门对企业登记注册的类型为依据，将企业登记注册类型分为内资企业、港澳台商投资企业和外商投资企业三大类。内资企业包括国有企业、集体企业、股份合作企业、联营企业、有限责任公司、股份有限公司、私营公司和其他企业；港澳台商投资企业和外商投资企业分别包括合资经营企业、合作经营企业、独资经营企业和股份有限公司。对不在工商行政管理部门进行登记注册的行政机关、事业单位和社会团体，主要按其经费来源和管理方式进行划分。

法人单位 指具备以下条件的单位：（1）依法成立，有自己的名称、组织机构和场所，能够独立承担民事责任；（2）独立拥有和使用（或授权使用）资产，承担负债，有权与其他单位签订合同；（3）会计上独立核算，能够编制资产负债表。法人单位包括企业法人、事业单位法人、机关法人、社会团体法人和其他法人。

法人单位所属产业活动单位（简称：产业活动单位） 指具备以下条件的单位：（1）在一个场所从事一种或主要从事一种社会经济活动；（2）相对独立组织生产经营或业务活动；（3）能够掌握收入和支出等业务核算资料。产业活动单位是指经过法定程序批准建立的、不能独立承担民事责任的单位。包括由各级工商行政管理机关核准登记，领取《营业执照》的分支机构或经营单位；由各级登记主管机关备案，或依据相关法律法规由各级主管部门批准建立的事业单位分支机构和社会团体分支机构。未经法定程序批准在法人内部建立的机构，具备产业活动单位条件的认定为产业活动单位。产业活动单位分为单产业法人单位和多产业法人单位。

规模以上服务业统计范围 辖区内年营业收入 2000 万元及以上服务业法人单位。包括：交通运输、仓储和邮政业，信息传输、软件和信息技术服务业，水利、环境和公共设施管理业三个门类和卫生行业大类。辖区内年营业收入 1000 万元及以上服务业法人单位。包括：租赁和商务服务业，科学研究和技术服务业，教育三个门类，以及物业管理、房地产中介服务、房地产租赁经营和其他房地产业四个行业小类。辖区内年营业收入 500 万元及以上服务业法人单位。包括：居民服务、修理和其他服务业，文化、体育和娱乐业两个门类，以及社会工作行业大类。

《统计上大中小微型企业划分办法（2017）》

国统字（2017）213 号

行业名称	指标名称	计量单位	大型	中型	小型	微型
农、林、牧、渔业	营业收入(Y)	万元	Y≥20000	500≤Y<20000	50≤Y<500	Y<50
工业	从业人员(X) 营业收入(Y)	人 万元	X≥1000 Y≥40000	300≤X<1000 2000≤Y<40000	20≤X<300 300≤Y<2000	X<20 Y<300
建筑业	营业收入(Y) 资产总额(Z)	万元 万元	Y≥80000 Z≥80000	6000≤Y<80000 5000≤Z<80000	300≤Y<6000 300≤Z<5000	Y<300 Z<300
批发业	从业人员(X) 营业收入(Y)	人 万元	X≥200 Y≥40000	20≤X<200 5000≤Y<40000	5≤X<20 1000≤Y<5000	X<5 Y<1000
零售业	从业人员(X) 营业收入(Y)	人 万元	X≥300 Y≥20000	50≤X<300 500≤Y<20000	10≤X<50 100≤Y<500	X<10 Y<100
交通运输业	从业人员(X) 营业收入(Y)	人 万元	X≥1000 Y≥30000	300≤X<1000 3000≤Y<30000	20≤X<300 200≤Y<3000	X<20 Y<200

行业名称	指标名称	计量单位	大型	中型	小型	微型
仓储业	从业人员(X) 营业收入(Y)	人 万元	X≥200 Y≥30000	100≤X<200 1000≤Y<30000	20≤X<100 100≤Y<1000	X<20 Y<100
邮政业	从业人员(X) 营业收入(Y)	人 万元	X≥1000 Y≥30000	300≤X<1000 2000≤Y<30000	20≤X<300 100≤Y<2000	X<20 Y<100
住宿业	从业人员(X) 营业收入(Y)	人 万元	X≥300 Y≥10000	100≤X<300 2000≤Y<10000	10≤X<100 100≤Y<2000	X<10 Y<100
餐饮业	从业人员(X) 营业收入(Y)	人 万元	X≥300 Y≥10000	100≤X<300 2000≤Y<10000	10≤X<100 100≤Y<2000	X<10 Y<100
信息传输业	从业人员(X) 营业收入(Y)	人 万元	X≥2000 Y≥100000	100≤X<2000 1000≤Y<100000	10≤X<100 100≤Y<1000	X<10 Y<100
软件和信息技术服务业	从业人员(X) 营业收入(Y)	人 万元	X≥300 Y≥10000	100≤X<300 1000≤Y<10000	10≤X<100 50≤Y<1000	X<10 Y<50
房地产开发经营	营业收入(Y) 资产总额(Z)	万元 万元	Y≥200000 Z≥10000	1000≤Y<200000 5000≤Z<10000	100≤Y<1000 2000≤Z<5000	X<100 Y<2000
物业管理	从业人员(X) 营业收入(Y)	人 万元	X≥1000 Y≥5000	300≤X<1000 1000≤Y<5000	100≤X<300 500≤Y<1000	X<100 Y<500
租赁和商务服务业	从业人员(X) 资产总额(Z)	人 万元	X≥300 Z≥120000	100≤X<300 8000≤Z<120000	10≤X<100 100≤Z<8000	X<10 Z<100
其他未列明行业	从业人员(X)	人	X≥300	100≤X<300	10≤X<100	X<10

（二）国民经济核算

CHAPTER 2 NATIONAL ACCOUNTS

表 2—1　地区生产总值（2021 年）

计量单位：亿元

指　　标	2021 年	2021 年为上年%（按可比价计算）	占地区生产总值比重%
地区生产总值	16355.32	107.5	100.0
第一产业	303.94	100.8	1.8
第二产业	5902.65	107.6	36.1
工业	4991.39	108.8	30.5
建筑业	913.07	101.4	5.6
第三产业	10148.73	107.6	62.1
交通运输、仓储和邮政业	562.94	104.8	3.4
批发和零售业	1449.69	107.0	8.9
住宿和餐饮业	234.97	109.0	1.4
金融业	2021.07	106.2	12.4
房地产业	1160.72	109.0	7.1
其他服务业	4694.91	108.3	28.7
附：按户籍平均人口计算的人均地区生产总值（元）	224615	105.7	
按常住平均人口计算的人均地区生产总值（元）	174520	106.7	

表 2—2 主要年份地区生产总值

计量单位：亿元

年 份	地区生产总值	第一产业	第二产业	工业	第三产业	人均地区生产总值（元）（按户籍人口计算）	人均地区生产总值（元）（按常住人口计算）
1990	176.52	17.26	96.03	87.40	63.23	3538	
1994	472.17	34.85	248.26	227.99	189.06	9142	
1995	584.59	44.97	297.46	258.38	242.16	11242	
1996	682.78	45.93	339.49	286.12	297.36	13041	
1997	773.78	49.85	379.86	323.13	344.07	14665	
1998	850.24	51.72	406.18	341.89	392.34	16010	
1999	937.89	53.53	432.86	368.44	451.50	17535	
2000	1073.54	57.56	491.87	424.81	524.11	19838	
2001	1218.51	61.94	544.66	469.67	611.91	22196	
2002	1385.14	65.73	610.65	523.00	708.76	24816	
2003	1690.77	69.51	802.24	691.99	819.02	29780	
2004	2087.10	75.27	1014.80	880.32	997.03	36114	31557
2005	2478.26	102.00	1213.56	1057.66	1162.70	42026	36499
2008	3859.57	119.40	1797.66	1558.58	1942.51	62169	51454
2009	4287.25	129.18	1960.60	1670.47	2197.47	68365	56035
2010	5198.20	142.29	2363.42	2040.77	2692.49	82368	66132
2011	6230.20	164.27	2807.11	2436.78	3258.82	98208	75570
2012	7306.54	185.06	3229.67	2807.35	3891.81	114627	85695
2013	8199.49	195.29	3527.33	3062.56	4476.87	127960	94967
2014	8956.05	214.25	3696.34	3192.01	5045.46	138659	101860
2015	10015.73	232.40	3981.04	3451.54	5802.29	153837	112149
2016	10819.14	252.54	4171.55	3627.76	6395.05	164400	119484
2017	11894.00	263.01	4451.96	3837.39	7179.03	177065	129784
2018	13009.17	276.34	4766.31	4004.14	7966.52	188866	141129
2019	14045.15	287.82	5040.85	4215.76	8716.48	199681	151630
2020	14782.95	296.80	5179.35	4331.59	9306.80	206410	158944
2021	16355.32	303.94	5902.65	4991.39	10148.73	224615	174520

注：1. 本表数据均为现价。
2. 2004 年开始为研发支出资本化（加入 R&D 增加值）数据。
3. 2011-2020 年人均 GDP 为第七次人口普查结果调整后计算数。

表2—3　主要年份地区生产总值发展速度

计量单位：%

年 份	地区生产总值	第一产业	第二产业	工业	第三产业	人均地区生产总值（按户籍人口计算）	人均地区生产总值（按常住人口计算）
1990	109.2	97.2	105.1	111.8	121.8	107.7	
1994	115.6	98.6	119.2	120.6	112.8	114.7	
1995	112.4	115.6	113.0	108.7	110.8	111.6	
1996	113.0	108.9	113.6	111.1	112.8	112.2	
1997	113.3	109.6	113.3	113.9	114.1	112.4	
1998	111.8	104.5	111.9	111.3	112.6	111.1	
1999	110.6	107.4	109.7	111.0	112.6	109.8	
2000	112.3	108.1	112.1	112.8	113.1	111.0	
2001	111.1	108.3	109.0	108.1	113.8	109.5	
2002	112.8	106.8	112.3	111.2	114.0	110.9	
2003	115.0	105.1	118.7	118.4	112.5	113.1	
2004	117.3	105.9	120.7	123.0	114.9	115.2	
2005	115.1	102.7	117.9	118.0	113.4	112.8	112.1
2008	112.1	102.7	109.6	109.9	115.3	110.5	109.1
2009	111.5	104.1	110.1	109.3	113.5	110.4	109.4
2010	113.1	104.1	113.6	114.4	113.0	112.4	110.1
2011	112.0	104.1	112.3	112.9	112.3	111.5	106.8
2012	111.7	104.9	111.9	111.0	111.8	111.2	108.0
2013	111.0	103.4	111.1	111.1	111.3	110.6	109.6
2014	110.1	103.3	108.8	109.3	111.5	109.2	108.1
2015	109.3	103.4	107.0	107.7	111.5	108.5	107.6
2016	108.0	101.1	105.5	104.8	110.1	106.5	106.5
2017	108.1	101.2	105.1	106.0	110.4	106.3	106.8
2018	108.0	101.2	104.7	103.8	110.3	105.5	107.4
2019	107.8	100.7	106.3	106.3	108.8	105.8	107.2
2020	104.6	100.9	105.6	106.4	104.1	102.8	104.2
2021	107.5	100.8	107.6	108.8	107.6	105.7	106.7

主要统计指标解释

地区生产总值（GDP） 指一个地区所有常住单位在一定时期内生产活动的最终成果。地区生产总值有三种表现形态，即价值形态、收入形态和产品形态。从价值形态看，它是所有常住单位在一定时期内生产的全部货物和服务价值与同期投入的全部非固定资产货物和服务价值的差额，即所有常住单位的增加值之和；从收入形态看，它是所有常住单位在一定时期内创造的各项收入之和，包括劳动者报酬、生产税净额、固定资产折旧和营业盈余；从产品形态看，它是所有常住单位在一定时期内最终使用的货物和服务价值与货物和服务净出口价值之和。在实际核算中，国内生产总值有三种计算方法，即生产法、收入法和支出法。三种方法分别从不同的方面反映国内生产总值及其构成。

三次产业 三次产业的划分是世界上较为常用的产业结构分类，但各国的划分不尽一致。根据《国民经济行业分类》（GB/T 4754—2011）和《三次产业划分规定》，我国的三次产业划分是：

第一产业是指农、林、牧、渔业（不含农、林、牧、渔服务业）。

第二产业是指采矿业（不含开采辅助活动），制造业（不含金属制品、机械和设备修理业），电力、热力、燃气及水生产和供应业，建筑业。

第三产业即服务业，是指除第一产业、第二产业以外的其他行业。

（三）人口和就业

CHAPTER 3
POPULATION AND EMPLOYMENT

表 3—1　人口主要指标

指　　标	2021 年	2020 年	2021 年为上年%
一、户籍人口情况			
总户数（户）	2668149	2605092	102.4
总人口（人）	7337258	7225706	101.5
按性别分：			
男（人）	3636612	3586420	101.4
女（人）	3700646	3639286	101.7
性别比（以女性为 100）	98.27	98.55	99.7
迁入人口（人）	147497	147722	99.8
迁出人口（人）	45038	44062	102.2
出生人口（人）	52786	67957	77.7
出生率（‰）	7.25	9.49	
死亡人口（人）	43831	43007	101.9
死亡率（‰）	6.02	6.00	
自然增长人口（人）	8955	24950	35.9
自然增长率（‰）	1.23	3.49	
二、全市常住人口（万人）	942.34	931.97	101.1

注：本表户籍资料根据市公安局提供的户籍数据编制。

表 3—2 结婚及离婚登记情况

指 标	2021 年	2020 年
结婚登记（对）	59356	68014
内地居民登记结婚初婚人数（人）	98895	88305
内地居民登记结婚再婚人数（人）	19817	47723
恢复结婚件数（件）	13036	15954
离婚登记（对）	23534	49043

注：本表根据市民政局提供的资料编制。

表 3—3 收养登记情况

计量单位：人

指 标	2021 年	2020 年
被收养人合计	31	39
# 女性	18	23
残疾儿童	1	
1．儿童福利机构抚养的孤儿	12	12
2．社会散居孤儿		1
3．继子女收养的未成年人		
4．三代以内同辈旁系血亲的子女	11	4
5．儿童福利机构抚养的未成年人	6	22
6．非社会福利机构抚养的未成年人		
7．生父母有特殊困难无力抚养的子女	2	
8．生父母均不具备完全民事行为能力且具有严重危害可能的子女		

注：本表数据不含省属口径，由市民政局提供。

表 3—4　城镇非私营单位从业人员情况（2021 年）

计量单位：人

指　　标	单位从业人员	女性从业人员	在岗职工	其他从业人员
全　　市	2178991	851775	1981453	197537
按登记注册类型分组				
国有单位	522823	254617	501992	20831
城镇集体单位	31111	17489	28455	2655
其他单位	1625057	579670	1451006	174051
有限责任公司	1026279	329376	894254	132024
股份有限公司	234773	89537	212367	22407
港、澳、台商投资	117485	51202	109443	8042
外商投资	209532	85261	200298	9234
其他	36988	24294	34644	2343
按机构类型分组				
企业	1680806	584796	1505874	174932
事业	304715	183908	287892	16823
机关	145246	50249	142447	2799
民间非营利组织	46719	32102	43757	2962
其他	1505	720	1484	21

表3—4　城镇非私营单位从业人员情况（2021年）（续表）

计量单位：人

指　　标	单位从业人员	女性从业人员	在岗职工	其他从业人员
按国民经济行业分组				
农、林、牧、渔业	1381	331	1373	7
采矿业	1773	450	1749	24
制造业	428091	141381	419343	8748
电力、热力、燃气及水生产和供应业	13112	3734	13052	61
建筑业	275452	26850	206323	69129
批发和零售业	152215	77677	147499	4715
交通运输、仓储和邮政业	98637	24183	95898	2739
住宿和餐饮业	72710	42415	61697	11014
信息传输、软件和信息技术服务业	198280	71049	192612	5667
金融业	76799	40848	73186	3614
房地产业	101548	46020	94022	7525
租赁和商务服务业	141381	60806	84799	56582
科学研究和技术服务业	94025	30387	90957	3068
水利、环境和公共设施管理业	20141	8479	19575	566
居民服务、修理和其他服务业	11286	5250	10996	290
教育	201103	125471	193472	7631
卫生和社会工作	107923	77039	96215	11708
文化、体育和娱乐业	26529	13399	25091	1438
公共管理、社会保障和社会组织	156605	56006	153594	3012

表 3—5 主要年份户籍人口数及自然变动情况

年 份	年末户籍总人口（万人）	按农业、非农业分		按性别分		出生率（‰）	死亡率（‰）	自然增长率（‰）
		非农业人口	农业人口	男	女			
1949	256.70	102.02	154.68	136.68	120.02	30.45	17.36	13.09
1950	256.70	101.05	155.65	135.53	121.17	31.20	15.56	15.64
1952	256.18	96.99	159.19	133.82	122.36	34.40	14.57	19.83
1955	280.34	115.25	165.09	147.57	132.77	32.78	12.84	19.94
1957	304.85	133.83	171.02	160.03	144.82	42.75	9.60	33.15
1960	322.59	159.53	163.06	171.34	151.25	20.68	20.45	0.23
1962	322.55	149.10	173.45	166.56	155.99	36.87	8.27	28.60
1965	345.29	153.25	192.04	178.28	167.01	32.07	6.49	25.58
1970	360.53	132.47	228.06	185.69	174.84	26.04	5.28	20.76
1975	392.99	145.62	247.37	203.54	189.45	15.23	5.70	9.53
1978	412.38	156.37	256.01	213.65	198.73	14.50	5.66	8.84
1980	435.87	183.33	252.54	225.11	210.76	13.91	5.83	8.08
1985	465.77	226.70	239.07	241.64	224.13	10.16	5.60	4.56
1990	501.82	236.22	265.60	260.08	241.74	14.77	5.59	9.18
1995	521.72	259.04	262.68	270.77	250.95	8.56	5.94	2.62
1997	529.82	270.11	259.71	274.28	255.54	8.01	5.85	2.16
1998	532.31	276.23	256.08	275.41	256.90	7.12	6.12	1.00
1999	537.44	287.03	250.41	278.14	259.30	7.54	5.53	2.01
2000	544.89	309.52	235.37	281.66	263.23	10.17	7.69	2. 48
2002	563.28	339.35	223.93	291.34	271.94	7.11	5.47	1.64
2005	595.80			305.25	290.55	7.69	5.35	2.34
2008	624.46			317.38	307.08	8.11	5.60	2.51
2009	629.77			319.16	310.61	7.87	5.69	2.18
2010	632.42			319.65	312.77	9.09	7.87	1.22
2011	636.36			320.90	315.46	9.19	5.50	3.69
2012	638.48			321.39	317.09	10.29	6.88	3.41
2013	643.09			322.90	320.19	9.98	5.77	4.21
2014	648.72			325.04	323.68	11.04	5.84	5.20
2015	653.40			326.78	326.62	10.35	6.21	4.14
2016	662.79			330.86	331.93	12.21	5.65	6.56
2017	680.67			339.27	341.40	13.51	6.60	6.91
2018	696.94			346.85	350.09	11.43	6.03	5.40
2019	709.82			352.80	357.02	9.61	5.48	4.13
2020	722.57			358.64	363.93	9.49	6.00	3.49
2021	733.73			363.66	370.07	7.25	6.02	1.23

注：从 2002 年开始出生率、死亡率、自然增长率改为公安数据。

表3—6　2000年以来常住人口、城镇化率和城镇登记失业率

年　份	常住人口（万人）	常住人口城镇化率（%）	城镇登记失业率（%）
2000	614.85		3.11
2001	628.39		3.59
2002	641.99		4.13
2003	654.58		4.18
2004	668.18		4.03
2005	689.80	76.24	3.35
2006	719.06	76.40	3.33
2007	741.30	76.82	3.26
2008	758.89	76.95	3.16
2009	771.31	77.16	2.70
2010	800.76	78.50	2.60
2011	848.10	79.73	2.65
2012	857.15	80.10	2.69
2013	869.65	80.93	2.67
2014	888.86	81.94	2.50
2015	897.29	83.18	1.90
2016	913.69	84.19	1.88
2017	919.20	84.91	1.80
2018	924.39	85.22	1.78
2019	928.16	86.12	1.75
2020	931.97	86.80	1.71
2021	942.34	86.90	

注：根据第七次全国人口普查结果，对2011—2019年年度常住人口数据进行修订。2021年城镇登记失业率全省一体化，省仅反馈控制标准，无具体数据。

主要统计指标解释

人口数 指一定时点、一定地区范围内的有生命的个人的总和。

年度统计的年末人口数指每年 12 月 31 日 24 时的人口数。年度统计的全国人口总数内未包括台湾省和港澳同胞以及海外华侨人数。

城镇人口和乡村人口 其定义有三种口径：

第一种口径（按行政建制） 城镇人口是指市辖区内和县辖镇的全部人口；乡村人口是指县辖乡人口。

第二种口径（按常住人口划分） 城镇人口是指设区的市的区人口和不设区的市所辖的街道人口以及不设区的市所辖镇的居民委员会人口和县辖镇的居民委员会人口，乡村人口是除上述两种人口以外的全部人口。

第三种口径 城乡人口的划分是按照国家统计局 1999 年发布的《关于统计上划分城乡的规定（试行）》计算的。

1952-1989 年数据为第一种口径的数据，1990-1999 年的数据为第二种口径的数据，2000 年人口普查和 2000 年以后数据是按照国家统计局 1999 年发布的《关于统计上划分城乡的规定（试行）》计算的。

出生率（又称粗出生率） 指在一定时期内（通常为一年）一定地区的出生人数与同期内平均人数（或期中人数）之比。一般用千分率表示。

本资料中的出生率指年出生率，其计算公式为：出生率=年出生人数/年平均人数×1000

公式中：出生人数指活产婴儿，即胎儿脱离母体时（不管怀孕月数），有过呼吸或其他生命现象。年平均人数指年初、年底人口数的平均数，也可用年中人口数代替。

死亡率（又称粗死亡率） 指在一定时期内（通常为一年）一定地区的死亡人数与同期内平均人数（或期中人数）之比，一般用千分率表示。

本资料中的死亡率指年死亡率，其计算公式为：死亡率=年死亡人数/年平均人数×1000

人口自然增长率 指在一定时期内（通常为一年）人口自然增加数（出生人数减死亡人数）与该时期内平均人数（或期中人数）之比，一般用千分率表示。

计算公式为：人口自然增长率=（本年出生人数-本年死亡人数）/年平均人数×1000

常住人口 是指具有中华人民共和国国籍并在中华人民共和国境内常住的人。时间标准为半年，空间标准为乡镇街道。即只要一个人在某乡镇街道居住**半年以上，即为该地的常住人口。**

从业人员期末人数 指报告期末最后一日 24 时在本单位工作，并取得工资或其他形式劳动报酬的人员数。该指标为时点指标，不包括最后一日当天及以前已经与单位解除劳动合同关系的人员，是在岗职工、劳务派遣人员及其他从业人员之和。从业人员不包括：

1．离开本单位仍保留劳动关系，并定期领取生活费的人员；

2．在本单位实习的各类在校学生；

3．本单位因劳务外包而使用的人员，如：建筑业整建制使用的人员。

从业人员平均人数 指报告期内（年度、季度、月度）平均拥有的从业人员数。季度或年度平均人数按单位实际月平均人数计算得到，不得用期末人数替代。

（四）人民生活

CHAPTER 4
PEOPLE'S LIVELIHOOD

表 4—1　城镇居民家庭生活基本情况

指　　标	2021 年	2020 年	2021 年为上年%
平均每户家庭常住人口（人）	2.90	2.84	102.1
平均每户就业人员（人）	1.50	1.47	102.0
每一就业者负担人口（包括本人）（人）	1.94	1.93	100.5
平均每户就业面（%）	51.5	51.8	99.4
平均每人年可支配收入（元）	73593	67553	108.9
平均每人年消费支出（元）	42487	35854	118.5
人均现住房建筑面积（平方米）	40.7	40.5	100.5

表 4—2　城镇居民家庭全年人均可支配收入

计量单位：元

指　　标	2021 年	2020 年	2021 年为上年%	各项收入占可支配收入比重（%）	
				2021 年	2020 年
可支配收入	73593	67553	108.9	100.0	100.0
（一）工资性收入	45670	41764	109.4	62.1	61.8
（二）经营净收入	7422	6904	107.5	10.1	10.2
（三）财产净收入	8031	7359	109.1	10.9	10.9
（四）转移净收入	12470	11526	108.2	16.9	17.1

注：城镇居民人均可支配收入按照五等份分组，低收入组为 36526 元、中等偏下收入组为 53048 元、中等收入组为 68398 元、中等偏上收入组为 87786 元、高收入组为 135866 元。

表4—3　城镇居民家庭全年人均消费支出

计量单位：元

指　　标	2021年	2020年	2021年为上年%	各项费用占消费支出比重（%）	
				2021年	2020年
消费支出合计	42487	35854	118.5	100.0	100.0
一、食品烟酒	10864	9203	118.0	25.6	25.7
# 食品	7029	6149	114.3	16.5	17.2
烟酒	1205	984	122.5	2.8	2.7
二、衣着	2888	2362	122.3	6.8	6.6
三、居住	9690	8369	115.8	22.8	23.3
四、生活用品及服务	2620	2223	117.9	6.2	6.2
五、交通通信	5657	4751	119.1	13.3	13.3
六、教育文化娱乐	6852	5725	119.7	16.1	16.0
七、医疗保健	2632	2175	121.0	6.2	6.1
八、其他用品和服务	1284	1046	122.8	3.0	2.9

表 4—4 城镇居民家庭平均每百户年末耐用消费品拥有量

指　　标	2021 年	2020 年
家用汽车（辆）	67.0	64.3
摩托车（辆）	5.1	8.5
助力车（辆）	79.9	78.4
洗衣机（台）	101.5	103.2
电冰箱（柜）（台）	108.2	111.4
微波炉（台）	89.6	92.3
彩色电视机（台）	150.7	166.9
空调（台）	249.9	255.5
热水器（台）	116.8	116.2
洗碗机（台）	5.3	3.5
排油烟机（台）	94.3	94.6
固定电话（部）	14.2	23.6
移动电话（部）	251.3	246.6
# 接入互联网	239.0	231.5
计算机（台）	99.9	101.4
# 接入互联网	92.2	94.9
照相机（架）	27.1	32.8
中高档乐器（部）	17.8	17.0
健身器材（部）	10.4	15.2

表4—5　农村居民家庭生活基本情况

指　　标	2021年	2020年	2021年为上年%
平均每户家庭常住人口（人）	3.09	3.12	99.0
平均每户就业人员（人）	2.00	1.95	102.6
每一就业者负担人口（包括本人）（人）	1.55	1.60	96.9
平均每户就业面（%）	64.6	62.5	103.4
平均每人年可支配收入（元）	32701	29621	110.4
平均每人年消费支出（元）	24006	19421	123.6
人均现住房建筑面积（平方米）	66.5	64.4	103.3

表4—6　农村居民家庭全年人均可支配收入

计量单位：元

指　　标	2021年	2020年	2021年为上年%	各项收入占可支配收入比重%	
				2021年	2020年
可支配收入	32701	29621	110.4	100.0	100.0
（一）工资性收入	22320	20107	111.0	68.3	67.9
（二）经营净收入	4852	4495	107.9	14.8	15.1
（三）财产净收入	1630	1467	111.1	5.0	5.0
（四）转移净收入	3899	3552	109.8	11.9	12.0

表 4—7　农村居民家庭全年人均消费支出

计量单位：元

指　　标	2021 年	2020 年	2021 年为上年%	各项费用占消费支出比重（%）	
				2021 年	2020 年
消费支出合计	24006	19421	123.6	100.0	100.0
一、食品烟酒	7150	5800	123.3	29.7	29.9
# 食品	4057	3191	127.1	16.9	16.4
烟酒	1576	1379	114.3	6.6	7.1
二、衣着	1313	1034	127.0	5.5	5.3
三、居住	4677	3984	117.4	19.5	20.5
四、生活用品及服务	1623	1317	123.3	6.8	6.8
五、交通通信	3816	2924	130.5	15.9	15.1
六、教育文化娱乐	3233	2589	124.8	13.5	13.3
七、医疗保健	1413	1156	122.3	5.9	6.0
八、其他用品和服务	781	616	126.6	3.2	3.2

表4—8　农村居民家庭人均主要消费品购买量

指　　标	2021年	2020年
大米（公斤）	66.5	57.3
蔬菜和食用菌（公斤）	70.8	64.9
食用植物油（公斤）	9.3	8.4
豆类（公斤）	10.9	10.7
肉类（公斤）	40.9	29.0
禽类（公斤）	21.0	23.9
蛋类（公斤）	10.5	10.4
水产品（公斤）	23.6	19.6
糖果糕点类（公斤）	6.2	6.0
鲜瓜果（公斤）	51.0	44.5
卷烟（盒）	61.6	55.2

表 4—9　农村居民家庭平均每百户年末耐用消费品拥有量

指　　标	2021 年	2020 年
家用汽车（辆）	56.4	52.0
摩托车（辆）	17.7	31.1
助力车（辆）	132.0	121.3
洗衣机（台）	109.3	99.6
电冰箱（柜）（台）	138.0	124.1
微波炉（台）	89.3	81.7
彩色电视机（台）	168.0	166.7
空调（台）	227.5	205.0
热水器（台）	117.7	115.9
洗碗机（台）	1.4	1.1
排油烟机（台）	75.9	73.0
固定电话（部）	4.8	10.4
移动电话（部）	279.8	266.1
# 接入互联网	249.5	229.6
计算机（台）	55.0	63.7
# 接入互联网	52.7	57.4
照相机（架）	7.0	6.7
中高档乐器（部）	3.0	3.9
健身器材（部）	5.7	7.2

表 4—10　城镇非私营单位从业人员工资总额（2021 年）

指　　标	从业人员工资总额（万元）	在岗职工工资总额	其他人员工资总额	从业人员年平均人数（人）	从业人员年人均工资（元）
全　　市	30651632	29358869	1292763	2158749	141988
按登记注册类型分组					
国有单位	10347611	10143981	203631	518662	199506
城镇集体单位	342015	323909	18106	30904	110669
其他单位	19962005	18890979	1071026	1609183	124051
有限责任公司	11638735	10791256	847479	1011279	115089
股份有限公司	3981926	3862736	119189	234143	170064
港、澳、台商投资	1398909	1373608	25302	115782	120823
外商投资	2602474	2542228	60245	209592	124168
其他	339962	321151	18811	38386	88564
按机构类型分组					
企业	20795338	19716618	1078721	1664078	124966
事业	5944853	5766566	178287	299804	198292
机关	3345201	3331642	13558	145091	230558
民间非营利组织	551783	529648	22136	48284	114280
其他	14457	14395	62	1493	96857

表 4—10　城镇非私营单位从业人员工资总额（2021 年）（续表）

指　　标	从业人员工资总额（万元）	在岗职工工资总额	其他人员工资总额	从业人员年平均人数（人）	从业人员年人均工资（元）
按国民经济行业分组					
农、林、牧、渔业	14936	14668	268	1614	92530
采矿业	25567	25435	132	1779	143713
制造业	5173235	5072911	100324	422598	122415
电力、热力、燃气及水生产和供应业	219127	218763	364	13174	166339
建筑业	2004835	1637574	367261	259388	77291
批发和零售业	1851860	1823620	28240	152897	121118
交通运输、仓储和邮政业	1236486	1216566	19920	109312	113115
住宿和餐饮业	432809	414075	18734	69222	62525
信息传输、软件和信息技术服务业	3825244	3765850	59394	194614	196555
金融业	2001357	1968267	33090	77755	257393
房地产业	1001955	967818	34137	102477	97774
租赁和商务服务业	1308223	931581	376642	140897	92849
科学研究和技术服务业	1670252	1645384	24868	92776	180031
水利、环境和公共设施管理业	213666	209358	4309	20167	105947
居民服务、修理和其他服务业	100766	98695	2071	11389	88475
教育	3605576	3534094	71481	200476	179851
卫生和社会工作	2027743	1898607	129136	105373	192435
文化、体育和娱乐业	369592	362455	7137	26294	140562
公共管理、社会保障和社会组织	3568404	3553149	15254	156548	227944

表4—11 城镇非私营单位在岗职工工资总额及平均工资（2021年）

指　　标	在岗职工工资总额（万元）	在岗职工年平均人数（人）	在岗职工年人均工资（元）
全　　市	29358869	1969241	149087
按登记注册类型分组			
国有单位	10143981	498238	203597
城镇集体单位	323909	28287	114508
其他单位	18890979	1442716	130940
有限责任公司	10791256	886450	121736
股份有限公司	3862736	211767	182405
港、澳、台商投资	1373608	108171	126984
外商投资	2542228	200730	126649
其他	321151	35597	90218
按机构类型分组			
企业	19716618	1497056	131703
事业	5766566	283615	203323
机关	3331642	142228	234246
民间非营利组织	529648	44872	118035
其他	14395	1469	97985

表 4—11 城镇非私营单位在岗职工工资总额及平均工资（2021 年）（续表）

指　　标	在岗职工工资总额（万元）	在岗职工年平均人数（人）	在岗职工年人均工资（元）
按国民经济行业分组			
农、林、牧、渔业	14668	1550	94621
采矿业	25435	1754	145009
制造业	5072911	413852	122578
电力、热力、燃气及水生产和供应业	218763	13112	166844
建筑业	1637574	196916	83161
批发和零售业	1823620	147923	123281
交通运输、仓储和邮政业	1216566	106481	114252
住宿和餐饮业	414075	58729	70506
信息传输、软件和信息技术服务业	3765850	189073	199175
金融业	1968267	73859	266491
房地产业	967818	94626	102279
租赁和商务服务业	931581	85543	108902
科学研究和技术服务业	1645384	89729	183373
水利、环境和公共设施管理业	209358	19555	107062
居民服务、修理和其他服务业	98695	11068	89172
教育	3534094	192535	183556
卫生和社会工作	1898607	94357	201216
文化、体育和娱乐业	362455	25109	144353
公共管理、社会保障和社会组织	3553149	153472	231517

表 4—12 城镇非私营单位主要年份在岗职工工资总额及平均工资

年 份	工资总额（万元）	国有经济单位	城镇集体经济单位	平均工资（元）	国有经济单位	城镇集体经济单位
1955	10448	10448		571	571	
1960	23800	23800		548	548	
1965	23054	23054		646	646	
1970	23164	23164		582	582	
1975	40954	30648	10306	546	587	452
1978	54649	41693	12956	560	615	441
1980	80362	58272	22090	730	785	616
1985	156556	104749	40143	1131	1193	996
1990	334781	253640	74359	2349	2514	1917
1995	1043754	800055	162415	7016	7589	5024
1997	1280823	1004362	166228	8847	9516	6004
1998	1343146	1016523	164861	9449	10059	6134
1999	1440432	941202	144030	10295	10779	6324
2000	1576409	1027036	134553	11897	12512	6815
2005	2716059	1482115	87548	25215	27922	12783
2008	4076177	2209308	120106	36092	44880	20134
2009	4894546	2571369	142014	40134	50486	23225
2010	5703903	2897621	151423	45444	57373	26855
2011	7240564	3364479	154763	54713	67976	37105
2012	8456679	3847272	197582	60404	74560	43474
2013	13443124	3562962	157893	66381	81781	53890
2014	14998353	4114922	167717	72818	88295	61369
2015	16122677	4580666	154756	81075	95963	69103
2016	17231399	5284333	154917	90191	111820	76037
2017	18978397	5879289	154231	101503	129986	86052
2018	21906990	6233802	180967	111071	158382	107680
2019	24161015	7460586	194391	124896	178102	99296
2020	26217449	8957572	325771	138005	200145	117780
2021	29358869	10143981	323909	149087	203597	114508

注：2012 年开始，城镇非私营单位离岗职工（离开本单位仍保留劳动关系，并定期领取生活费的人员）不包括在从业人员统计中，故原职工工资统计口径由原“在岗+离岗”改为“在岗+劳务派遣”。

表 4—13　主要年份人民生活主要指标

计量单位：元

年　　份	城镇居民人均可支配收入	农村居民人均可支配收入
1980	487	
1985	823	530
1990	1591	970
1995	4996	2471
1997	6497	3533
1998	7018	3724
1999	7694	3862
2000	8233	4062
2002	9157	4579
2005	14997	6225
2008	23123	8951
2009	25504	9858
2010	28312	11128
2011	32200	13108
2012	36322	14786
2013	39115	16011
2014	42568	17661
2015	46104	19483
2016	49997	21156
2017	54538	23133
2018	59308	25263
2019	64372	27636
2020	67553	29621
2021	73593	32701

注：从 2013 年开始，经国务院同意，国家统计局对长期分开进行的城镇住户调查和农村住户调查实施了一体化改革。按照城乡常住人口现状，统一调查指标、统一抽样方法、统一调查过程、统一数据处理和统一数据发布，建立了城乡一体化住户收支调查制度，并在全国统一实施。指标名称、城乡划分范围和指标口径同时发生了变化，下同。

表4—13　主要年份人民生活主要指标（续表）

年　份	城乡居民人均消费支出（元）		城乡居民人均现住房建筑面积（平方米）	
	城镇	农村	城镇	农村
2000	7047	2498		33.8
2001	7326	2518		35.1
2002	7323	2590	20.0	35.6
2003	7725	3153	22.1	37.1
2004	8350	3619	21.6	37.6
2005	10704	4376	24.3	42.9
2006	12234	5512	25.2	44.7
2007	13278	6180	26.1	45.9
2008	15133	7033	26.9	47.1
2009	16339	7588	27.0	48.9
2010	18156	9956	27.4	49.9
2011	20763	8477	29.1	58.1
2012	23493	11114	29.6	58.1
2013	24129	12392	30.2	54.6
2014	25855	12818	36.3	55.4
2015	27794	14041	36.5	56.2
2016	29772	15773	36.7	56.6
2017	31385	17155	39.8	56.9
2018	33537	18457	40.1	57.6
2019	35933	19980	40.3	63.2
2020	35854	19421	40.5	64.4
2021	42487	24006	40.7	66.5

主要统计指标解释

可支配收入 指调查户在调查期内获得的，可用于最终消费支出和储蓄的总和，即调查户可以用来自由支配的收入。可支配收入既包括现金，也包括实物收入。按照收入的来源，可支配收入包含四项，分别为：工资性收入、经营净收入、财产净收入和转移净收入。可以根据调查对象范围的不同，分为全体居民可支配收入、城镇居民可支配收入和农村居民可支配收入。

消费支出 指住户用于满足家庭日常生活消费需要的全部支出,包括用于消费品的支出和用于服务性消费的支出。根据用途不同，消费支出可划分为食品烟酒、衣着、居住、生活用品及服务、交通通信、教育文化娱乐、医疗保健、其他用品及服务八大类。可以根据调查对象范围的不同，分为全体居民消费支出、城镇居民消费支出和农村居民消费支出。

城乡居民储蓄存款余额 指某一时点城乡居民存入银行及农村信用社的储蓄金额，包括城镇居民储蓄存款和农民个人储蓄存款，不包括居民的手存现金和工矿企业、部队、机关、团体等单位存款。

从业人员工资总额 根据《关于工资总额组成的规定》（1990 年 1 月 1 日国家统计局一号令）进行修订，本单位在报告期内（季度或年报）直接支付给本单位全部从业人员的劳动报酬总额。工资总额包括计时工资、计件工资、奖金、津贴和补贴、加班加点工资、特殊情况下支付的工资，是在岗职工工资总额、劳务派遣人员工资总额和其他从业人员工资总额之和。

工资总额是税前工资，包括单位从个人工资中直接为其代扣或代缴的房费、水费、电费、住房公积金和社会保险基金个人缴纳的部分等。

工资总额不论是计入成本的还是不计入成本的，不论是以货币形式支付的还是以实物形式支付的，均应列入工资总额的计算范围。

从业人员平均工资 指平均每人所得的工资额。指本单位从业人员在报告期内平均每人所得的工资额。

计算公式为：从业人员平均工资＝报告期从业人员工资总额÷报告期从业人员平均人数

（五）价格指数

CHAPTER 5
PRICE INDICES

表 5—1　工业生产者出厂价格指数

指　　标	2021 年（以上年价格为 100）	2020 年（以上年价格为 100）
总指数	111.1	99.1
# 轻工业	103.5	101.9
重工业	112.8	98.4
# 生产资料	112.9	97.3
生活资料	104.3	103.3
按工业行业大类分		
黑色金属矿采选业		100.0
有色金属矿采选业		88.7
非金属矿采选业		100.0
农副食品加工业	111.4	102.5
食品制造业	100.9	101.5
酒、饮料和精制茶制造业	98.6	101.3
烟草制品业	100.0	100.6
纺织业	115.2	95.8
纺织服装、服饰业	99.8	100.8
皮革、毛皮、羽毛及其制品和制鞋业	118.4	95.9
木材加工和木、竹、藤、棕、草制品业		99.8
家具制造业	109.0	102.3
造纸和纸制品业	97.7	89.5
印刷和记录媒介复制业	99.0	99.4
文教、工美、体育和娱乐用品制造业	101.0	105.5
石油加工、炼焦和核燃料加工业	125.4	82.5

表 5—1　工业生产者出厂价格指数（续表）

指　　标	2021 年（以上年价格为 100）	2020 年（以上年价格为 100）
化学原料和化学制品制造业	127.8	89.6
医药制造业	99.1	101.5
化学纤维制造业	110.1	87.5
橡胶和塑料制品业	101.6	99.1
非金属矿物制品业	102.8	102.0
黑色金属冶炼和压延加工业	132.4	101.3
有色金属冶炼和压延加工业	121.6	99.9
金属制品业	103.0	104.7
通用设备制造业	99.4	97.5
专用设备制造业	101.6	101.1
汽车制造业	101.9	103.3
铁路、船舶、航空航天和其他运输设备制造业	100.0	100.3
电气机械和器材制造业	98.8	97.5
计算机、通信和其他电子设备制造业	105.4	106.4
仪器仪表制造业	101.7	101.3
其他制造业		93.2
废弃资源综合利用业		96.8
金属制品、机械和设备修理业		100.0
电力、热力生产和供应业	105.0	96.5
燃气生产和供应业	105.1	98.0
水的生产和供应业	99.8	100.5

表 5—2　居民消费价格指数

指　　标	2021 年 （以上年价格为 100）	2020 年 （以上年价格为 100）
居民消费价格总指数	101.5	102.4
一、食品烟酒	101.4	109.4
粮　食	103.3	99.3
鲜　菜	104.7	113.8
畜　肉	84.9	135.6
水产品	114.6	106.3
蛋	113.0	94.1
鲜　果	103.6	97.1
二、衣着	101.0	97.6
三、居住	101.0	100.2
四、生活用品及服务	101.5	100.3
五、交通和通信	104.0	95.9
六、教育文化和娱乐	100.5	101.3
七、医疗保健	100.9	99.7
八、其他用品和服务	101.4	108.0

表 5—3　商品零售价格指数

指　　标	2021 年 （以上年价格为 100）	2020 年 （以上年价格为 100）
商品零售价格总指数	102.1	101.4
一、食品	101.0	110.7
粮　食	103.3	99.4
鲜　菜	104.7	113.8
畜　肉	84.7	136.3
水产品	114.6	106.4
蛋	113.0	94.1
鲜　果	103.6	97.1
二、饮料、烟酒	103.3	102.0
三、服装、鞋帽	100.9	97.4
四、纺织品	98.6	101.3
五、家用电器及音像器材	101.1	97.9
六、文化办公用品	102.9	103.9
七、日用品	100.4	100.3
八、体育娱乐用品	99.2	100.2
九、交通、通信用品	101.6	99.8
十、家具	106.2	100.6
十一、化妆品	98.5	100.8
十二、金银珠宝	105.3	117.5
十三、中西药品及医疗保健用品	98.2	98.9
十四、书报杂志及电子出版物	100.0	106.8
十五、燃料	113.3	91.0
十六、建筑材料及五金电料	99.3	97.3

表 5—4　主要年份价格指数

（以上年价格为 100）

年　份	城市居民消费价格指数	城市商品零售价格指数
1952	99.4	99.3
1957	102.2	102.5
1962		100.4
1965		97.3
1970		
1975	99.8	99.9
1978		107.4
1979	101.1	101.1
1980	104.9	105.0
1985	110.1	110.5
1990	105.3	104.4
1995	115.1	111.2
1997	99.7	97.6
1998	100.0	98.2
1999	98.6	97.1
2000	100.0	99.2
2005	102.1	96.7
2008	106.2	103.7
2009	100.1	98.7
2010	104.2	103.5
2012	102.7	101.4
2013	102.7	101.2
2014	102.6	102.0
2015	102.0	100.6
2016	102.7	100.5
2017	101.9	101.6
2018	102.4	102.8
2019	103.1	102.1
2020	102.4	101.4
2021	101.5	102.1

注：本表 1978 年以前数据为国营商业牌价。

表5—4 主要年份价格指数（续表）

（以上年价格=100）

年 份	工业生产者出厂价格指数	按生产生活部门分组	
		生产资料	生活资料
2003	103.7	104.7	99.3
2004	107.1	109.3	99.8
2005	101.7	102.6	98.8
2006	99.0	98.9	99.9
2007	101.6	101.8	100.3
2008	105.5	106.1	102.3
2009	90.8	89.1	100.1
2010	105.6	106.8	100.6
2011	104.3	105.0	100.9
2012	97.3	96.7	100.5
2013	97.0	96.5	99.6
2014	97.3	97.0	98.9
2015	90.5	89.1	97.1
2016	97.7	97.6	98.2
2017	103.4	105.1	98.8
2018	102.5	103.8	99.2
2019	97.9	96.7	101.0
2020	99.1	97.3	103.3
2021	111.1	112.9	104.3

主要统计指标解释

工业生产者价格指数 是通过调查收集部分代表企业的代表产品的价格变动资料进行加权计算的相对数，以反映工业产品价格变动趋势和变动程度。

居民消费价格指数 是度量一组代表性消费品及服务项目价格水平随着时间而变动的相对数，反映居民家庭购买的消费品及服务价格水平的变动情况。它是宏观经济分析和决策、价格总水平监测和调控以及国民经济核算的重要指标。其按年度计算的变动率通常被用来作为反映通货膨胀（或紧缩）程度的指标。

商品零售价格指数 是反映城乡商品零售价格变动趋势的一种经济指数。零售物价的调整变动直接影响到城乡居民的生活支出和国家的财政收入，影响居民购买力和市场供需平衡，影响消费与积累的比例。因此，计算零售价格指数，可以从一个侧面对上述经济活动进行观察和分析。

（六）农业

CHAPTER 6
AGRICULTURE

表 6—1　农村组织情况和从业人员情况（2021 年）

指　　标	全　市	江北新区直管区	浦　口	栖　霞	雨花台	江　宁
一、农村基层组织情况（个）						
村委会个数	325	9	26	29		73
村民小组个数	12233	370	987	342	182	3738
二、农村人口、从业人员资源及主要行业分布						
乡村户数（万户）	64.37	2.50	6.10	2.10	0.66	15.69
乡村人口数（万人）	195.58	7.17	19.18	6.43	1.76	46.82
劳动年龄内人口数（万人）	114.82	3.99	11.34	3.85	1.04	28.84
# 劳动年龄内上学的人口数	5.93	0.23	0.74	0.19	0.10	1.46
超过劳动年龄而实际参加劳动的人数（万人）	11.76	0.42	1.21	0.38	0.07	2.63
乡村实有从业人员合计（万人）	112.01	3.64	9.51	3.71	0.99	28.25
# 男从业人员	59.60	1.92	5.06	1.98	0.52	14.61
女从业人员	52.41	1.72	4.45	1.73	0.47	13.64
农林牧渔业从业人员（万人）	21.08	0.52	1.70	0.93	0.03	5.06
# 种植业从业人员	15.88	0.43	1.22	0.89		4.24
工业从业人员（万人）	35.10	1.28	2.75	1.28	0.36	11.03
建筑业从业人员（万人）	23.25	0.44	1.53	0.37	0.08	4.85
交通运输业、仓储业和邮政业从业人员（万人）	6.68	0.20	0.71	0.22	0.07	1.57
信息传输、计算机服务和软件业从业人员（万人）	1.55	0.08	0.16	0.03	0.05	0.43
批发与零售业从业人员（万人）	7.92	0.27	0.84	0.26	0.09	1.78
住宿与餐饮业从业人员（万人）	4.65	0.17	0.50	0.10	0.07	1.15
金融、保险业从业人员（万人）	0.88	0.05	0.10	0.02	0.01	0.22
其他从业人员（万人）	10.90	0.63	1.22	0.50	0.23	2.16

表6—1 农村组织情况和从业人员情况（2021年）（续表）

指　标	六　合	溧　水	高　淳
一、农村基层组织情况（个）			
村委会个数	47	37	104
村民小组个数	2526	2153	1935
二、农村人口、从业人员资源及主要行业分布			
乡村户数（万户）	13.62	10.93	12.77
乡村人口数（万人）	43.73	32.82	37.67
劳动年龄内人口数（万人）	26.44	18.32	21.00
# 劳动年龄内上学的人口数	1.21	0.95	1.05
超过劳动年龄而实际参加劳动的人数（万人）	2.66	1.76	2.63
乡村实有从业人员合计（万人）	25.80	18.20	21.91
# 男从业人员	13.68	10.24	11.59
女从业人员	12.12	7.96	10.32
农林牧渔业从业人员（万人）	5.05	3.69	4.10
# 种植业从业人员	4.41	2.76	1.93
工业从业人员（万人）	6.92	5.68	5.80
建筑业从业人员（万人）	5.80	3.58	6.60
交通运输业、仓储业和邮政业从业人员（万人）	1.34	1.04	1.53
信息传输、计算机服务和软件业从业人员　（万人）	0.24	0.28	0.28
批发与零售业从业人员（万人）	2.09	1.30	1.29
住宿与餐饮业从业人员（万人）	1.29	0.63	0.74
金融、保险业从业人员（万人）	0.15	0.16	0.17
其他从业人员（万人）	2.92	1.84	1.40

表 6—2　农、林、牧、渔业总产值（现价）（2021 年）

计量单位：万元

指　　标	合　计	农　业	林　业	牧　业	渔　业	农林牧渔服务业
全　　市	5040149	2715300	224358	210199	1501892	388400
增长（%）	1.3	2.7	5.2	1.8	0.5	5.5
# 江北新区直管区	103879	81069	2309	5821	10222	4458
浦　口	777525	413409	62451	35568	201533	64564
栖　霞	112584	82694	930	9660	13200	6100
雨花台	1819	1476	253		90	
江　宁	1213039	773520	35698	30364	269637	103820
六　合	1124669	664750	60630	55948	264685	78656
溧　水	860535	491500	37650	49000	207870	74515
高　淳	846099	206882	24437	23838	534655	56287

注：增长速度按可比价计算。

表 6—3　农、林、牧、渔业增加值（现价）（2021 年）

计量单位：万元

指　　标	合　计	农　业	林　业	牧　业	渔　业	农林牧渔服务业
全　　市	3265488	2006621	127354	94315	811067	226131
# 江北新区直管区	71387	60496	716	3663	3727	2785
浦　口	506122	312548	35638	15056	103618	39262
栖　霞	80965	64292	507	4820	8149	3197
雨花台	1126	933	144		49	
江　宁	775862	516190	21744	15951	162960	59017
六　合	747724	516162	33995	23360	127915	46292
溧　水	560116	373257	21305	20180	104064	41310
高　淳	522186	162743	13305	11285	300585	34268

表6—4 农业机械化、农业化学化、农田水利化情况（2021年）

指　　标	计量单位	2021年
一、农业机械化情况		
农用机械总动力合计	万千瓦	236.83
柴油发动机动力	万千瓦	156.06
汽油发动机动力	万千瓦	6.78
电动机动力	万千瓦	73.99
其他机械动力	万千瓦	
（一）耕作机械		
大型及以上拖拉机	台	791
大型及以上拖拉机动力	万千瓦	6.01
中型拖拉机	台	3778
中型拖拉机动力	万千瓦	20.50
小型拖拉机	台	16704
小型拖拉机动力	万千瓦	16.32
拖拉机配套农具	部	39433
# 与58.8千瓦及以上拖拉机配套	部	6075
（二）农用排灌机械		
农用水泵	万台	6.47
节水灌溉机械	套	5387
# 田园管理机	台	1844
田园管理机动力	万千瓦	0.86
（三）收获机械		
谷物联合收割机	台	2408
机动割晒机	台	
其他收获机械	台	4965
# 秸秆粉碎还田机	台	4402
机动脱粒机	台	233
干燥机械	台	1110

注：本表数据来源于市农业农村局。

表 6—4　农业机械化、农业化学化、农田水利化情况（2021 年）（续表 1）

指　　标	计量单位	2021 年
（四）田间管理机械		
机动植保机械	台	13196
机动植保机械动力	万千瓦	4.13
（五）林果业机械		
茶树修剪机	台	1681
果树修剪机	台	1736
（六）畜牧养殖机械	台	7670
（七）水产机械	台	42789
（八）农副产品初加工动力机械	台	8665
农副产品初加工动力机械动力	万千瓦	11.81
# 柴油机	台	1938
柴油机动力	万千瓦	2.68
电动机	台	6725
电动机动力	万千瓦	9.07
（九）农副产品初加工作业机械	台	11330
# 粮食加工机械	台	4947
棉花加工机械	台	1607
油料加工机械	台	719
（十）其他农业机械		
农田基本建设机械	台	1481
农田基本建设机械动力	万千瓦	8.47

注：本表数据来源于市农业农村局。

表 6—4 农业机械化、农业化学化、农田水利化情况（2021 年）（续表 2）

指　　标	计量单位	2021 年
二、农业主要能源及物资消耗		
农村用电量	万千瓦小时	322785
农用化肥使用量（按折纯法计算）	吨	53146
氮肥	吨	25324
磷肥	吨	3852
钾肥	吨	3157
复合肥	吨	20813
农用塑料薄膜使用量	吨	4523
# 地膜使用量	吨	2264
地膜覆盖面积	公顷	16177
农用柴油	吨	20645
农药使用量	吨	1147
三、农田水利建设情况		
耕地灌溉面积	千公顷	222.01
新增耕地灌溉面积	千公顷	6.98

注：耕地灌溉面积、新增耕地灌溉面积由市水务局提供。

表6—5　农业主要产品生产情况（全社会）（2021年）

指　　标	播种面积（千公顷）	每公顷产量（公斤）	总产量（吨）
农作物总播种面积	260.02		
一、粮食作物合计	136.59	7210	984826
（一）夏收粮食	42.64	4928	210119
1. 夏收谷物	41.75	4975	207694
小麦	41.74	4975	207650
元麦			
大麦	0.01	4400	44
2. 夏收豆类（蚕豌豆）	0.89	2725	2425
（二）秋收粮食	93.95	8246	774707
1. 秋收谷物	87.37	8532	745421
稻谷	82.23	8666	712654
早稻			
中稻和一季晚稻	82.23	8666	712654
双季晚稻			
稻谷中：籼稻	29.29	8433	247019
粳稻	51.52	8803	453530
糯稻	1.42	8515	12105
玉米	5.09	6389	32522
谷子			
高粱	0.05	5183	246
其他谷物			
2. 秋收豆类	4.11	2569	10555
大豆	3.93	2583	10153
绿豆	0.12	2221	273

表6—5 农业主要产品生产情况（全社会）（2021年）（续表）

指　　标	播种面积（千公顷）	每公顷产量（公斤）	总产量（吨）
其他豆类	0.06	2331	129
3．秋收薯类（按五折一计算）	2.47	7586	18731
二、油料合计	20.95	2331	48825
（一）花生	0.76	2842	2169
（二）油菜籽	19.60	2323	45517
（三）芝麻	0.59	1941	1139
（四）其他油料			
三、棉花（皮棉）	0.30	1195	358
四、麻类合计	0.20	2427	484
# 苎麻	0.20	2427	484
五、糖料合计	0.10	44030	4221
# 甘蔗	0.10	44030	4221
六、烟叶合计		1607	6
# 烤烟叶		1607	6
七、药材类合计	0.28		
八、蔬菜（含菜用瓜）	80.54	34534	2781489
九、瓜果类	6.14	33401	205124
# 西瓜	4.68	36721	172001
甜瓜	0.30	30710	9035
草莓	1.16	20710	24088
十、其他农作物	14.92		
# 青饲料	11.60		
绿肥	3.29		

表 6—6　茶叶、水果生产情况（2021 年）

指　　标	计量单位	2021 年
一、茶叶合计	吨	1436
红　茶	吨	11
绿　茶	吨	1425
白　茶	吨	
其他茶	吨	
二、园林水果	吨	145670
1．苹果	吨	
# 红富士苹果	吨	
国光苹果	吨	
2．梨	吨	27512
# 雪花梨	吨	7320
鸭梨	吨	1880
3．柑桔类	吨	87
# 柑	吨	

注：本表数据来源于市农业农村局。

表6—6　茶叶、水果生产情况（2021年）（续表）

指　　标	计量单位	2021年
4．其他园林水果	吨	118071
#桃子	吨	26527
猕猴桃	吨	899
葡萄	吨	41862
枇杷	吨	
红枣（干折鲜1∶5）	吨	43
柿子（干折鲜1∶5）	吨	2790
三、年末实有茶园面积	公顷	7945
#当年采摘面积	公顷	7635
四、年末果园面积合计	公顷	13709
#苹果园	公顷	
梨　园	公顷	1910
柑桔园	公顷	44
桃　园	公顷	3724
猕猴桃园	公顷	100
葡萄园	公顷	2424
五、年末实有桑园面积	公顷	

注：本表数据来源于市农业农村局。

表 6—7　林业生产情况（2021 年）

指　　标	计量单位	2021 年
一、造林面积	公顷	135
（一）按造林方式分		
1. 人工造林	公顷	135
2. 飞播造林	公顷	
3. 无林地和疏林地新封	公顷	
（二）按经济成份分		
1. 公有经济造林	公顷	72
（1）国有经济造林	公顷	
（2）集体经济造林	公顷	72
2. 非公有经济造林	公顷	63
（三）按林种用途分		
1. 用材林	公顷	49
2. 经济林	公顷	18
3. 防护林	公顷	68
4. 薪炭林	公顷	
5. 特种用途林	公顷	
二、森林抚育面积（中、幼龄林抚育）	公顷	4293
三、竹木采伐		
1. 木材	立方米	87269
（1）原木	立方米	73204
（2）薪材	立方米	14065
2. 竹材	根	504398
四、主要林产品产量		
1. 油桐籽	吨	
2. 油茶籽	吨	
3. 乌桕籽	吨	
4. 棕　片	吨	
5. 竹笋干	吨	374
6. 核　桃	吨	18
7. 板　栗	吨	1069
8. 银杏（白果）	吨	
9. 花　椒	吨	
10. 八　角	吨	
11. 松　子	吨	

注：本表数据来源于市绿化园林局。

表 6—8 畜牧业主要产品生产情况（2021 年）

指　　标	当年出栏头数	年末存栏头数	肉产量（吨）
一、大牲畜（万头）	0.12	0.45	238
1. 牛	0.12	0.45	238
# 黄牛			
良种及改良乳牛		0.30	
水牛			
2. 驴			
二、猪（万头）	17.44	32.51	13748
三、羊（万只）	2.58	2.63	324
1. 山羊	2.32	2.36	
2. 绵羊	0.26	0.27	
四、家禽（万只）	1217.85	603.05	19842
五、兔（万只）			

表 6—8 畜牧业主要产品生产情况（2021 年）（续表）

指　　标	计量单位	2021 年
六、肉类总产量	吨	34379
七、奶类产量	吨	15067
# 牛奶产量	吨	15067
八、蜂蜜产量	吨	1558
九、禽蛋产量	吨	38368
十、蚕茧产量	吨	

表6—9 渔业生产情况（2021年）

指　　标	计量单位	2021年
水产品总产量	吨	163736
# 鱼类	吨	114314
虾蟹类	吨	42525
贝类	吨	6305
其他类	吨	592
# 内陆水域捕捞	吨	
内陆水域养殖	吨	163736
内陆水域养殖面积	千公顷	19.74
# 池塘养殖	千公顷	13.94
湖泊养殖	千公顷	
河沟养殖	千公顷	3.49
水库养殖	千公顷	2.08
其他养殖	千公顷	0.23

注：本表数据来源于市农业农村局。

表 6—10 主要年份农林牧渔业总产值（现价）

计量单位：万元

年 份	合 计	农 业	林 业	牧 业	渔 业	农林牧渔服务业
1978	61713	48846	1013	10943	911	
1980	77728	58761	1266	16009	1692	
1985	154358	101895	3897	41969	6597	
1990	308287	172537	4591	111029	20130	
1995	764367	510727	13068	168272	72300	
1997	942439	585783	16069	229413	111174	
1998	979644	586628	16834	247533	128649	
1999	989199	599064	19370	224822	145943	
2000	1063412	616473	24033	253261	169645	
2003	1325889	675733	18645	301214	244707	85590
2005	1553837	854544	19637	338746	293414	47496
2008	1940094	1051973	24505	400745	401579	61292
2009	2236617	1228116	30453	387016	477113	113919*
2010	2447531	1394403	31168	394385	506240	121335
2011	2835016	1624518	32153	470153	571982	136210
2012	3185439	1834683	33868	511676	654571	150641
2013	3513124	2052345	36620	520407	737894	165858
2014	3846279	2184996	198412	482330	798629	181912
2015	4152664	2399141	219509	461894	872752	199368
2016	4511638	2587494	242567	468297	993610	219670
2017	4706496	2689900	265918	407943	1102093	240642
2018	4508802	2388947	183773	255282	1405962	274838
2019	4725028	2407657	201697	243524	1538883	333267
2020	4898428	2576352	210529	280142	1469004	362401
2021	5040149	2715300	224358	210199	1501892	388400

注：2009 年农林牧渔服务业产值根据第二次经济普查数据进行了调整，2018 年农林牧渔业总产值根据第四次经济普查数据进行了调整。

表6—11　主要年份主要农产品产量

年　份	粮　食 （万吨）	棉　花 （吨）	油　料 （吨）	麻　类 （吨）	蚕　茧 （吨）	园林水果 （吨）
1949	37.84	836	9194	104	27	913
1950	49.53	892	10577	121	31	934
1955	72.44	2160	11024	595	118	1587
1960	45.84	656	7833	244	308	1448
1965	96.12	1825	10468	878	169	2887
1970	102.57	2360	9928	1693	565	4774
1975	120.44	2718	15841	2545	940	6492
1978	147.20	3621	21882	3593	797	5077
1980	138.01	5528	28025	2710	1095	9653
1985	173.70	4459	90542	9906	629	6802
1990	173.26	2392	96797	1727	487	8526
1995	168.57	3520	144872	1320	1127	13639
1997	182.51	4501	146179	1561	484	18530
1998	176.91	4838	106504	1631	580	18685
1999	169.77	3699	192144	1687	494	22032
2000	143.37	4461	220119	2318	536	23625
2005	96.54	5920	211685	4013	441	42495
2008	114.43	4327	133405	2709	431	79304
2009	110.69	4016	134144	2378	119	107016
2010	110.64	4135	117697	2008	170	85273
2012	117.50	4113	106317	1710	85	119842
2013	116.95	4217	107872	1569	85	145135
2014	114.72	4175	114711	1130	33	157721
2015	114.06	3837	108415	857	11	154459
2016	108.04	3071	74337	673	2	155916
2017	102.71	2591	62749	648		163181
2018	106.92	1418	33404	592		170515
2019	96.56	1033	35845	509		168292
2020	97.83	415	31969	500		145165
2021	98.48	358	48825	484		145670

主要统计指标解释

农林牧渔业总产值　指以货币表现的农、林、牧、渔业全部产品和对农业生产进行各种支持性服务活动的总量，它反映一定时期内农业生产总规模和总成果。从2003年开始农林牧渔业总产值执行新的国民经济行业分类标准，包括农业、林业、牧业、渔业、农林牧渔服务业，不再包括农民家庭兼营商品性工业。农林牧渔业总产值中的农、林、牧、渔四业的计算方法通常是按农、林、牧、渔业产品及其副产品的产量分别乘以各自单位产品价格求得，现行价格从2003年开始使用生产价格调查的价格；少数生产周期较长，当年没有产品或产品产量不易统计的，则采用间接方法匡算其产值；然后将四业产品产值与农林牧渔服务业产值相加即为农林牧渔业总产值。1957年以前的农林牧渔业总产值中包括了厩肥和农民自给性手工业（如农民自制衣服、鞋、袜，自己从事粮食初步加工等）。1958年及以后，林业中增加了村及村以下竹木采伐产值；牧业中取消了厩肥产值；副业中取消了农民自给性手工业产值，增加了村及村以下办的工业产值；渔业中增加了海洋捕捞水产品产值。1980年及以后，在副业中增加了农民家庭兼营工业商品部分的产值。从1984年起村及村以下工业产值划归工业。从1993年起取消副业，将野生动物的捕猎划入牧业、野生植物采集和农民家庭兼营商品性工业划归农业，从2003年起不再包括农民家庭兼营商品性工业产值。1996年第一次农业普查以后，由于畜牧业产品年报数据与普查数据之间存在一定的差距，国家统计局农调总队对畜牧业年报数据与普查数据进行衔接，相应的畜牧业产值进行调整。

粮食产量　指全社会的产量。包括国有经济经营的、集体统一经营的和农民家庭经营的粮食产量，还包括工矿企业办的农场和其他生产单位的产量。粮食除包括稻谷、小麦、玉米、高粱、谷子及其他杂粮外，还包括薯类和豆类。其产量计算方法，豆类按去豆荚后的干豆计算；薯类（包括甘薯和马铃薯，不包括芋头和木薯）1963年以前按每4公斤鲜薯折1公斤粮食计算，从1964年开始改为按5公斤鲜薯折1公斤粮食计算。城市郊区作为蔬菜的薯类（如马铃薯等）按鲜品计算，并且不作粮食统计。其他粮食一律按脱粒后的原粮计算。

棉花产量　指全社会的产量。包括春播棉和夏播棉。产量按皮棉计算。

油料产量　指全部油料作物的生产量。包括花生、油菜籽、芝麻、向日葵籽、胡麻籽（亚麻籽）和其他油料。不包括大豆、木本油料和野生油料。花生以带壳干花生计算。

水产品产量　指人工养殖的水产品和天然生长的水产品的捕捞量。包括海水的鱼类、虾蟹类、贝类和藻类以及内陆水域的鱼类、虾蟹类和贝类，不包括淡水水生植物。

猪、牛、羊肉产量　指当年出栏并已屠宰、除去头蹄下水后带骨肉（即胴体重）的重量。

期初（末）畜禽存栏头（只）数　指报告期初（末）农村各种合作经济组织和国营农场、农民个人、机关、团体、学校、工矿企业、部队等单位以及城镇居民饲养的大牲畜、猪、羊、家禽等畜禽的存栏数。

耕地面积 是指年初可用来种植农作物并经常进行耕种、能够正常收获的土地。包括当年实际耕种的熟地、当年新开荒地、休闲不满三年随时可以复耕的地和当年休闲地以及以种植农作物为主并附带种植桑树、茶树、果树和其他林木的土地、沿海、沿湖地区已围垦利用的“海涂”“湖田”等面积。不包括临时种植农作物的坡度在25度以上的陡坡地、在河套、湖畔、库区临时开发的成片或零星土地，属于专业性的桑园、茶园、果园、果木苗圃、林地、芦苇地、天然或人工草地面积、也不包括已列为国家和省（区、市）退耕计划但临时耕种的土地。

农作物播种面积 指实际播种或移植有农作物的面积。凡是实际种植有农作物的面积，不论种植在耕地上还是种植在非耕地上，均包括在农作物播种面积中。在播种季节基本结束后，因遭灾而重新改种和补种的农作物面积，也包括在内。

有效灌溉面积 指具有一定的水源，地块比较平整，灌溉工程或设备已经配套，在一般年景下当年能够进行正常灌溉的耕地面积。在一般情况下，有效灌溉面积应等于灌溉工程或设备已经配备，能够进行正常灌溉的水田和水浇地面积之和。

农用化肥施用量 指本年内实际用于农业生产的化肥数量，包括氮肥、磷肥、钾肥和复合肥。化肥施用量要求按折纯量计算数量。折纯量是指把氮肥、磷肥、钾肥分别按含氮、含五氧化二磷、含氧化钾的百分之一百成份进行折算后的数量。复合肥按其所含主要成分折算。

农业机械总动力 指主要用于农、林、牧、渔业的各种动力机械的动力总和。包括耕作机械、排灌机械、收获机械、农用运输机械、植物保护机械、牧业机械、林业机械、渔业机械和其他农业机械〔内燃机按引擎马力折成瓦（特）计算、电动机按功率折成瓦（特）计算〕。不包括专门用于乡、镇、村、组办工业、基本建设、非农业运输、科学试验和教学等非农业生产方面用的动力机械与作业机械。

大中型拖拉机 指发动机额定功率在14.7千瓦（含14.7千瓦即20马力）以上的拖拉机，有链轨式和轮式两种。

小型拖拉机 指发动机额定功率在2.2千瓦（含2.2千瓦）以上，小于14.7千瓦的拖拉机，包括小四轮与手扶式。

拖拉机配套农具 指由拖拉机牵引或悬挂的田间移动作业机具，例如：机引犁、拖耕机、机引耙、播种机等农具。与大中型拖拉机配套使用的农具称为大中型拖拉机配套农具，与小型拖拉机配套使用的农具称为小型拖拉机配套农具。

农林牧渔业劳动力 指全社会直接参加农林牧渔业生产活动的劳动力。

（七）工业和能源

CHAPTER 7
INDUSTRY AND ENERGY

表7—1　规模以上工业企业主要经济指标（2021年）

计量单位：万元

指　　标	企业单位数（个）	亏损企业	资产总计	流动资产	固定资产原价	累计折旧
合　　计	3975	764	166010450	103827583	72592725	37973727
一、按经济类型分组：						
内资企业	3395	622	122707347	77632821	44523715	22833552
国有企业	33	10	4833800	2536918	2131568	930473
集体企业	8	1	44458	41586	4889	2734
股份合作企业	3	1	9244	8220	3282	2330
联营企业	5	1	47966	41447	14352	9080
有限责任公司	474	93	45887477	27460534	20877230	10540175
股份有限公司	113	17	28334515	15862716	11769197	7020439
私营企业	2755	497	43491677	31645345	9691887	4312411
其他企业	4	2	58210	36055	31311	15910
港、澳、台商投资企业	197	50	13986645	8611872	6606502	3275214
外商投资企业	383	92	29316458	17582890	21462509	11864960
二、在总计中：国有控股	293	54	60651436	32762518	36463010	20340565
三、按轻重工业分组：						
轻工业	1005	242	30701313	19638095	10361264	4535194
重工业	2970	522	135309136	84189488	62231461	33438533
四、按企业规模分组：						
大型企业	86	4	74718590	45710976	41268904	23152699
中型企业	318	51	41944784	25254101	15771656	7799788
小微企业	3571	709	49347076	32862506	15552165	7021239
五、按工业行业分组						
采矿业	3		940000	462497	867835	658745
煤炭开采和洗选业						
石油和天然气开采业	1		901556	439541	843036	640489
黑色金属矿采选业						
有色金属矿采选业	2		38443	22956	24799	18256
非金属矿采选业						
开采专业及辅助性活动						
其他采矿业						

表 7—1 规模以上工业企业主要经济指标（2021 年）（续表 1）

计量单位：万元

指 标	企业单位数（个）	亏损企业	资产总计	流动资产	固定资产原价	累计折旧
制造业	3897	746	155487202	100634952	64437372	34196488
农副食品加工业	48	13	996037	588405	323902	116388
食品制造业	77	26	1612383	1053629	588658	324493
酒、饮料和精制茶制造业	15	1	487510	247692	395485	224212
烟草制品业	1		2967984	2519375	641779	351041
纺织业	26	9	542509	348348	365016	201441
纺织服装、服饰业	122	32	1840274	918435	344563	176745
皮革、毛皮、羽毛及其制品和制鞋业	12	6	124134	95503	33419	10597
木材加工和木、竹、藤、棕、草制品业	18	3	61077	49942	14152	6635
家具制造业	32	8	550089	277279	171143	44361
造纸和纸制品业	25	2	113816	82143	55026	29572
印刷和记录媒介复制业	68	16	748323	422624	496154	288405
文教、工美、体育和娱乐用品制造业	68	15	327906	250178	106009	49717
石油、煤炭及其他燃料加工业	8		3705072	1882926	2870533	1853139
化学原料和化学制品制造业	164	28	17087312	8497330	14888900	9355506
医药制造业	119	34	7939081	5205382	1598733	646460
化学纤维制造业	18	3	600671	213867	237674	146634
橡胶和塑料制品业	172	31	1979735	1262464	953723	458687
非金属矿物制品业	270	73	5608035	4136988	1842670	939334
黑色金属冶炼和压延加工业	31	2	16448672	10049528	8182547	4783453
有色金属冶炼和压延加工业	43	8	1042921	637270	158830	81610
金属制品业	289	39	3367434	2580232	1101985	593416
通用设备制造业	439	57	10830423	7841319	3029071	1340744
专用设备制造业	414	61	6510157	5057845	1307200	540184
汽车制造业	223	65	12914329	8838672	6117785	3406619
铁路、船舶、航空航天和其他运输设备制造业	100	19	5311242	4006070	1001726	561128
电气机械和器材制造业	364	67	17319145	11788557	5544367	2194113
计算机、通信和其他电子设备制造业	471	92	21751284	14336576	10230512	4866703
仪器仪表制造业	218	32	12284925	7218947	1642379	538852
其他制造业	9	1	122728	71029	47704	16104
废弃资源综合利用业	23	3	239196	115836	132042	44196
金属制品、机械和设备修理业	10		52799	40561	13686	6000
电力、热力、燃气及水生产和供应业	75	18	9583248	2730134	7287519	3118494
电力、热力生产和供应业	30	8	3449665	799303	4148123	2256464
燃气生产和供应业	20	4	1059594	417452	600779	158963
水的生产和供应业	25	6	5073989	1513379	2538616	703066

表 7—1 规模以上工业企业主要经济指标（2021 年）（续表 2）

计量单位：万元

指　　标	负债	流动负债	主营业务收　　入	税金及附加	盈亏相抵后利润总额	从业人员平均人数（人）
合　　计	89948127	78159060	147180403	5047753	10989139	612446
一、按经济类型分组：						
内资企业	67882340	59158996	100912785	4623412	6275595	421339
国有企业	2720872	2366125	4462755	22072	120270	11552
集体企业	33691	31342	192507	217	1168	408
股份合作企业	4395	4395	15510	22	183	117
联营企业	30774	30253	41604	156	2032	574
有限责任公司	24627947	19887380	35246931	2741751	2335506	110064
股份有限公司	14023055	12732263	26037103	1716990	1857851	49690
私营企业	26394121	24060666	34882444	141952	1958899	248276
其他企业	47484	46571	33933	253	-315	658
港、澳、台商投资企业	6617367	5543295	9573130	49298	942429	61401
外商投资企业	15448420	13456770	36694487	375043	3771115	129706
二、在总计中：国有控股	30589150	25112394	55111142	4535653	4342956	117471
三、按轻重工业分组：						
轻工业	13550594	11967526	24441506	1803077	2413855	168476
重工业	76397533	66191534	122738897	3244676	8575285	443970
四、按企业规模分组：						
大型企业	42550307	36587659	75483039	4711437	6291054	198232
中型企业	21264658	18887426	28481595	148932	2378694	156089
小微企业	26133163	22683975	43215769	187384	2319392	258125
五、按工业行业分组						
采矿业	291304	222236	192746	13973	41492	1730
煤炭开采和洗选业						
石油和天然气开采业	269811	204082	150383	11797	20299	1154
黑色金属矿采选业						
有色金属矿采选业	21493	18155	42363	2177	21193	576
非金属矿采选业						
开采专业及辅助性活动						
其他采矿业						

表 7—1 规模以上工业企业主要经济指标（2021 年）（续表 3）

计量单位：万元

指 标	负债	流动负债	主营业务收入	税金及附加	盈亏相抵后利润总额	从业人员平均人数（人）
制造业	84022995	74580000	142191057	5004765	10973731	597327
农副食品加工业	656009	585725	1226681	3634	23912	4376
食品制造业	701641	639367	1300990	7983	93946	15010
酒、饮料和精制茶制造业	181750	177297	484110	9333	38121	4596
烟草制品业	237513	237422	2628169	1682174	466281	1345
纺织业	222749	196667	471158	2717	20412	3534
纺织服装、服饰业	1047516	1007250	1409162	6209	34640	21728
皮革、毛皮、羽毛及其制品和制鞋业	73556	32511	96711	402	751	1018
木材加工和木、竹、藤、棕、草制品业	46003	40680	101770	295	2657	746
家具制造业	307600	257715	338390	2525	15505	5068
造纸和纸制品业	73953	67493	144771	586	4657	1448
印刷和记录媒介复制业	381813	363162	623476	3217	31957	7460
文教、工美、体育和娱乐用品制造业	218919	210752	614977	2463	13360	8044
石油、煤炭及其他燃料加工业	1608602	1314644	9579772	1646755	656673	5505
化学原料和化学制品制造业	6406664	5362045	20706067	980156	2434617	35068
医药制造业	3009364	2559951	3743787	33366	665309	30007
化学纤维制造业	187525	171219	288465	1855	12431	2545
橡胶和塑料制品业	1028930	908617	2052059	7064	107420	16144
非金属矿物制品业	3779769	3576425	4683513	30623	277656	24719
黑色金属冶炼和压延加工业	11292101	10988069	14556298	43551	753599	16560
有色金属冶炼和压延加工业	519101	504281	2504795	2977	59688	3508
金属制品业	1982186	1856745	2759981	14430	144208	23574
通用设备制造业	6747029	5966018	7576736	39808	602912	56777
专用设备制造业	3229869	3066654	4299082	24996	460573	38875
汽车制造业	9036696	8224466	13488557	287396	1043242	55960
铁路、船舶、航空航天和其他运输设备制造业	3208285	3059197	3528865	16222	215758	21746
电气机械和器材制造业	9700458	8870794	15121385	65265	1181657	65939
计算机、通信和其他电子设备制造业	12045747	9130277	22483086	64557	987147	97858
仪器仪表制造业	5870462	5011605	5041061	22504	611890	24003
其他制造业	80064	79383	65716	297	2259	556
废弃资源综合利用业	103981	78884	187445	914	7265	1557
金属制品、机械和设备修理业	37143	34688	84024	491	3229	2053
电力、热力、燃气及水生产和供应业	5633828	3356823	4796600	29015	-26083	13389
电力、热力生产和供应业	1736248	1365416	2246414	20789	-138258	4868
燃气生产和供应业	654423	554688	2151752	2489	72664	2803
水的生产和供应业	3243157	1436720	398434	5736	39512	5718

表 7—2 规模以上工业企业主要产品产量

产品名称	2021 年	2020 年	同比增长（%）
饲料（吨）	58919	120532	-51.1
精制食用植物油（吨）	362728	212498	70.7
饮料酒（千升）	200486	184575	8.6
饮料（吨）	1308568	1195352	9.5
卷烟（万支）	3350600	3408800	-1.7
服装（万件）	9673	12330	-21.5
家具（件）	992744	1192769	-16.8
机制纸及纸板（吨）	2066	5890	-64.9
原油加工量（吨）	29990541	28869816	3.9
汽油（吨）	7122447	6693617	6.4
煤油（吨）	2893018	2942778	-1.7
柴油（吨）	5462383	6113418	-10.6
液化石油气（吨）	1301047	1236999	5.2
焦炭（吨）	3990045	3797145	5.1
硫酸（折 100%）（吨）	478754	437014	9.6
烧碱（折 100%）（吨）	91009	84744	7.4
乙烯（吨）	1591673	1491081	6.7
纯苯（吨）	816956	782658	4.4
浓硝酸（折 100%）（吨）	205401	203297	1.0
合成氨（无水氨）（吨）	312476	260335	20.0
农用氮、磷、钾化学肥料总计（折纯）（吨）	15538	15338	1.3
化学农药原药（折有效成分 100%）（吨）	19279	40481	-52.4
涂料（吨）	56185	72974	-23.0
初级形态塑料（吨）	1740487	1735339	0.3
合成橡胶（吨）	253056	355175	-28.8
合成纤维单体（吨）	999945	1277984	-21.8
化学药品原药（吨）	77	42	83.3
中成药（吨）	4702	4248	10.7

表 7—2 规模以上工业企业主要产品产量（续表）

产品名称	2021 年	2020 年	同比增长（%）
化学纤维（吨）	147647	140249	5.3
橡胶轮胎外胎（条）	3571291	2315141	54.3
塑料制品（吨）	251447	236539	6.3
水泥熟料（吨）	8203493	7997415	2.6
水泥（吨）	7316292	7541865	-3.0
日用玻璃制品（吨）	97428	85861	13.5
生铁（吨）	17487606	17444229	0.2
粗钢（吨）	19626984	19587082	0.2
钢材（吨）	18905168	17342170	9.0
泵（台）	276174	219063	26.1
气体压缩机（台）	16512	13301	24.1
汽车（辆）	356605	364290	-2.1
# 基本型乘用车（轿车）	174759	181523	-3.7
客车	40453	35127	15.2
载货汽车	53215	52259	1.8
新能源汽车（辆）	50473	23301	116.6
摩托车整车（辆）	27218	22384	21.6
民用钢质船舶（载重吨）	105060	196790	-46.6
发电机组（发电设备）（千瓦）	3204500	2453100	30.6
交流电动机（千瓦）	967213	1115468	-13.3
变压器（千伏安）	56863346	21686200	162.2
家用洗衣机（台）	4854328	5301487	-8.4
电光源（万只）	4778	4342	10.0
移动通信手持机（手机）（台）	761333	6678782	-88.6
电子计算机整机（台）	798833	725321	10.1
彩色电视机（台）	2845874	3024125	-5.9
# 液晶电视机	2845874	3024125	-5.9
发电量（万千瓦小时）	4644986	4576182	1.5
煤气生产量（万立方米）	2714994	2690324	0.9
自来水生产量（万立方米）	148015	136304	8.6

表 7—3　规模以上国有控股工业企业主要经济指标（2021 年）

指　　标	企业单位数（个）	亏损企业
合　　计	293	54
一、按轻重工业分组：		
轻工业	49	15
重工业	244	39
二、按企业规模分组：		
大型企业	24	2
中型企业	72	12
小微企业	197	40
三、按行业分组：		
采矿业	3	
煤炭开采和洗选业		
石油和天然气开采业	1	
黑色金属矿采选业		
有色金属矿采选业	2	
非金属矿采选业		
开采专业及辅助性活动		
其他采矿业		
制造业	253	45
农副食品加工业	1	
食品制造业	6	5
酒、饮料和精制茶制造业		
烟草制品业	1	
纺织业	1	
纺织服装、服饰业	16	2
皮革、毛皮、羽毛及其制品和制鞋业		
木材加工和木、竹、藤、棕、草制品业		
家具制造业		
造纸和纸制品业		

表 7—3 规模以上国有控股工业企业主要经济指标（2021 年）（续表 1）

指标	企业单位数（个）	亏损企业
印刷和记录媒介复制业	7	3
文教、工美、体育和娱乐用品制造业	1	
石油、煤炭及其他燃料加工业	1	
化学原料和化学制品制造业	18	3
医药制造业	7	2
化学纤维制造业	2	
橡胶和塑料制品业	3	2
非金属矿物制品业	17	3
黑色金属冶炼和压延加工业	2	
有色金属冶炼和压延加工业	1	
金属制品业	8	1
通用设备制造业	14	2
专用设备制造业	18	3
汽车制造业	26	3
铁路、船舶、航空航天和其他运输设备制造业	19	1
电气机械和器材制造业	20	4
计算机、通信和其他电子设备制造业	43	8
仪器仪表制造业	18	2
其他制造业		
废弃资源综合利用业	2	1
金属制品、机械和设备修理业	1	
电力、热力、燃气及水生产和供应业	37	9
电力、热力生产和供应业	16	4
燃气生产和供应业	6	1
水的生产和供应业	15	4

表 7—3　规模以上国有控股工业企业主要经济指标（2021 年）（续表 2）

计量单位：万元

指　　标	资产总计	流动资产	固定资产原价	累计折旧	负债	流动负债
合　　计	60651436	32762518	36463010	20340565	30589150	25112394
一、按轻重工业分组：						
轻工业	4594539	3400634	1213289	664126	805962	747191
重工业	56056897	29361884	35249722	19676439	29783188	24365203
二、按企业规模分组：						
大型企业	35140951	19155330	25203805	15061682	17094307	14240303
中型企业	13648775	7187836	6965406	3593300	7258750	6386416
小微企业	11861709	6419352	4293800	1685582	6236093	4485675
三、按行业分组：						
采矿业	940000	462497	867835	658745	291304	222236
煤炭开采和洗选业						
石油和天然气开采业	901556	439541	843036	640489	269811	204082
黑色金属矿采选业						
有色金属矿采选业	38443	22956	24799	18256	21493	18155
非金属矿采选业						
开采专业及辅助性活动						
其他采矿业						
制造业	51603823	30121977	29370804	17081150	25517068	22197311
农副食品加工业	11390	11390			1325	1325
食品制造业	54635	39483	37156	23447	53096	52092
酒、饮料和精制茶制造业						
烟草制品业	2967984	2519375	641779	351041	237513	237422
纺织业	12462	931	7054	1712	11355	11355
纺织服装、服饰业	383979	272501	153205	80785	156602	148175
皮革、毛皮、羽毛及其制品和制鞋业						
木材加工和木、竹、藤、棕、草制品业						
家具制造业						
造纸和纸制品业						

表 7—3 规模以上国有控股工业企业主要经济指标（2021 年）（续表 3）

计量单位：万元

指 标	资产总计	流动资产	固定资产原价	累计折旧	负债	流动负债
印刷和记录媒介复制业	180622	77835	123069	84686	54652	53094
文教、工美、体育和娱乐用品制造业	16798	15784	2078	1551	10259	10249
石油、煤炭及其他燃料加工业	3007500	1507125	2761677	1790392	1372932	1127203
化学原料和化学制品制造业	9225007	4238518	10329802	6887417	3153096	2655485
医药制造业	503907	259499	166999	81224	129200	96468
化学纤维制造业	321354	88248	34800	12179	55328	40572
橡胶和塑料制品业	80342	62141	37348	23094	54578	54450
非金属矿物制品业	1858185	1359660	567253	289207	1256336	1166763
黑色金属冶炼和压延加工业	3194493	1128276	4162876	2595500	1321977	1296763
有色金属冶炼和压延加工业	173821	166544	28849	24583	58334	57812
金属制品业	876437	662172	428890	260049	477379	459199
通用设备制造业	914875	692861	193104	73304	529194	471528
专用设备制造业	916057	692925	299140	129296	581294	541214
汽车制造业	4095245	2690388	2444077	1380684	3196541	2955215
铁路、船舶、航空航天和其他运输设备制造业	3940059	2899691	683175	384598	2542606	2409268
电气机械和器材制造业	4098633	3225115	464624	196688	2084925	2013613
计算机、通信和其他电子设备制造业	5816056	2528376	4762408	2131881	3763838	2583634
仪器仪表制造业	8924431	4968129	1022523	269528	4398963	3741144
其他制造业						
废弃资源综合利用业	25274	10749	18868	8269	12622	10145
金属制品、机械和设备修理业	4281	4262	50	38	3124	3124
电力、热力、燃气及水生产和供应业	8107614	2178044	6224372	2600670	4780778	2692847
电力、热力生产和供应业	2512070	472008	3311409	1802995	1198236	940963
燃气生产和供应业	661854	232830	441563	119566	429918	365293
水的生产和供应业	4933691	1473206	2471400	678109	3152623	1386591

表 7—3　规模以上国有控股工业企业主要经济指标（2021 年）（续表 4）

计量单位：万元

指　　标	主营业务收　　入	税金及附加	盈亏相抵后利润总额	从业人员平均人数（人）
合　　计	55111142	4535653	4342956	117471
一、按轻重工业分组：				
轻工业	3515215	1689175	517723	14751
重工业	51595927	2846479	3825233	102720
二、按企业规模分组：				
大型企业	37152403	4445447	3248969	55594
中型企业	8337498	55999	515867	37407
小微企业	9621241	34207	578120	24470
三、按行业分组：				
采矿业	192746	13973	41492	1730
煤炭开采和洗选业				
石油和天然气开采业	150383	11797	20299	1154
黑色金属矿采选业				
有色金属矿采选业	42363	2177	21193	576
非金属矿采选业				
开采专业及辅助性活动				
其他采矿业				
制造业	51113671	4499445	4326284	105710
农副食品加工业	6685	2	64	3
食品制造业	71654	372	-2870	942
酒、饮料和精制茶制造业				
烟草制品业	2628169	1682174	466281	1345
纺织业	4687	148	740	282
纺织服装、服饰业	224477	1714	11283	5215
皮革、毛皮、羽毛及其制品和制鞋业				
木材加工和木、竹、藤、棕、草制品业				
家具制造业				
造纸和纸制品业				

表 7—3 规模以上国有控股工业企业主要经济指标（2021 年）（续表 5）

计量单位：万元

指 标	主营业务收 入	税金及附加	盈亏相抵后利润总额	从业人员平均人数（人）
印刷和记录媒介复制业	61998	747	-3171	1294
文教、工美、体育和娱乐用品制造业	14273	69	84	121
石油、煤炭及其他燃料加工业	9127964	1644391	616067	3723
化学原料和化学制品制造业	13032774	949975	1646876	15407
医药制造业	282011	2760	27834	2819
化学纤维制造业	6458	429	15208	628
橡胶和塑料制品业	128622	420	1634	785
非金属矿物制品业	1787956	12442	163772	4997
黑色金属冶炼和压延加工业	4385629	18777	408247	4891
有色金属冶炼和压延加工业	1630487	635	4510	173
金属制品业	563319	4442	23251	3497
通用设备制造业	336754	3358	26861	3309
专用设备制造业	740045	2299	28589	4262
汽车制造业	5194426	126400	207553	14827
铁路、船舶、航空航天和其他运输设备制造业	2548895	10744	117673	11353
电气机械和器材制造业	2675597	11669	298901	7494
计算机、通信和其他电子设备制造业	2655753	15113	-130471	12322
仪器仪表制造业	2984028	10219	399807	5792
其他制造业				
废弃资源综合利用业	12652	113	-2488	132
金属制品、机械和设备修理业	8359	35	48	97
电力、热力、燃气及水生产和供应业	3804725	22235	-24819	10031
电力、热力生产和供应业	1619412	15241	-95261	3345
燃气生产和供应业	1829861	1804	39249	1274
水的生产和供应业	355452	5190	31193	5412

表7—4 规模以上民营工业企业主要经济指标（2021年）

计量单位：个

指 标	企业单位数	
		亏损企业
合 计	3126	571
一、按轻重工业分组：		
轻工业	801	179
重工业	2325	392
二、按企业规模分组：		
大型企业	24	1
中型企业	166	25
小微企业	2936	545
三、按行业分组：		
采矿业		
煤炭开采和洗选业		
石油和天然气开采业		
黑色金属矿采选业		
有色金属矿采选业		
非金属矿采选业		
开采专业及辅助性活动		
其他采矿业		
制造业	3105	565
农副食品加工业	41	11
食品制造业	51	15
酒、饮料和精制茶制造业	7	1
烟草制品业		
纺织业	20	8
纺织服装、服饰业	91	25
皮革、毛皮、羽毛及其制品和制鞋业	8	2
木材加工和木、竹、藤、棕、草制品业	18	3
家具制造业	31	7
造纸和纸制品业	21	2

表 7—4　规模以上民营工业企业主要经济指标（2021 年）（续表 1）

计量单位：个

指　　标	企业单位数	亏损企业
印刷和记录媒介复制业	51	9
文教、工美、体育和娱乐用品制造业	57	11
石油、煤炭及其他燃料加工业	6	
化学原料和化学制品制造业	97	15
医药制造业	99	26
化学纤维制造业	14	2
橡胶和塑料制品业	149	23
非金属矿物制品业	232	62
黑色金属冶炼和压延加工业	28	2
有色金属冶炼和压延加工业	39	7
金属制品业	257	35
通用设备制造业	352	46
专用设备制造业	361	50
汽车制造业	135	40
铁路、船舶、航空航天和其他运输设备制造业	71	15
电气机械和器材制造业	299	52
计算机、通信和其他电子设备制造业	352	68
仪器仪表制造业	182	28
其他制造业	8	
废弃资源综合利用业	19	
金属制品、机械和设备修理业	9	
电力、热力、燃气及水生产和供应业	21	6
电力、热力生产和供应业	8	2
燃气生产和供应业	7	3
水的生产和供应业	6	1

表 7—4　规模以上民营工业企业主要经济指标（2021 年）（续表 2）

计量单位：万元

指　　标	资产总计	流动资产	固定资产原价	累计折旧	负债	流动负债
合　　计	69356260	48546616	15831693	6931552	40417210	36722971
一、按轻重工业分组：						
轻工业	14930084	9687972	3210719	1219970	7471630	6812768
重工业	54426176	38858644	12620973	5711582	32945580	29910203
二、按企业规模分组：						
大型企业	22285195	15594022	5946352	2755468	15740887	14133272
中型企业	18730521	12146405	3461076	1329930	9071424	8122402
小微企业	28340545	20806189	6424265	2846154	15604899	14467298
三、按行业分组：						
采矿业						
煤炭开采和洗选业						
石油和天然气开采业						
黑色金属矿采选业						
有色金属矿采选业						
非金属矿采选业						
开采专业及辅助性活动						
其他采矿业						
制造业	69104997	48406803	15757095	6910507	40312990	36665981
农副食品加工业	642371	323177	230305	67236	455621	385341
食品制造业	663382	450739	163232	76006	442475	412596
酒、饮料和精制茶制造业	58010	28851	44286	22949	22368	20587
烟草制品业						
纺织业	143477	106812	48834	26735	102549	101888
纺织服装、服饰业	1316533	550114	142048	67276	823528	791703
皮革、毛皮、羽毛及其制品和制鞋业	51956	32412	19134	7717	22179	20833
木材加工和木、竹、藤、棕、草制品业	61077	49942	14152	6635	46003	40680
家具制造业	436494	231301	157416	38085	260999	222812
造纸和纸制品业	83339	57854	39521	20209	58104	57190

表 7—4 规模以上民营工业企业主要经济指标（2021 年）（续表 3）

计量单位：万元

指 标	资产总计	流动资产	固定资产原价	累计折旧	负债	流动负债
印刷和记录媒介复制业	340549	202438	204755	106316	192384	186746
文教、工美、体育和娱乐用品制造业	235987	180788	73632	34088	162227	159849
石油、煤炭及其他燃料加工业	668368	363944	86721	56124	229893	181664
化学原料和化学制品制造业	3715791	2322777	1099697	529639	1606203	1284595
医药制造业	5557840	3633351	991153	398892	2147788	1899372
化学纤维制造业	60718	35485	23522	8470	33227	32445
橡胶和塑料制品业	1334712	909642	416688	179749	680179	649121
非金属矿物制品业	3094059	2389477	808683	380313	2245802	2168231
黑色金属冶炼和压延加工业	13229946	8898309	4015448	2184480	9965075	9686257
有色金属冶炼和压延加工业	820643	437355	119898	52415	447220	433290
金属制品业	2192706	1743709	493039	246269	1366096	1313242
通用设备制造业	6277480	4467476	1586122	719749	3999449	3505206
专用设备制造业	4530058	3520943	767608	305517	2107107	1989388
汽车制造业	4375005	3316005	817474	318241	2945323	2726172
铁路、船舶、航空航天和其他运输设备制造业	1229280	1000656	252389	134676	609799	595012
电气机械和器材制造业	6699607	4971570	1177459	407664	3940116	3687831
计算机、通信和其他电子设备制造业	8208782	6157261	1491690	333904	4084706	2938114
仪器仪表制造业	2769378	1821850	376507	144906	1157696	1025417
其他制造业	98233	67170	19691	5738	58334	57671
废弃资源综合利用业	160700	99099	62358	24547	66523	61164
金属制品、机械和设备修理业	48518	36299	13635	5963	34018	31564
电力、热力、燃气及水生产和供应业	251263	139813	74597	21045	104220	56990
电力、热力生产和供应业	125818	91627	36617	7507	35239	22037
燃气生产和供应业	44342	22436	10614	5228	12891	12426
水的生产和供应业	81102	25751	27367	8311	56090	22527

表7—4　规模以上民营工业企业主要经济指标（2021年）（续表4）

计量单位：万元

指　　标	主营业务收　　入	税金及附加	盈亏相抵后利润总额	从业人员平均人数（人）
合　　计	52776976	208721	3145284	317723
一、按轻重工业分组：				
轻工业	10735732	54147	879597	98090
重工业	42041244	154575	2265686	219633
二、按企业规模分组：				
大型企业	16947675	49408	924995	46997
中型企业	10662280	50782	914775	79629
小微企业	25167021	108531	1305514	191097
三、按行业分组：				
采矿业				
煤炭开采和洗选业				
石油和天然气开采业				
黑色金属矿采选业				
有色金属矿采选业				
非金属矿采选业				
开采专业及辅助性活动				
其他采矿业				
制造业	52643580	208278	3135475	316930
农副食品加工业	451834	1987	1639	3184
食品制造业	634633	2765	35661	8476
酒、饮料和精制茶制造业	51951	579	5799	830
烟草制品业				
纺织业	157641	603	5502	1367
纺织服装、服饰业	1028810	3914	22979	14475
皮革、毛皮、羽毛及其制品和制鞋业	75499	292	4171	924
木材加工和木、竹、藤、棕、草制品业	101770	295	2657	746
家具制造业	313886	2221	23102	4842
造纸和纸制品业	111680	385	2467	1214

表 7—4 规模以上民营工业企业主要经济指标（2021 年）（续表 5）

计量单位：万元

指　　标	主营业务收　　入	税金及附加	盈亏相抵后利润总额	从业人员平均人数（人）
印刷和记录媒介复制业	347091	1581	24974	4622
文教、工美、体育和娱乐用品制造业	541569	1996	14639	6305
石油、煤炭及其他燃料加工业	432617	2140	33024	1644
化学原料和化学制品制造业	3125243	10695	191675	12064
医药制造业	2706817	22414	549798	18974
化学纤维制造业	81085	435	3643	934
橡胶和塑料制品业	1491043	5622	75310	12688
非金属矿物制品业	2449808	14270	83183	16788
黑色金属冶炼和压延加工业	10161530	24744	345334	11629
有色金属冶炼和压延加工业	820202	2216	50952	3104
金属制品业	1893543	7954	83452	17702
通用设备制造业	4253577	21799	339985	33721
专用设备制造业	2840410	17007	291345	29262
汽车制造业	2321506	8915	76548	17741
铁路、船舶、航空航天和其他运输设备制造业	835025	4662	87926	8408
电气机械和器材制造业	5179284	17813	132208	31201
计算机、通信和其他电子设备制造业	8612660	21803	541607	36483
仪器仪表制造业	1326924	7790	87911	13867
其他制造业	58297	274	3757	546
废弃资源综合利用业	161982	653	11048	1233
金属制品、机械和设备修理业	75665	457	3182	1956
电力、热力、燃气及水生产和供应业	133396	444	9809	793
电力、热力生产和供应业	46297	217	4804	239
燃气生产和供应业	65904	87	1117	374
水的生产和供应业	21195	140	3889	180

表 7—5　规模以上“三资”工业企业主要经济指标（2021 年）

计量单位：个

指　　标	企业单位数	亏损企业
合　　计	580	142
一、按轻重工业分组：		
轻工业	158	50
重工业	422	92
二、按企业规模分组：		
大型企业	42	1
中型企业	88	14
小微企业	450	127
三、按行业分组：		
采矿业		
煤炭开采和洗选业		
石油和天然气开采业		
黑色金属矿采选业		
有色金属矿采选业		
非金属矿采选业		
开采专业及辅助性活动		
其他采矿业		
制造业	560	139
农副食品加工业	6	2
食品制造业	22	8
酒、饮料和精制茶制造业	8	
烟草制品业		
纺织业	5	1
纺织服装、服饰业	15	5
皮革、毛皮、羽毛及其制品和制鞋业	4	4

表 7—5　规模以上“三资”工业企业主要经济指标（2021 年）（续表 1）

计量单位：个

指　　标	企业单位数	亏损企业
木材加工和木、竹、藤、棕、草制品业		
家具制造业	1	1
造纸和纸制品业	4	
印刷和记录媒介复制业	10	4
文教、工美、体育和娱乐用品制造业	10	4
石油、煤炭及其他燃料加工业	1	
化学原料和化学制品制造业	51	10
医药制造业	13	6
化学纤维制造业	3	1
橡胶和塑料制品业	20	6
非金属矿物制品业	21	8
黑色金属冶炼和压延加工业	1	
有色金属冶炼和压延加工业	3	1
金属制品业	25	3
通用设备制造业	73	9
专用设备制造业	37	8
汽车制造业	66	22
铁路、船舶、航空航天和其他运输设备制造业	12	3
电气机械和器材制造业	46	11
计算机、通信和其他电子设备制造业	79	16
仪器仪表制造业	20	2
其他制造业	1	1
废弃资源综合利用业	3	3
金属制品、机械和设备修理业		
电力、热力、燃气及水生产和供应业	20	3
电力、热力生产和供应业	6	2
燃气生产和供应业	10	
水的生产和供应业	4	1

表 7—5　规模以上“三资”工业企业主要经济指标（2021 年）（续表 2）

计量单位：万元

指　　标	资产总计	流动资产	固定资产原价	累计折旧	负债	流动负债
合　　计	43303102	26194762	28069011	15140174	22065787	19000064
一、按轻重工业分组：						
轻工业	11286946	6592838	5966487	2662880	5286517	4414291
重工业	32016156	19601924	22102524	12477294	16779270	14585774
二、按企业规模分组：						
大型企业	22889242	13605191	17158076	9330946	12248356	10335082
中型企业	10679602	6598159	5796467	3170018	5337116	4775835
小微企业	9734259	5991411	5114468	2639211	4480315	3889148
三、按行业分组：						
采矿业						
煤炭开采和洗选业						
石油和天然气开采业						
黑色金属矿采选业						
有色金属矿采选业						
非金属矿采选业						
开采专业及辅助性活动						
其他采矿业						
制造业	41523263	25646831	26642761	14526160	20964839	18105517
农副食品加工业	342277	253839	93598	49152	199063	199058
食品制造业	906097	570347	397280	229348	208979	177589
酒、饮料和精制茶制造业	429501	218841	351199	201264	159382	156711
烟草制品业						
纺织业	386570	240606	309128	172994	108845	83425
纺织服装、服饰业	139763	95820	49310	28684	67386	67372
皮革、毛皮、羽毛及其制品和制鞋业	72178	63091	14286	2880	51377	11678

表7—5 规模以上“三资”工业企业主要经济指标（2021年）（续表3）

计量单位：万元

指　　标	资产总计	流动资产	固定资产原价	累计折旧	负债	流动负债
木材加工和木、竹、藤、棕、草制品业						
家具制造业	113595	45978	13727	6276	46601	34903
造纸和纸制品业	30477	24289	15505	9363	15849	10303
印刷和记录媒介复制业	227152	142351	168329	97403	134777	123321
文教、工美、体育和娱乐用品制造业	75122	53606	30300	14078	46433	40655
石油、煤炭及其他燃料加工业	29205	11858	22135	6623	5777	5777
化学原料和化学制品制造业	6490411	3291902	6893883	4555907	1937730	1698375
医药制造业	1877334	1312532	440580	166343	732375	564111
化学纤维制造业	317124	126544	199572	133461	109574	102015
橡胶和塑料制品业	564681	290680	499688	255845	294173	205046
非金属矿物制品业	655791	387851	466734	269814	277632	241432
黑色金属冶炼和压延加工业	24233	22944	4223	3474	5049	5049
有色金属冶炼和压延加工业	48456	33371	10084	4612	13547	13178
金属制品业	366478	219889	207475	105247	176954	111622
通用设备制造业	3638068	2680983	1249846	547691	2218387	1989284
专用设备制造业	1173877	934655	266019	120646	597107	591001
汽车制造业	6083431	4054896	3724556	2298915	3850021	3462926
铁路、船舶、航空航天和其他运输设备制造业	288184	242244	76242	48697	149619	148004
电气机械和器材制造业	6648989	3663201	4005651	1638290	3754656	3248589
计算机、通信和其他电子设备制造业	9794928	6119061	6792285	3404728	5380181	4476812
仪器仪表制造业	705621	530159	247276	126701	370166	301361
其他制造业	24496	3859	28013	10366	21730	21712
废弃资源综合利用业	69226	11437	65841	17360	31472	14210
金属制品、机械和设备修理业						
电力、热力、燃气及水生产和供应业	1779839	547931	1426250	614015	1100948	894547
电力、热力生产和供应业	811777	235668	800098	445962	502773	402416
燃气生产和供应业	908865	297840	586302	151406	563731	464529
水的生产和供应业	59196	14423	39849	16646	34444	27602

表 7—5　规模以上“三资”工业企业主要经济指标（2021 年）（续表 4）

计量单位：万元

指　　标	主营业务收　　入	税金及附加	盈亏相抵后利润总额	从业人员平均人数（人）
合　　计	46267618	424340	4713545	191107
一、按轻重工业分组：				
轻工业	10201128	60211	1028081	56081
重工业	36066490	364129	3685464	135026
二、按企业规模分组：				
大型企业	26917865	330079	3136708	104012
中型企业	10190957	45829	998617	43038
小微企业	9158796	48433	578219	44057
三、按行业分组：				
采矿业				
煤炭开采和洗选业				
石油和天然气开采业				
黑色金属矿采选业				
有色金属矿采选业				
非金属矿采选业				
开采专业及辅助性活动				
其他采矿业				
制造业	44974109	417186	4704719	187333
农副食品加工业	768162	1645	22209	1189
食品制造业	603461	4955	59212	5862
酒、饮料和精制茶制造业	432159	8754	32322	3766
烟草制品业				
纺织业	308831	1966	14170	1885
纺织服装、服饰业	155875	581	378	2038
皮革、毛皮、羽毛及其制品和制鞋业	21212	110	-3420	94

表7—5 规模以上“三资”工业企业主要经济指标（2021年）（续表5）

计量单位：万元

指　　标	主营业务收　　入	税金及附加	盈亏相抵后利润总额	从业人员平均人数（人）
木材加工和木、竹、藤、棕、草制品业				
家具制造业	24504	305	-7597	226
造纸和纸制品业	33091	200	2190	234
印刷和记录媒介复制业	214387	889	10154	1544
文教、工美、体育和娱乐用品制造业	59135	398	-1363	1618
石油、煤炭及其他燃料加工业	19190	225	7582	138
化学原料和化学制品制造业	7499017	41779	1535864	9664
医药制造业	754959	8193	87677	8214
化学纤维制造业	202733	1338	7070	1159
橡胶和塑料制品业	432394	1023	30475	2671
非金属矿物制品业	445749	3912	30700	2934
黑色金属冶炼和压延加工业	9139	30	18	40
有色金属冶炼和压延加工业	54106	126	4227	231
金属制品业	366555	2419	40557	2562
通用设备制造业	2986405	14650	236065	19747
专用设备制造业	867407	6009	147428	6417
汽车制造业	8121465	240740	918848	27860
铁路、船舶、航空航天和其他运输设备制造业	265019	1173	13887	2482
电气机械和器材制造业	7393809	36252	750696	27666
计算机、通信和其他电子设备制造业	12087837	34396	635309	52037
仪器仪表制造业	824591	4883	135628	4755
其他制造业	7419	23	-1498	10
废弃资源综合利用业	15496	214	-4071	290
金属制品、机械和设备修理业				
电力、热力、燃气及水生产和供应业	1293509	7155	8826	3774
电力、热力生产和供应业	580704	5331	-47801	1284
燃气生产和供应业	691017	1417	52197	2364
水的生产和供应业	21788	406	4430	126

表 7—6　规模以上大中型工业企业主要经济指标（2021 年）

计量单位：个

指　　标	企业单位数	亏损企业
合　　计	404	55
一、按登记注册类型分组		
内资企业	274	40
国有企业	10	3
集体企业		
股份合作企业		
联营企业		
有限责任公司	86	15
股份有限公司	44	7
私营企业	133	14
其他企业	1	1
港、澳、台商投资企业	50	4
外商投资企业	80	11
二、按轻重工业分组：		
轻工业	121	20
重工业	283	35
三、按企业规模分组：		
大型企业	86	4
中型企业	318	51
四、按行业分组：		
采矿业	2	
煤炭开采和洗选业		
石油和天然气开采业	1	
黑色金属矿采选业		
有色金属矿采选业	1	
非金属矿采选业		
开采专业及辅助性活动		
其他采矿业		
制造业	390	48
农副食品加工业	3	2
食品制造业	6	1

表 7—6 规模以上大中型工业企业主要经济指标（2021 年）（续表 1）

计量单位：个

指 标	企业单位数	亏损企业
酒、饮料和精制茶制造业	3	
烟草制品业	1	
纺织业	1	
纺织服装、服饰业	21	1
皮革、毛皮、羽毛及其制品和制鞋业	1	
木材加工和木、竹、藤、棕、草制品业		
家具制造业	4	1
造纸和纸制品业		
印刷和记录媒介复制业	4	1
文教、工美、体育和娱乐用品制造业	6	1
石油、煤炭及其他燃料加工业	3	
化学原料和化学制品制造业	21	2
医药制造业	29	7
化学纤维制造业	3	
橡胶和塑料制品业	15	2
非金属矿物制品业	13	1
黑色金属冶炼和压延加工业	5	
有色金属冶炼和压延加工业	2	
金属制品业	11	1
通用设备制造业	32	1
专用设备制造业	27	4
汽车制造业	40	8
铁路、船舶、航空航天和其他运输设备制造业	14	1
电气机械和器材制造业	48	5
计算机、通信和其他电子设备制造业	59	7
仪器仪表制造业	16	2
其他制造业		
废弃资源综合利用业		
金属制品、机械和设备修理业	2	
电力、热力、燃气及水生产和供应业	12	7
电力、热力生产和供应业	7	6
燃气生产和供应业	2	
水的生产和供应业	3	1

表 7—6　规模以上大中型工业企业主要经济指标（2021 年）（续表 2）

计量单位：万元

指　　标	资产总计	流动资产	固定资产原价	累计折旧	负债	流动负债
合　　计	116663374	70965077	57040560	30952487	63814964	55475085
一、按登记注册类型分组						
内资企业	83094530	50761726	34086018	18451524	46229492	40364168
国有企业	3362179	1867481	1510856	798205	2073024	1881212
集体企业						
股份合作企业						
联营企业						
有限责任公司	32479061	19147121	16675102	8763441	17440197	14359811
股份有限公司	25053231	13913332	11222528	6765072	12514427	11639948
私营企业	22175645	15815511	4673370	2123759	14168505	12450772
其他企业	24414	18282	4163	1047	33339	32426
港、澳、台商投资企业	10907756	6778816	5280321	2679064	5222232	4346787
外商投资企业	22661088	13424535	17674221	9821900	12363241	10764129
二、按轻重工业分组：						
轻工业	22254308	14098428	7368061	3092860	9452511	8274789
重工业	94409066	56866649	49672500	27859627	54362453	47200295
三、按企业规模分组：						
大型企业	74718590	45710976	41268904	23152699	42550307	36587659
中型企业	41944784	25254101	15771656	7799788	21264658	18887426
四、按行业分组：						
采矿业	940000	462497	867835	658745	291304	222236
煤炭开采和洗选业						
石油和天然气开采业	901556	439541	843036	640489	269811	204082
黑色金属矿采选业						
有色金属矿采选业	38443	22956	24799	18256	21493	18155
非金属矿采选业						
开采专业及辅助性活动						
其他采矿业						
制造业	109160305	69287573	50323916	27694909	59499119	52731620
农副食品加工业	384049	149263	133987	26977	308084	244586
食品制造业	929170	600152	268597	158326	326704	324872

表7—6　规模以上大中型工业企业主要经济指标（2021年）（续表3）

计量单位：万元

指　　标	资产总计	流动资产	固定资产原价	累计折旧	负债	流动负债
酒、饮料和精制茶制造业	160820	92382	155290	91368	104481	104125
烟草制品业	2967984	2519375	641779	351041	237513	237422
纺织业	128817	92518	132353	99084	41938	17163
纺织服装、服饰业	1035254	349932	87397	51316	611296	583682
皮革、毛皮、羽毛及其制品和制鞋业	33702	18901	12398	4970	9086	8519
木材加工和木、竹、藤、棕、草制品业						
家具制造业	317759	140462	128943	24561	199591	164641
造纸和纸制品业						
印刷和记录媒介复制业	232202	131137	121197	69980	83569	83077
文教、工美、体育和娱乐用品制造业	71175	54820	21987	7587	45021	39037
石油、煤炭及其他燃料加工业	3546840	1774764	2820310	1822261	1574549	1288621
化学原料和化学制品制造业	11732017	5633684	11437424	7679530	4346686	3657588
医药制造业	6148018	4174182	1117992	449654	2332789	1981482
化学纤维制造业	423167	130173	199806	131236	147165	139199
橡胶和塑料制品业	851600	465914	599617	287846	422303	337926
非金属矿物制品业	1700719	1181199	652694	354991	946173	871512
黑色金属冶炼和压延加工业	15685089	9523243	7981877	4667256	10854663	10637765
有色金属冶炼和压延加工业	516937	225114	23765	8935	286733	283628
金属制品业	1505131	1204056	533453	302857	947516	888381
通用设备制造业	6885245	4830905	1971890	905959	4575146	3922056
专用设备制造业	2726792	2144258	544084	235605	1256749	1214197
汽车制造业	9479486	6408007	5191522	2987214	6901311	6259912
铁路、船舶、航空航天和其他运输设备制造业	4382921	3272317	762199	432937	2682003	2548210
电气机械和器材制造业	13652939	8982288	4776872	1843583	7374378	6694420
计算机、通信和其他电子设备制造业	15666115	10047132	9212312	4387892	8992402	6599758
仪器仪表制造业	7974084	5121504	789561	309224	3872609	3581181
其他制造业						
废弃资源综合利用业						
金属制品、机械和设备修理业	22273	19892	4613	2722	18662	18662
电力、热力、燃气及水生产和供应业	6563070	1215008	5848810	2598834	4024541	2521229
电力、热力生产和供应业	2169377	349912	3348386	1924189	1178913	1050722
燃气生产和供应业	733440	188510	537001	138276	471076	382762
水的生产和供应业	3660253	676586	1963423	536369	2374552	1087745

表 7—6　规模以上大中型工业企业主要经济指标（2021 年）（续表 4）

计量单位：万元

指　　标	主营业务收　　入	税金及附加	盈亏相抵后利润总额	从业人员平均人数（人）
合　　计	103964634	4860368	8669747	354321
一、按登记注册类型分组				
内资企业	66855812	4484461	4534422	207271
国有企业	2431922	18855	135146	9006
集体企业				
股份合作企业				
联营企业				
有限责任公司	25903014	2700210	1648656	74924
股份有限公司	23336719	1710112	1790648	42285
私营企业	15173796	55276	963649	80598
其他企业	10361	8	-3677	458
港、澳、台商投资企业	7624623	36999	802539	46017
外商投资企业	29484199	338909	3332786	101033
二、按轻重工业分组:				
轻工业	15834527	1759618	2066993	97207
重工业	88130107	3100750	6602754	257114
三、按企业规模分组:				
大型企业	75483039	4711437	6291054	198232
中型企业	28481595	148932	2378694	156089
四、按行业分组:				
采矿业	192746	13973	41492	1730
煤炭开采和洗选业				
石油和天然气开采业	150383	11797	20299	1154
黑色金属矿采选业				
有色金属矿采选业	42363	2177	21193	576
非金属矿采选业				
开采专业及辅助性活动				
其他采矿业				
制造业	101641595	4825632	8782319	343346
农副食品加工业	90769	1354	-6977	1160
食品制造业	849050	4848	70184	8147

表7—6 规模以上大中型工业企业主要经济指标（2021年）（续表5）

计量单位：万元

指　　标	主营业务收　　入	税金及附加	盈亏相抵后利润总额	从业人员平均人数（人）
酒、饮料和精制茶制造业	311949	1982	20719	3063
烟草制品业	2628169	1682174	466281	1345
纺织业	90559	830	4612	1066
纺织服装、服饰业	447044	1987	20548	10661
皮革、毛皮、羽毛及其制品和制鞋业	31158	168	4116	356
木材加工和木、竹、藤、棕、草制品业				
家具制造业	207081	1652	20078	2899
造纸和纸制品业				
印刷和记录媒介复制业	178856	1052	14156	2289
文教、工美、体育和娱乐用品制造业	155417	585	2023	2739
石油、煤炭及其他燃料加工业	9453055	1646183	639429	5021
化学原料和化学制品制造业	14878887	954636	1852810	21278
医药制造业	2674928	24939	589382	21770
化学纤维制造业	228694	1306	10654	1575
橡胶和塑料制品业	836747	2687	43965	6533
非金属矿物制品业	1510051	12179	148166	6983
黑色金属冶炼和压延加工业	13874064	40306	735662	14845
有色金属冶炼和压延加工业	335811	760	31085	852
金属制品业	856645	6182	49735	6635
通用设备制造业	4480092	23339	372262	29050
专用设备制造业	1674554	10463	228670	14367
汽车制造业	10982359	277685	983119	38813
铁路、船舶、航空航天和其他运输设备制造业	2796689	12392	171168	14673
电气机械和器材制造业	11044743	52020	1044037	44459
计算机、通信和其他电子设备制造业	17670410	48868	799598	70223
仪器仪表制造业	3303744	14765	465825	11092
其他制造业				
废弃资源综合利用业				
金属制品、机械和设备修理业	50072	294	1014	1452
电力、热力、燃气及水生产和供应业	2130293	20763	-154063	9245
电力、热力生产和供应业	1549417	16051	-218019	3558
燃气生产和供应业	346849	1113	39681	1584
水的生产和供应业	234027	3599	24275	4103

表 7—7 规模以上小微型工业企业主要经济指标（2021 年）

计量单位：个

指　　标	企业单位数	亏损企业
合　　计	3571	709
一、按登记注册类型分组		
内资企业	3121	582
国有企业	23	7
集体企业	8	1
股份合作企业	3	1
联营企业	5	1
有限责任公司	388	78
股份有限公司	69	10
私营企业	2622	483
其他企业	3	1
港、澳、台商投资企业	147	46
外商投资企业	303	81
二、按轻重工业分组：		
轻工业	884	222
重工业	2687	487
三、按企业规模分组：		
小型企业	2954	572
微型企业	617	137
四、按行业分组：		
采矿业	1	
煤炭开采和洗选业		
石油和天然气开采业		
黑色金属矿采选业		
有色金属矿采选业	1	
非金属矿采选业		
开采专业及辅助性活动		
其他采矿业		
制造业	3507	698
农副食品加工业	45	11
食品制造业	71	25

表7—7 规模以上小微型工业企业主要经济指标（2021年）（续表1）

计量单位：个

指　　标	企业单位数	亏损企业
酒、饮料和精制茶制造业	12	1
烟草制品业		
纺织业	25	9
纺织服装、服饰业	101	31
皮革、毛皮、羽毛及其制品和制鞋业	11	6
木材加工和木、竹、藤、棕、草制品业	18	3
家具制造业	28	7
造纸和纸制品业	25	2
印刷和记录媒介复制业	64	15
文教、工美、体育和娱乐用品制造业	62	14
石油、煤炭及其他燃料加工业	5	
化学原料和化学制品制造业	143	26
医药制造业	90	27
化学纤维制造业	15	3
橡胶和塑料制品业	157	29
非金属矿物制品业	257	72
黑色金属冶炼和压延加工业	26	2
有色金属冶炼和压延加工业	41	8
金属制品业	278	38
通用设备制造业	407	56
专用设备制造业	387	57
汽车制造业	183	57
铁路、船舶、航空航天和其他运输设备制造业	86	18
电气机械和器材制造业	316	62
计算机、通信和其他电子设备制造业	412	85
仪器仪表制造业	202	30
其他制造业	9	1
废弃资源综合利用业	23	3
金属制品、机械和设备修理业	8	
电力、热力、燃气及水生产和供应业	63	11
电力、热力生产和供应业	23	2
燃气生产和供应业	18	4
水的生产和供应业	22	5

表7—7 规模以上小微型工业企业主要经济指标（2021年）（续表2）

计量单位：万元

指标	资产总计	流动资产	固定资产原价	累计折旧	负债	流动负债
合计	49347076	32862506	15552165	7021239	26133163	22683975
一、按登记注册类型分组						
内资企业	39612817	26871095	10437697	4382029	21652848	18794827
国有企业	1471621	669438	620712	132268	647848	484913
集体企业	44458	41586	4889	2734	33691	31342
股份合作企业	9244	8220	3282	2330	4395	4395
联营企业	47966	41447	14352	9080	30774	30253
有限责任公司	13408416	8313413	4202128	1776734	7187750	5527569
股份有限公司	3281284	1949384	546669	255367	1508628	1092315
私营企业	21316032	15829834	5018517	2188652	12225616	11609894
其他企业	33796	17773	27148	14863	14145	14145
港、澳、台商投资企业	3078888	1833056	1326180	596151	1395136	1196507
外商投资企业	6655370	4158356	3788288	2043060	3085179	2692641
二、按轻重工业分组：						
轻工业	8447005	5539667	2993203	1442333	4098083	3692736
重工业	40900071	27322839	12558962	5578906	22035080	18991239
三、按企业规模分组：						
小型企业	45404703	30204781	14937071	6813020	23536222	20596906
微型企业	3942372	2657725	615094	208220	2596941	2087070
四、按行业分组：						
采矿业						
煤炭开采和洗选业						
石油和天然气开采业						
黑色金属矿采选业						
有色金属矿采选业						
非金属矿采选业						
开采专业及辅助性活动						
其他采矿业						
制造业	46326897	31347379	14113456	6501579	24523875	21848380
农副食品加工业	611988	439142	189916	89412	347925	341139
食品制造业	683213	453477	320061	166167	374936	314495

表 7—7 规模以上小微型工业企业主要经济指标（2021 年）（续表 3）

计量单位：万元

指　　标	资产总计	流动资产	固定资产原价	累计折旧	负债	流动负债
酒、饮料和精制茶制造业	326690	155310	240194	132845	77269	73173
烟草制品业						
纺织业	413692	255831	232663	102357	180811	179504
纺织服装、服饰业	805020	568503	257166	125430	436219	423568
皮革、毛皮、羽毛及其制品和制鞋业	90432	76602	21022	5626	64470	23992
木材加工和木、竹、藤、棕、草制品业	61077	49942	14152	6635	46003	40680
家具制造业	232330	136817	42200	19799	108009	93074
造纸和纸制品业	113816	82143	55026	29572	73953	67493
印刷和记录媒介复制业	516121	291487	374956	218425	298244	280084
文教、工美、体育和娱乐用品制造业	256731	195358	84022	42130	173898	171715
石油、煤炭及其他燃料加工业	158232	108163	50223	30878	34053	26023
化学原料和化学制品制造业	5355295	2863646	3451476	1675976	2059978	1704457
医药制造业	1791063	1031200	480741	196806	676574	578469
化学纤维制造业	177504	83695	37868	15398	40360	32020
橡胶和塑料制品业	1128135	796550	354107	170842	606627	570691
非金属矿物制品业	3907316	2955789	1189976	584343	2833596	2704913
黑色金属冶炼和压延加工业	763582	526285	200670	116197	437438	350305
有色金属冶炼和压延加工业	525983	412156	135066	72675	232368	220653
金属制品业	1862303	1376177	568532	290559	1034670	968364
通用设备制造业	3945178	3010414	1057181	434785	2171884	2043961
专用设备制造业	3783364	2913586	763116	304579	1973120	1852457
汽车制造业	3434843	2430666	926262	419406	2135385	1964554
铁路、船舶、航空航天和其他运输设备制造业	928321	733753	239528	128192	526282	510987
电气机械和器材制造业	3666206	2806269	767495	350530	2326080	2176374
计算机、通信和其他电子设备制造业	6085170	4289444	1018201	478811	3053345	2530518
仪器仪表制造业	4310841	2097443	852818	229627	1997853	1430424
其他制造业	122728	71029	47704	16104	80064	79383
废弃资源综合利用业	239196	115836	132042	44196	103981	78884
金属制品、机械和设备修理业	30526	20669	9073	3279	18481	16026
电力、热力、燃气及水生产和供应业	3020179	1515127	1438709	519660	1609287	835595
电力、热力生产和供应业	1280289	449391	799738	332275	557335	314694
燃气生产和供应业	326154	228943	63778	20688	183347	171927
水的生产和供应业	1413736	836794	575193	166698	868606	348975

表7—7　规模以上小微型工业企业主要经济指标（2021年）（续表4）

计量单位：万元

指　　标	主营业务收　　入	税金及附加	盈亏相抵后利润总额	从业人员平均人数（人）
合　　计	43215769	187384	2319392	258125
一、按登记注册类型分组				
内资企业	34056973	138952	1741173	214068
国有企业	2030832	3217	-14875	2546
集体企业	192507	217	1168	408
股份合作企业	15510	22	183	117
联营企业	41604	156	2032	574
有限责任公司	9343917	41541	686850	35140
股份有限公司	2700383	6878	67202	7405
私营企业	19708648	86676	995251	167678
其他企业	23572	245	3362	200
港、澳、台商投资企业	1948508	12299	139890	15384
外商投资企业	7210288	36134	438329	28673
二、按轻重工业分组：				
轻工业	8606979	43459	346861	71269
重工业	34608790	143926	1972531	186856
三、按企业规模分组：				
小型企业	39734961	179767	2222965	250428
微型企业	3480808	7617	96428	7697
四、按行业分组：				
采矿业				
煤炭开采和洗选业				
石油和天然气开采业				
黑色金属矿采选业				
有色金属矿采选业				
非金属矿采选业				
开采专业及辅助性活动				
其他采矿业				
制造业	40549462	179133	2191412	253981
农副食品加工业	1135912	2280	30889	3216
食品制造业	451940	3135	23762	6863

表 7—7 规模以上小微型工业企业主要经济指标（2021 年）（续表 5）

计量单位：万元

指标	主营业务收入	税金及附加	盈亏相抵后利润总额	从业人员平均人数（人）
酒、饮料和精制茶制造业	172162	7352	17402	1533
烟草制品业				
纺织业	380600	1887	15800	2468
纺织服装、服饰业	962118	4222	14092	11067
皮革、毛皮、羽毛及其制品和制鞋业	65553	234	-3365	662
木材加工和木、竹、藤、棕、草制品业	101770	295	2657	746
家具制造业	131310	873	-4573	2169
造纸和纸制品业	144771	586	4657	1448
印刷和记录媒介复制业	444620	2165	17800	5171
文教、工美、体育和娱乐用品制造业	459560	1878	11337	5305
石油、煤炭及其他燃料加工业	126717	572	17244	484
化学原料和化学制品制造业	5827180	25520	581807	13790
医药制造业	1068858	8427	75927	8237
化学纤维制造业	59771	549	1777	970
橡胶和塑料制品业	1215311	4377	63455	9611
非金属矿物制品业	3173463	18445	129490	17736
黑色金属冶炼和压延加工业	682235	3245	17937	1715
有色金属冶炼和压延加工业	2168984	2217	28603	2656
金属制品业	1903336	8248	94474	16939
通用设备制造业	3096644	16468	230649	27727
专用设备制造业	2624527	14533	231903	24508
汽车制造业	2506198	9711	60123	17147
铁路、船舶、航空航天和其他运输设备制造业	732176	3831	44590	7073
电气机械和器材制造业	4076642	13245	137620	21480
计算机、通信和其他电子设备制造业	4812676	15689	187549	27635
仪器仪表制造业	1737317	7739	146065	12911
其他制造业	65716	297	2259	556
废弃资源综合利用业	187445	914	7265	1557
金属制品、机械和设备修理业	33953	198	2215	601
电力、热力、燃气及水生产和供应业	2666307	8252	127981	4144
电力、热力生产和供应业	696997	4738	79761	1310
燃气生产和供应业	1804903	1377	32983	1219
水的生产和供应业	164407	2136	15237	1615

表 7—8　规模以上工业企业能源购进、消费及库存（2021 年）

项　　目	购进	工业生产消　费	年末库存
原煤（吨）	25370266	25116220	1156923
洗精煤（用于炼焦）（吨）	5863147	5863738	310165
焦炭（吨）	7127443	9273271	309785
焦炉煤气（万立方米）	109380	139006	
高炉煤气（万立方米）	432284	2347790	
转炉煤气（万立方米）	164698	200568	
天然气（气态）（万立方米）	256885	256455	
液化天然气（吨）	2349	2347	4
氢气（万立方米）	51782	200153	65
原油（吨）	29884232	29992223	619450
汽油（吨）	10055	8772	74
煤油（吨）	147	177	5
柴油（吨）	51248	50895	1552
燃料油（吨）	2986	1301	
液化石油气（吨）	33297	415578	951
炼厂干气（吨）	9304	943235	
石脑油（吨）	2644647	2563883	109891
润滑油（吨）	3059	3001	86
石蜡（吨）	12	12	
溶剂油（吨）	940	941	19
石油焦（吨）	84384	101170	5544
其他石油制品（吨）	7892134	12272058	27479
热力（百万千焦）	45824103	71906727	
电力（万千瓦时）	2784338	3632049	
城市生活垃圾（用于燃料）（吨）	2033982	2251817	288296
生物燃料（吨标准煤）	28866	28640	347
余热余压（百万千焦）	11085751	52047412	
其他燃料（吨）	17013	17013	

注：本表口径为年主营业务收入在 2000 万元及以上的工业企业。

表 7—9 规模以上工业企业能源加工转换与回收利用（2021 年）

能源名称	消费量合计	加工转换合计	火力发电	供热	炼焦	炼油及煤制品	制气	加工转换产出	回收利用
原煤（吨）	25116059	20892286	15629190	3883377			1379718		
洗精煤（用于炼焦）（吨）	5863738	5863738			5863738				
焦炭（吨）	9250345							3990045	
焦炉煤气（万立方米）	138336	23138	11302	11836				143163	
高炉煤气（万立方米）	2312724	1027398	772574	254824					2362260
转炉煤气（万立方米）	200568	112111	78527	33584					209571
天然气（万立方米）	218633	113816	70026	29073			14717		
氢气（万立方米）	173680	149207				149207		231440	2385
原油（吨）	29990541	29990541				29990541			
汽油（吨）	673							7122447	
煤油（吨）	15							2893018	
柴油（吨）	13762	1865	1843	22				5462383	
燃料油（吨）	117							1385270	
液化石油气（吨）	410434							1301047	
炼厂干气（吨）	933931	111092	38378	72714				960138	
石脑油（吨）	2563883	52657				52657		3442687	
溶剂油（吨）								5463	
石油焦（吨）	98070	12981	1788	3270			7923	1070250	
石油沥青（吨）								2353933	
其他石油制品（吨）	11103465	10294708				10294708		13095072	
热力（百万千焦）	47209738							87111253	
电力（万千瓦时）	1892503							4627814	
城市生活垃圾(用于燃料)(吨)	2251817	2174360	2174360						
余热余压（百万千焦）	51891858	18224147	18224147						54761574
其他燃料（吨标准煤）	17013	17013	7273	9740				17013	

注：本表统计口径为年主营业务收入 2000 万元及以上有能源加工活动的工业企业。

表 7—10　规模以上工业企业能源产品生产销售与库存（2021 年）

产品名称	年初产成品库存	本年生产	本年销售	年末产成品库存
焦炭（吨）		3990045	1669838	
天然气(万立方米)		4218	4067	
非常规天然气(万立方米)		4218	3768	
煤层气		3172	2774	
页岩气		1046	994	
原油（吨）	4345	463070	443563	2322
原油加工量（吨）	353249	29990541		290599
汽油（吨）	58657	7122447	7121771	59331
煤油（吨）	91670	2893018	2942287	42401
柴油（吨）	58641	5462383	5457785	63154
润滑油（吨）	1904	40180	40615	1469
燃料油（吨）	30963	1385270	1415550	566
石脑油（吨）		3442687	3468944	23907
溶剂油（吨）		5463	5463	
石油焦（吨）	2745	1070250	1056898	1862
石油沥青（吨）	25703	2353933	2443132	16038
燃料气（吨）	4958	2261185	945748	4192
# 液化石油气	4958	1301047	919541	4192
炼厂干气		960138	26207	
其他石油制品（吨）	566	13095072	8694415	591
发电量（万千瓦时）		4644986	3795280	
# 火力发电量		4627814	3778207	
燃煤发电量		3596866	3263369	
燃气发电量		614322	397283	
余热、余压、余气发电量		303528	19984	
垃圾焚烧发电量		113099	97571	
风力发电		8111	8111	
太阳能发电量		9061	8962	
热力（百万千焦）		138473000	73299309	
化石燃料供热		87111254	58567146	
余热余压供热		51361746	14732163	

注：本表统计口径为年主营业务收入在 2000 万元及以上有能源产品生产销售活动的工业企业。

表7—11 重点能源商品经销表（2021年）

商品名称	年初商品库存	本年购进	本年销售	年末商品库存
原煤（吨）	2051758	130628244	131406496	1262754
洗精煤（用于炼焦）（吨）	13635	4542080	4534725	18034
其他洗煤（吨）	3813	160181	150345	3799
煤制品（吨）	22	23406	23412	16
焦炭（吨）	2248	3945814	3946095	1967
液化天然气（吨）	3674	179114	178334	4134
原油（吨）	996	622539	613547	9988
汽油（吨）	418219	16584125	15848758	1249573
煤油（吨）	30353	612191	612093	30587
柴油（吨）	374123	9466361	9593403	312482
燃料油（吨）	63977	2740311	2768264	29602
液化石油气（吨）	265665	1358547	1574101	49991
石脑油（吨）	9981	283260	293109	133
润滑油（吨）	5831	68807	65371	9257
溶剂油（吨）	560	22480	22271	768
石油焦（吨）	23379	1181793	1205172	
石油沥青（吨）	25258	829277	835392	19143

注：本表统计口径为有能源经销活动的有资质的建筑业、限额以上批发和零售业、限额以上住宿和餐饮业、有开发经营活动的全部房地产开发经营业和规模以上服务业等重点法人单位。

表 7—12　主要能源品种按工业行业分组消费量（2021 年）

计量单位：吨

行业分类	原煤	洗精煤	其他洗煤
合　　计	25116220	5863738	
石油和天然气开采业			
有色金属矿采选业			
农副食品加工业			
食品制造业			
酒、饮料和精制茶制造业			
烟草制品业			
纺织业			
纺织服装、服饰业			
皮革、毛皮、羽毛及其制品和制鞋业			
木材加工及木、竹、藤、棕、草制品业			
家具制造业			
造纸及纸制品业			
印刷业和记录媒介复制业			
文教、工美、体育和娱乐用品制造业			
石油加工、炼焦及核燃料加工业	1388491		
化学原料及化学制品制造业	2982992		
医药制造业			
化学纤维制造业			
橡胶和塑料制品业			
非金属矿物制品业	938178		
黑色金属冶炼及压延加工业	1463123	5863738	
有色金属冶炼及压延加工业	125		
金属制品业			
通用设备制造业			
专用设备制造业	36		
汽车制造业			
铁路、船舶、航空航天和其他运输设备制造业			
电气机械及器材制造业			
计算机、通信和其他电子设备制造业			
仪器仪表制造业			
其他制造业			
废弃资源综合利用业			
金属制品、机械和设备修理业			
电力、热力的生产和供应业	18343276		
燃气生产和供应业			
水的生产和供应业			

注：本表统计口径为年主营业务收入在 2000 万元及以上的工业企业。

表 7—12 主要能源品种按工业行业分组消费量（2021 年）（续表 1）

行业分类	焦炭 （吨）	焦炉煤气 （万立方米）	高炉煤气 （万立方米）
合　　计	9273271	139006	2347790
石油和天然气开采业			
有色金属矿采选业			
农副食品加工业			
食品制造业			
酒、饮料和精制茶制造业			
烟草制品业			
纺织业			
纺织服装、服饰业			
皮革、毛皮、羽毛及其制品和制鞋业			
木材加工及木、竹、藤、棕、草制品业			
家具制造业			
造纸及纸制品业			
印刷业和记录媒介复制业			
文教、工美、体育和娱乐用品制造业			
石油加工、炼焦及核燃料加工业			
化学原料及化学制品制造业			
医药制造业			
化学纤维制造业			
橡胶和塑料制品业			
非金属矿物制品业	7968	670	14985
黑色金属冶炼及压延加工业	9250345	138336	2312724
有色金属冶炼及压延加工业	14958		
金属制品业			20081
通用设备制造业			
专用设备制造业			
汽车制造业			
铁路、船舶、航空航天和其他运输设备制造业			
电气机械及器材制造业			
计算机、通信和其他电子设备制造业			
仪器仪表制造业			
其他制造业			
废弃资源综合利用业			
金属制品、机械和设备修理业			
电力、热力的生产和供应业			
燃气生产和供应业			
水的生产和供应业			

表 7—12　主要能源品种按工业行业分组消费量（2021 年）（续表 2）

行业分类	转炉煤气（万立方米）	天然气（气态）（万立方米）	液化天然气（液态）（吨）
合　　计	200568	256455	2347
石油和天然气开采业		35	
有色金属矿采选业			
农副食品加工业		471	919
食品制造业		1133	62
酒、饮料和精制茶制造业		222	
烟草制品业		319	
纺织业		778	
纺织服装、服饰业		111	
皮革、毛皮、羽毛及其制品和制鞋业			
木材加工及木、竹、藤、棕、草制品业		11	654
家具制造业		36	
造纸及纸制品业		81	
印刷业和记录媒介复制业		494	
文教、工美、体育和娱乐用品制造业		129	
石油加工、炼焦及核燃料加工业		4989	
化学原料及化学制品制造业		149092	75
医药制造业		462	
化学纤维制造业		750	
橡胶和塑料制品业		1980	
非金属矿物制品业		4652	524
黑色金属冶炼及压延加工业	200568	1883	
有色金属冶炼及压延加工业		2250	
金属制品业		791	78
通用设备制造业		748	1
专用设备制造业		1552	
汽车制造业		3538	
铁路、船舶、航空航天和其他运输设备制造业		427	34
电气机械及器材制造业		5920	
计算机、通信和其他电子设备制造业		1315	
仪器仪表制造业		13	
其他制造业		20	
废弃资源综合利用业		276	
金属制品、机械和设备修理业			
电力、热力的生产和供应业		71973	
燃气生产和供应业			
水的生产和供应业			

表 7—12　主要能源品种按工业行业分组消费量（2021 年）（续表 3）

计量单位：吨

行业分类	原油	汽油	煤油
合　　计	29992223	8772	177
石油和天然气开采业	1682	204	
有色金属矿采选业			
农副食品加工业		60	
食品制造业		26	
酒、饮料和精制茶制造业		52	
烟草制品业			
纺织业		12	
纺织服装、服饰业		62	
皮革、毛皮、羽毛及其制品和制鞋业		42	
木材加工及木、竹、藤、棕、草制品业		8	
家具制造业		7	
造纸及纸制品业		40	
印刷业和记录媒介复制业		162	
文教、工美、体育和娱乐用品制造业		91	
石油加工、炼焦及核燃料加工业	18022222	119	
化学原料及化学制品制造业	11968319	430	15
医药制造业		78	
化学纤维制造业		2	
橡胶和塑料制品业		179	
非金属矿物制品业		118	32
黑色金属冶炼及压延加工业		533	
有色金属冶炼及压延加工业		115	
金属制品业		618	1
通用设备制造业		608	42
专用设备制造业		688	
汽车制造业		846	
铁路、船舶、航空航天和其他运输设备制造业		285	1
电气机械及器材制造业		1897	6
计算机、通信和其他电子设备制造业		616	76
仪器仪表制造业		420	
其他制造业		10	
废弃资源综合利用业		10	
金属制品、机械和设备修理业			5
电力、热力的生产和供应业		33	
燃气生产和供应业		228	
水的生产和供应业		173	

表 7—12 主要能源品种按工业行业分组消费量（2021 年）（续表 4）

计量单位：吨

行业分类	柴油	燃料油	液化石油气	炼厂干气
合　计	50895	1301	415578	943235
石油和天然气开采业	1313			
有色金属矿采选业				
农副食品加工业	510		24	
食品制造业	2		158	
酒、饮料和精制茶制造业				
烟草制品业	9			
纺织业	5			
纺织服装、服饰业	33			
皮革、毛皮、羽毛及其制品和制鞋业	27			
木材加工及木、竹、藤、棕、草制品业	46			
家具制造业	5			
造纸及纸制品业	106			
印刷业和记录媒介复制业	909			
文教、工美、体育和娱乐用品制造业	117		95	
石油加工、炼焦及核燃料加工业	169	1173	2176	791379
化学原料及化学制品制造业	3998	117	408145	151407
医药制造业	156			
化学纤维制造业	2088		152	
橡胶和塑料制品业	225			
非金属矿物制品业	24329		154	449
黑色金属冶炼及压延加工业	5363			
有色金属冶炼及压延加工业	421			
金属制品业	1265		3182	
通用设备制造业	437		527	
专用设备制造业	1036			
汽车制造业	1344		63	
铁路、船舶、航空航天和其他运输设备制造业	1392		783	
电气机械及器材制造业	372	11	26	
计算机、通信和其他电子设备制造业	312			
仪器仪表制造业	97		93	
其他制造业				
废弃资源综合利用业	1279			
金属制品、机械和设备修理业				
电力、热力的生产和供应业	2870			
燃气生产和供应业	660			
水的生产和供应业				

表 7—12　主要能源品种按工业行业分组消费量（2021 年）（续表 5）

计量单位：吨

行业分类	石脑油	润滑油	石蜡	溶剂油
合　　计	2563883	3001	12	941
石油和天然气开采业		30		
有色金属矿采选业				
农副食品加工业				
食品制造业				
酒、饮料和精制茶制造业				
烟草制品业				
纺织业				
纺织服装、服饰业				
皮革、毛皮、羽毛及其制品和制鞋业				
木材加工及木、竹、藤、棕、草制品业				
家具制造业				
造纸及纸制品业				249
印刷业和记录媒介复制业				
文教、工美、体育和娱乐用品制造业				
石油加工、炼焦及核燃料加工业				
化学原料及化学制品制造业	2563883	8		690
医药制造业				
化学纤维制造业				
橡胶和塑料制品业				
非金属矿物制品业		41		
黑色金属冶炼及压延加工业				
有色金属冶炼及压延加工业				
金属制品业		13	12	
通用设备制造业		1901		2
专用设备制造业		206		
汽车制造业		732		
铁路、船舶、航空航天和其他运输设备制造业		37		
电气机械及器材制造业		3		
计算机、通信和其他电子设备制造业				
仪器仪表制造业				
其他制造业				
废弃资源综合利用业		23		
金属制品、机械和设备修理业		7		
电力、热力的生产和供应业				
燃气生产和供应业				
水的生产和供应业				

表7—12 主要能源品种按工业行业分组消费量（2021年）（续表6）

行业分类	石油焦（吨）	其他石油制品（吨）	热力（含余热余压）（百万千焦）	电力（万千瓦时）
合　　计	101170	12272058	123954139	3632049
石油和天然气开采业				5246
有色金属矿采选业				2667
农副食品加工业			555644	11536
食品制造业			1053572	15955
酒、饮料和精制茶制造业			239775	10554
烟草制品业				2754
纺织业			52822	13878
纺织服装、服饰业			32849	8282
皮革、毛皮、羽毛及其制品和制鞋业				831
木材加工及木、竹、藤、棕、草制品业			1513	1123
家具制造业				4553
造纸及纸制品业			5801	7744
印刷业和记录媒介复制业			83066	12351
文教、工美、体育和娱乐用品制造业				3705
石油加工、炼焦及核燃料加工业	13002	7788196	27921918	196570
化学原料及化学制品制造业	1224	4483860	50460375	1010285
医药制造业			694459	39976
化学纤维制造业			2057433	17919
橡胶和塑料制品业			226867	61539
非金属矿物制品业	86944		3566457	127426
黑色金属冶炼及压延加工业			33431694	868696
有色金属冶炼及压延加工业				16655
金属制品业			97610	46448
通用设备制造业			43504	101676
专用设备制造业			8761	24905
汽车制造业			269380	124805
铁路、船舶、航空航天和其他运输设备制造业			9833	19385
电气机械及器材制造业			1336953	211920
计算机、通信和其他电子设备制造业			942887	300308
仪器仪表制造业			190	15619
其他制造业				9060
废弃资源综合利用业				4106
金属制品、机械和设备修理业		2		513
电力、热力的生产和供应业			855715	265290
燃气生产和供应业				729
水的生产和供应业			5061	67041

表7—12　主要能源品种按工业行业分组消费量（2021年）（续表7）

行业分类	氢气（万立方米）	城市生活垃圾（用于燃料）（吨）	生物燃料（吨标准煤）
合　　计	200153	2251817	28640
石油和天然气开采业			
有色金属矿采选业			
农副食品加工业			3036
食品制造业			760
酒、饮料和精制茶制造业			2340
烟草制品业			
纺织业			
纺织服装、服饰业			5620
皮革、毛皮、羽毛及其制品和制鞋业			
木材加工及木、竹、藤、棕、草制品业			
家具制造业			
造纸及纸制品业			
印刷业和记录媒介复制业			272
文教、工美、体育和娱乐用品制造业			876
石油加工、炼焦及核燃料加工业	107127		
化学原料及化学制品制造业	93019		1159
医药制造业			
化学纤维制造业			
橡胶和塑料制品业			4669
非金属矿物制品业		77457	6843
黑色金属冶炼及压延加工业			
有色金属冶炼及压延加工业			2637
金属制品业			
通用设备制造业			58
专用设备制造业			
汽车制造业			
铁路、船舶、航空航天和其他运输设备制造业			369
电气机械及器材制造业			
计算机、通信和其他电子设备制造业	8		
仪器仪表制造业			
其他制造业			
废弃资源综合利用业			
金属制品、机械和设备修理业			
电力、热力的生产和供应业		2174360	
燃气生产和供应业			
水的生产和供应业			

表 7—13　工业行业综合能耗（2021 年）

行业分类	综合能源消费量（吨标准煤）	增幅（%）
全部工业企业	38765276	2.0
# 石油和天然气开采业	11561	3.7
有色金属矿采选业	3278	-39.8
农副食品加工业	44859	7.9
食品制造业	71774	1.5
酒、饮料和精制茶制造业	26500	-1.7
烟草制品业	6910	-13.5
纺织业	28654	20.1
纺织服装、服饰业	18452	-10.8
皮革、毛皮、羽毛及其制品和制鞋业	1122	-11.3
木材加工和木、竹、藤、棕、草制品业	2811	-3.4
家具制造业	6090	26.1
造纸和纸制品业	11377	4.6
印刷和记录媒介复制业	26365	0.8
文教、工美、体育和娱乐用品制造业	7610	6.5
石油、煤炭及其他燃料加工业	2802140	-3.2
化学原料和化学制品制造业	14548424	2.6
医药制造业	79155	12.0
化学纤维制造业	94765	6.4
橡胶和塑料制品业	112921	7.5
非金属矿物制品业	1109541	0.1
黑色金属冶炼和压延加工业	11288869	1.9
有色金属冶炼和压延加工业	67132	14.6
金属制品业	100294	1.8
通用设备制造业	141575	18.5
专用设备制造业	52684	5.1
汽车制造业	212848	6.0
铁路、船舶、航空航天和其他运输设备制造业	33946	1.9
电气机械和器材制造业	384199	13.3
计算机、通信和其他电子设备制造业	418748	13.7
仪器仪表制造业	20296	24.8
其他制造业	11421	12.4
废弃资源综合利用业	10422	-15.8
金属制品、机械和设备修理业	650	-19.7
电力、热力生产和供应业	6922865	1.4
燃气生产和供应业	2196	4.7
水的生产和供应业	82821	9.3

注：本表统计口径为年主营业务收入在 2000 万元及以上的工业企业。

表 7—14 规模以上工业企业主要单位产品能源消耗

指标名称	计量单位	2021 年	2020 年	比上年增减%
单位油气产量综合能耗	千克标准煤/吨	23.28	22.66	2.7
单位油气产量耗电	千瓦时/吨	105.62	96.03	10.0
炼焦工序单位能耗	千克标准煤/吨	109.63	112.67	-2.7
原油加工单位综合能耗	千克标准油/吨	63.65	62.79	1.4
原油加工单位耗电	千瓦时/吨	55.16	54.44	1.3
单位烧碱生产综合能耗（离子膜法 30%）	千克标准煤/吨	317.28	325.18	-2.4
单位烧碱生产耗交流电（离子膜法 30%）	千瓦时/吨	2097.77	2119.49	-1.0
单位乙烯生产综合能耗	千克标准煤/吨	779.75	794.89	-1.9
单位乙烯生产耗电	千瓦时/吨	120.1	121.11	-0.8
单位合成氨生产综合能耗	千克标准煤/吨	1433.39	1509.54	-5.0
单位合成氨耗电	千瓦时/吨	227.09	251.27	-9.6
单位合成氨耗原料煤	千克标煤/吨	1483.41	1527.47	-2.9
吨水泥熟料综合能耗	千克标准煤/吨	103.39	105	-1.5
吨水泥熟料综合电耗	千瓦时/吨	94.95	95.69	-0.8
吨水泥熟料烧成标准煤耗	千克标准煤/吨	51.58	50.63	1.9
吨水泥综合能耗	千克标准煤/吨	83.98	85.14	-1.4
吨水泥综合电耗	千瓦时/吨	68.56	67.3	1.9
吨水泥标准煤耗	千克标准煤/吨	78.92	79.95	-1.3
吨钢综合能耗	千克标准煤/吨	595.68	596.6	-0.2
吨钢耗电	千瓦时/吨	394.24	397.79	-0.9
吨钢可比能耗	千克标准煤/吨	535	535	
炼铁工序单位能耗	千克标准煤/吨	404.98	396.73	2.1
铁矿烧结工序单位能耗	千克标准煤/吨	-17.76	-17.42	
转炉炼钢综合工序单位能耗	千克标准煤/吨	55.08	41.83	31.7
电炉炼钢综合工序单位能耗	千克标准煤/吨	343	291.13	17.8
电炉炼钢综合电力消耗	千瓦时/吨	55.07	57.69	-4.5
轧钢工序单位能耗	千克标准煤/吨	94.44	97.06	-2.7
轧钢工序单位电力消耗	千瓦时/吨	2.62	2.73	-4.0
吨钢耗新水	吨/吨	48.62	49.09	-1.0
电厂火力发电标准煤耗	克标准煤/千瓦时	281.04	274.28	2.5
电厂火力供电标准煤耗	克标准煤/千瓦时	288.24	286.19	0.7
发电厂用电率	%	4.69	4.16	

注：1．本表统计口径为年耗能万吨及以上工业企业。
2．本表中的本、同期指标值为按国家目录统计的生产每单位产品的能源消耗量。

表 7—15 规模以上工业企业取水总量按行业分类（2021 年）

计量单位：万立方米

行业分类	工业取水总量	自来水	地表水	地下水	重复用水总量
合　　计	190552	24494	163959	118	788877
石油和天然气开采业	103	30	4	69	
有色金属矿采选业	9	9			181
农副食品加工业	239	215		24	
食品制造业	424	424			
酒、饮料和精制茶制造业	335	335			124
烟草制品业	34	34			339
纺织业	71	71			10
纺织服装、服饰业	210	133	77		
皮革、毛皮、羽毛及其制品和制鞋业	5	5			
木材加工和木、竹、藤、棕、草制品业	11	11			
家具制造业	43	43			
造纸和纸制品业	24	24			
印刷和记录媒介复制业	66	66			
文教、工美、体育和娱乐用品制造业	41	41			
石油、煤炭及其他燃料加工业	2216	48	2169		2546
化学原料和化学制品制造业	12292	8249	3893	7	451999
医药制造业	609	609			22
化学纤维制造业	6773	627	6146		18
橡胶和塑料制品业	211	211			133
非金属矿物制品业	1304	639	635	15	803
黑色金属冶炼和压延加工业	6794	31	6763		280548
有色金属冶炼和压延加工业	90	90			291
金属制品业	324	323		1	207
通用设备制造业	454	450	4		4088
专用设备制造业	327	319	8		89
汽车制造业	781	776	4		1243
铁路、船舶、航空航天和其他运输设备制造业	147	147			121
电气机械和器材制造业	1112	1106	4	1	112
计算机、通信和其他电子设备制造业	3179	3177	1		1568
仪器仪表制造业	95	95			
其他制造业	17	17			
废弃资源综合利用业	72	57	15		25
金属制品、机械和设备修理业	7	7			
电力、热力生产和供应业	11485	451	9222		44410
燃气生产和供应业	18	17			
水的生产和供应业	140628	5606	135016		

注：本表口径为年主营业务收入在 2000 万元及以上的工业企业。

表7—16　2000年以来全社会用电量

计量单位：万千瓦时

年　份	全社会用电量	第一产业用电量	第二产业用电量	第三产业用电量
2000	1377395			
2001	1484439			
2002	1620788			
2003	1840333			
2004	2072997	15625	1516541	280799
2005	2466661	14507	1772227	377701
2006	2705710	14117	1906213	435703
2007	2991293	14806	2104964	503645
2008	3107922	15350	2109267	567103
2009	3370545	16264	2274994	626941
2010	3736638	16871	2461481	728152
2011	3997431	18313	2605097	844872
2012	4249554	18853	2699199	930843
2013	4626718	19536	2920266	1011428
2014	4704973	20441	2946677	1130462
2015	4951753	23820	3069749	1204713
2016	5247863	30133	3167669	1285568
2017	5569607	31438	3243525	1483254
2018	6064005	18389	3381783	1734407
2019	6215283	19160	3357175	1872079
2020	6329425	18660	3481973	1854276
2021	6835698	22235	3613941	2124003

表7—17　2000年以来工业和城乡居民生活用电量

计量单位：万千瓦时

年　份	工业用电量	城乡居民生活用电量
2000	983357	161776
2001	1050714	214813
2002	1160082	189578
2003	1297208	233660
2004	1476061	260031
2005	1735282	302226
2006	1870393	349677
2007	2071067	367878
2008	2077025	416202
2009	2237473	452346
2010	2426591	530134
2011	2568421	529149
2012	2656421	600659
2013	2867065	675488
2014	2890160	607393
2015	3005429	653471
2016	3108114	764493
2017	3181389	811390
2018	3312687	929426
2019	3272563	966869
2020	3388753	974516
2021	3503331	1075519

表 7—18　主要年份规模以上工业企业职工人数、主营业务收入

年　　份	职工人数 （万人）	主营业务收入 （万元）
1978		479852
1979	55.26	567621
1980	58.66	616995
1981	62.90	610863
1982	65.58	668852
1983	70.87	752944
1984	71.41	876503
1985	78.50	1120919
1986	81.32	1151405
1987	85.18	1508476
1988	86.52	1845851
1989	85.66	2202471
1990	86.26	2477840
1992	89.50	4081394
1993	87.95	5642341
1994	90.74	6608363
1995	92.17	8645998
1996	86.92	9197414
1997	81.97	10077056
1998	75.04	11624513
1999	68.13	12534665
2000	62.04	15402200
2004	55.24	30914407
2005	56.27	40273019
2007	59.29	58189978
2008	70.96	66355400
2009	73.39	67309878
2010	80.59	86253519
2012	79.71	112832558
2013	79.71	124252054
2014	80.64	130038382
2015	78.42	121806956
2016	74.44	124423598
2017	64.26	109364660
2018	64.41	121572303
2019	57.00	113689366
2020	60.14	119266780
2021	61.24	147180403

表 7—19　2021 年大中型工业企业名单

企业名称	规模	企业名称	规模
中国石油化工股份有限公司金陵分公司	大型	爱尔集新能源电池（南京）有限公司	大型
中国石化扬子石油化工有限公司	大型	国电南瑞科技股份有限公司	大型
南京钢铁股份有限公司	大型	中国石化集团南京化学工业有限公司	大型
上海梅山钢铁股份有限公司	大型	台积电（南京）有限公司	大型
中兴通讯（南京）有限责任公司	大型	南京爱立信熊猫通信有限公司	大型
扬子石化-巴斯夫有限责任公司	大型	南京中车浦镇城轨车辆有限责任公司	大型
江苏中烟工业有限责任公司南京卷烟厂	大型	上汽大通汽车有限公司南京分公司	大型
爱尔集新能源（南京）有限公司	大型	南京夏普电子有限公司	大型
上汽大众汽车有限公司南京分公司	大型	仕达利恩（南京）光电有限公司	大型
乐金显示（南京）有限公司	大型	博西华电器（江苏）有限公司	大型
喜星电子（南京）有限公司	大型	南京乐金熊猫电器有限公司	大型
南京金江冶金炉料有限公司	大型	艾欧史密斯（中国）热水器有限公司	大型
长安马自达汽车有限公司	大型	南京依维柯汽车有限公司	大型
南京汽车集团有限公司	大型	舍弗勒（南京）有限公司	大型
国电南瑞南京控制系统有限公司	大型	吉宝通讯（南京）有限公司	大型
南京南瑞继保工程技术有限公司	大型	西门子数控（南京）有限公司	大型
南京高速齿轮制造有限公司	大型	瑞仪光电（南京）有限公司	大型
中车南京浦镇车辆有限公司	大型	南京群志光电有限公司	大型
南京钢铁有限公司	大型	创维电器股份有限公司	大型
南京京东方显示技术有限公司	大型	南京中电熊猫液晶显示科技有限公司	大型
南京德朔实业有限公司	大型	南京正大天晴制药有限公司	大型
爱尔集新能源科技（南京）有限公司	大型	中国石化集团金陵石油化工有限责任公司	大型

表 7—19　2021 年大中型工业企业名单（续表 1）

企业名称	规模	企业名称	规模
南京顶益食品有限公司	大型	南微医学科技股份有限公司	大型
南京高精齿轮集团有限公司	大型	南京诺唯赞生物科技股份有限公司	大型
南京南钢产业发展有限公司	大型	南京泉峰汽车精密技术股份有限公司	大型
南京金龙客车制造有限公司	大型	中国石油化工股份有限公司华东油气分公司	大型
南京国博电子股份有限公司	大型	代傲电子控制（南京）有限公司	大型
南京创维平面显示科技有限公司	大型	南京金斯瑞生物科技有限公司	大型
南京南瑞继保电气有限公司	大型	南京喜之郎食品有限公司	大型
南京港华燃气有限公司	大型	基蛋生物科技股份有限公司	大型
南京卫岗乳业有限公司	大型	南京造币有限公司	大型
南京天加环境科技有限公司	大型	华天科技（南京）有限公司	大型
南京奥托立夫汽车安全系统有限公司	大型	江苏中旗科技股份有限公司	大型
江苏太古可口可乐饮料有限公司	大型	英华达（南京）科技有限公司	大型
南京玻璃纤维研究设计院有限公司	大型	南京水务集团有限公司	大型
南京康尼机电股份有限公司	大型	日立安斯泰莫动力系统（南京）有限公司	大型
江苏中圣压力容器装备制造有限公司	大型	南京我乐家居智能制造有限公司	大型
南京汽轮电机（集团）有限责任公司	大型	南京科远智慧科技集团股份有限公司	大型
南京冠盛汽配有限公司	大型	汉桑（南京）科技有限公司	大型
菲尼克斯亚太电气（南京）有限公司	大型	南京金陵金箔集团股份有限公司	大型
格力电器（南京）有限公司	大型	南京圣和药业股份有限公司	大型
南京市欣旺达新能源有限公司	大型	可隆（南京）特种纺织品有限公司	大型
艾欧史密斯（中国）环境电器有限公司	大型	亿泰精密工业（南京）有限公司	大型

表 7—19　2021 年大中型工业企业名单（续表 2）

企业名称	规模	企业名称	规模
南京 LG 新港新技术有限公司	中型	南京创源天地动力科技有限公司	中型
塞拉尼斯（南京）化工有限公司	中型	南京国轩电池有限公司	中型
南京扬子石油化工有限责任公司	中型	南京聚隆科技股份有限公司	中型
杉金光电（南京）有限公司	中型	扬子江药业集团南京海陵药业有限公司	中型
国电南京自动化股份有限公司	中型	南京国轩新能源有限公司	中型
南京中联混凝土有限公司	中型	招商局金陵船舶（南京）有限公司	中型
南京诚志清洁能源有限公司	中型	蓝星安迪苏南京有限公司	中型
南京健友生化制药股份有限公司	中型	南京六九零二科技有限公司	中型
南京福邦特东方化工有限公司	中型	南京红宝丽聚氨酯有限公司	中型
南京乐金汽车零部件有限公司	中型	江苏钟山化工有限公司	中型
华能南京金陵发电有限公司	中型	长安马自达发动机有限公司	中型
江苏德纳化学股份有限公司	中型	南京莱斯信息技术股份有限公司	中型
南京云海特种金属股份有限公司	中型	南京大全电气有限公司	中型
南京国睿防务系统有限公司	中型	江苏无线电厂有限公司	中型
南京苏美达动力产品有限公司	中型	江苏塔菲尔新能源科技股份有限公司	中型
南京国电南自电网自动化有限公司	中型	安百拓（南京）建筑矿山设备有限公司	中型
先声药业有限公司	中型	南京迈瑞生物医疗电子有限公司	中型
江苏奥赛康药业有限公司	中型	南京炼油厂有限责任公司	中型
江苏苏博特新材料股份有限公司	中型	布雷博（南京）汽车零部件有限公司	中型
蔚然（南京）动力科技有限公司	中型	南京钛白化工有限责任公司	中型
江苏苏美达五金工具有限公司	中型	正大天晴药业集团南京顺欣制药有限公司	中型
东爵有机硅（南京）有限公司	中型	江苏南瑞帕威尔电气有限公司	中型
江苏双龙集团有限公司	中型	南京华信藤仓光通信有限公司	中型
中国石化集团资产经营管理有限公司扬子石化分公司	中型	南京奥特佳新能源科技有限公司	中型
江苏南热发电有限责任公司	中型	南京大吉铁塔制造有限公司	中型
南京化学工业园热电有限公司	中型	南京宝色股份公司	中型
大唐南京发电厂	中型	中建五洲工程装备有限公司	中型
兰精（南京）纤维有限公司	中型	精博电子（南京）有限公司	中型
南京莱斯康电子有限公司	中型	南京绿叶制药有限公司	中型
南京长安汽车有限公司	中型	艾默生过程控制流量技术有限公司	中型
南京立业电力变压器有限公司	中型	南京联塑科技实业有限公司	中型

表 7—19　2021 年大中型工业企业名单（续表 3）

企业名称	规模	企业名称	规模
南京药石科技股份有限公司	中型	江苏信宁新型建材有限公司	中型
江苏大洋海洋装备有限公司	中型	南京汽车锻造有限公司	中型
南京中燃城市燃气发展有限公司	中型	南京南方联成汽车零部件有限公司	中型
南京邦奇自动变速箱有限公司	中型	南京华洲药业有限公司	中型
南京四方亿能电力自动化有限公司	中型	南京法雷奥离合器有限公司	中型
南京协众汽车空调集团有限公司	中型	展讯半导体（南京）有限公司	中型
亿嘉和科技股份有限公司	中型	南京洛普股份有限公司	中型
艾欧史密斯（中国）水系统有限公司	中型	华能国际电力江苏能源开发有限公司南京电厂	中型
南京熊猫电子制造有限公司	中型	南京锦湖轮胎有限公司	中型
布雷博（南京）制动系统有限公司	中型	南京百事可乐饮料有限公司	中型
南京汽轮电机长风新能源股份有限公司	中型	南京威孚金宁有限公司	中型
南京高立工程机械有限公司	中型	南京瀚宇彩欣科技有限责任公司	中型
南京华润热电有限公司	中型	江苏龙蟠科技股份有限公司	中型
霍尼韦尔传感控制（中国）有限公司	中型	南京大全变压器有限公司	中型
南京全信传输科技股份有限公司	中型	南京同仁堂药业有限责任公司	中型
南京安维士传动技术股份有限公司	中型	马勒发动机零部件（南京）有限公司	中型
诺玛科（南京）汽车零部件有限公司	中型	金陵药业股份有限公司	中型
法雷奥凯佩科液力变矩器（南京）有限公司	中型	南京中车浦镇海泰制动设备有限公司	中型
江苏金陵机械制造总厂	中型	中国能源建设集团南京线路器材有限公司	中型
中国水泥厂有限公司	中型	江苏久吾高科技股份有限公司	中型
南京埃斯顿自动化股份有限公司	中型	金城化学（江苏）有限公司	中型
南京恩瑞特实业有限公司	中型	中船重工鹏力（南京）塑造科技有限公司	中型
南京南瑞水利水电科技有限公司	中型	南京江宁水务集团有限公司	中型
江苏华瑞服装有限公司	中型	南京圣迪奥时装有限公司	中型
美埃（中国）环境科技股份有限公司	中型	南京音飞储存设备（集团）股份有限公司	中型
南京恒生制药有限公司	中型	南京佳力图机房环境技术股份有限公司	中型
南京消防器材股份有限公司	中型	南京星乔威泰克汽车零部件有限公司	中型
南京国盛电子有限公司	中型	南京国电南自维美德自动化有限公司	中型
南京中联水泥有限公司	中型	江苏金陵环境股份有限公司	中型
江苏金智科技股份有限公司	中型	海太欧林集团有限公司	中型
南京华脉科技股份有限公司	中型	南京美华羽绒制品有限公司	中型

表7—19　2021年大中型工业企业名单（续表4）

企业名称	规模	企业名称	规模
江苏东大集成电路系统工程技术有限公司	中型	南京大桥机器有限公司	中型
齐丰科技股份有限公司	中型	南京世和基因生物技术股份有限公司	中型
艾德克斯电子（南京）有限公司	中型	南京腾亚精工科技股份有限公司	中型
南京易亨制药有限公司	中型	江苏卡思迪莱服饰有限公司	中型
南京中电熊猫照明有限公司	中型	南京天华化学工程有限公司	中型
江苏金海宁新型建材科技有限公司	中型	南京众山电池电子有限公司	中型
南京龙源环保有限公司	中型	南京美高美新材料有限公司	中型
中铁钢结构有限公司	中型	南京洛普科技有限公司	中型
苏世博（南京）减振系统有限公司	中型	南京日立产机有限公司	中型
南京双星塑料模具有限公司	中型	南京银茂铅锌矿业有限公司	中型
中石化南京化工机械有限公司	中型	江苏中圣管道工程技术有限公司	中型
南京埃斯顿机器人工程有限公司	中型	艾志（南京）环保管接技术股份有限公司	中型
南京电气绝缘子有限公司	中型	迈拓仪表股份有限公司	中型
南京迪威尔高端制造股份有限公司	中型	南京高精船用设备有限公司	中型
南京氟源化工管道设备有限公司	中型	南京马波斯自动化设备有限公司	中型
南京北路智控科技股份有限公司	中型	中航工业南京伺服控制系统有限公司	中型
南京海辰药业股份有限公司	中型	南京亿高微波系统工程有限公司	中型
南京胜捷电机制造有限公司	中型	南京工艺装备制造有限公司	中型
南京正源搪瓷设备制造有限公司	中型	胡连电子（南京）有限公司	中型
赛科利（南京）汽车模具技术应用有限公司	中型	南京冠佳科技有限公司	中型
南京利德东方橡塑科技有限公司	中型	博世汽车技术服务（中国）有限公司	中型
含羞草（江苏）食品有限公司	中型	江苏六维智能物流装备股份有限公司	中型
南京兰叶建设集团有限公司	中型	南京恒电电子有限公司	中型
南京爱德印刷有限公司	中型	南京伟思医疗科技股份有限公司	中型
南京雷尔伟新技术股份有限公司	中型	南京光明乳品有限公司	中型
溢泰（南京）环保科技有限公司	中型	南京白敬宇制药有限责任公司	中型
南京市比亚迪汽车有限公司	中型	维讯化工（南京）有限公司	中型
南京诺唯赞医疗科技有限公司	中型	蒂森克虏伯发动机零部件（中国）有限公司	中型
弓箭玻璃器皿（中国）有限公司	中型	多伦科技股份有限公司	中型
蓝深集团股份有限公司	中型	南京金岛服装有限公司	中型
南京红太阳生物化学有限责任公司	中型	南京巨鲨显示科技有限公司	中型

表 7—19　2021 年大中型工业企业名单（续表 5）

企业名称	规模	企业名称	规模
江苏集萃药康生物科技股份有限公司	中型	南京福加自动化科技有限公司	中型
南京六和普什机械有限公司	中型	南京高华科技股份有限公司	中型
南京万德斯环保科技股份有限公司	中型	南京优科制药有限公司	中型
南京飞腾电子科技有限公司	中型	南京中盛铁路车辆配件有限公司	中型
南京磐能电力科技股份有限公司	中型	南京能瑞自动化设备股份有限公司	中型
泰艺电子（南京）有限公司	中型	南京甘汁园糖业有限公司	中型
南京西普尔科技实业有限公司	中型	南京鑫业电动工具制造有限公司	中型
江苏金恒信息科技股份有限公司	中型	南京扬子检修安装有限责任公司	中型
大协西川东阳汽车部件（南京）有限公司	中型	南京冠石科技股份有限公司	中型
南京圣诺热管有限公司	中型	江苏高淳陶瓷股份有限公司	中型
南京永湖电子有限公司	中型	南京东陶有限公司	中型
南京东润特种橡塑有限公司	中型	南京扬子动力工程有限责任公司	中型
南京奥联汽车电子电器股份有限公司	中型	南京华格电汽塑业有限公司	中型
南京塔塔汽车零部件系统有限公司	中型	江苏雨润肉食品有限公司	中型
南京白象食品有限公司	中型	江苏艾思飞精密零部件有限公司	中型
南京沪江复合材料股份有限公司	中型	南京力高建筑构件有限公司	中型
上美塑胶（南京）有限公司	中型	南京兰叶建设集团混凝土有限公司	中型
南京云海轻金属精密制造有限公司	中型	南京特种电机厂有限公司	中型
东盟电气集团南京股份有限公司	中型	南京嘉浩科技有限公司	中型
南京飞燕活塞环股份有限公司	中型	南京肯特复合材料股份有限公司	中型
南京普爱医疗设备股份有限公司	中型	江苏本川智能电路科技股份有限公司	中型
南京康尼精密机械有限公司	中型	南京创思特服饰有限公司	中型
南京小洋人生物科技发展有限公司	中型	南京佳盛机电器材制造有限公司	中型
南京市腾阳机械有限公司	中型	南京澳博阳射频技术有限公司	中型
南京金梦都工贸实业有限责任公司	中型	南京茂莱光学科技股份有限公司	中型
南京四维智联科技有限公司	中型	江苏中车数字科技有限公司	中型
南京模拟技术研究所	中型	南京润京乳胶制品有限公司	中型
南京通孚玩具有限责任公司	中型	巨能机械（中国）有限公司	中型
江苏威凯尔医药科技有限公司	中型	南京慧和建筑技术有限公司	中型
南京斯瑞奇医疗用品有限公司	中型	南京扬子塑料化工有限责任公司	中型
江苏大烨智能电气股份有限公司	中型	南京舒普思达医疗设备有限公司	中型

表7—19　2021年大中型工业企业名单（续表6）

企业名称	规模	企业名称	规模
南京波长光电科技股份有限公司	中型	南京熊猫电子股份有限公司	中型
南京二机齿轮机床有限公司	中型	锦泓时装集团股份有限公司	中型
南京诺尔曼生物技术股份有限公司	中型	南京春辉科技实业有限公司	中型
南京长明光电科技有限公司	中型	江苏领视达智能科技有限公司	中型
南京速鸿电子科技有限公司	中型	南京海尔曼斯集团有限公司	中型
南京志卓电子科技有限公司	中型	南京化纤股份有限公司	中型
南京金城机械有限公司	中型	森鹰窗业南京有限公司	中型
南京麦澜德医疗科技股份有限公司	中型	南京熊猫电子装备有限公司	中型
南京万德体育产业集团有限公司	中型	南京金浦利轨道车辆装备有限公司	中型
南京梅山工程技术新产业开发有限公司	中型	南京圣可尼服饰实业有限公司	中型
丸仁电子（南京）有限公司	中型	江苏花山集团有限公司	中型
南京达盈新型材料有限公司	中型	南京禾诚石化装备工程有限公司	中型
南京苏美达创元制衣有限公司	中型	德昌电机（南京）有限公司	中型
南京江南永新光学有限公司	中型	江苏东航食品有限公司	中型
南京苏美达服装技术研发有限公司	中型	南京扬子检维修有限责任公司	中型
伟创力（南京）科技有限公司	中型	南京同方制衣有限责任公司	中型
南京制药厂有限公司	中型	南京嘉美服饰标牌厂	中型
南京臣功制药股份有限公司	中型	江苏优尔蓝信息科技股份有限公司	中型
南京派格斯游乐设备有限公司	中型	南京普天通信股份有限公司	中型
永镫科技（南京）有限公司	中型	南京南梅金属加工有限公司	中型
上海瑞博密封件南京有限公司	中型	东信茂泰（南京）汽车零部件有限公司	中型
南京乐金麦格纳易驱动汽车零部件有限公司	中型	南京熊猫信息产业有限公司	中型
江苏苏美达创智服装科技发展有限公司	中型	前沿生物药业（南京）股份有限公司	中型
南京东利来光电实业有限责任公司	中型	南京际华五三零二服饰装具有限责任公司	中型
南京钢铁集团江苏冶金机械有限公司	中型	南京争锋信息科技有限公司	中型
侨伟运动器材（南京）有限公司	中型	江苏苏美达创为针织服饰有限公司	中型
南京迦南比逊科技有限公司	中型	南京益发电气自动化有限公司	中型
南京拓邦微电子有限公司	中型	南京昊天制衣有限公司	中型
南京海尔曼斯集团服装有限公司	中型	江苏芯德半导体科技有限公司	中型
得润双飞电气系统南京有限公司	中型	江苏好利森食品科技有限公司	中型
南京岚煜生物科技有限公司	中型	江苏长晶浦联功率半导体有限公司	中型
江苏凤凰新华印务集团有限公司	中型	南京诗梦服装设计有限公司	中型
南京奥特佳祥云冷机有限公司	中型	南京苏美达吉杰欧服装有限公司	中型
南京东亚高新材料有限公司	中型	南京奥威服装有限公司	中型
南京老山药业股份有限公司	中型	南京爱沁缘服饰有限公司	中型

主要统计指标解释

工业 指从事自然资源的开采，对采掘品和农产品进行加工和再加工的物质生产部门。具体包括：（1）对自然资源的开采，如采矿、晒盐、森林采伐等（但不包括禽兽捕猎和水产捕捞）；（2）对农副产品的加工、再加工，如粮油加工、食品加工、轧花、缫丝、纺织、制革等；（3）对采掘品的加工、再加工，如炼铁、炼钢、化工生产、石油加工、机器制造、木材加工等，以及电力、自来水、煤气的生产和供应等；（4）对工业品的修理、翻新，如机器设备的修理、交通运输工具（包括小卧车）的修理等。

1984 年以前农村的村及村以下办工业归属农业，1984 年以后划归工业。

国有及国有控股企业 指国有企业加上国有控股企业。国有企业是指企业全部资产归国家所有，并按《中华人民共和国企业法人登记管理条例》规定登记注册的非公司制的经济组织。1957 年以前的公私合营和私营工业，后均改造为国营工业，1992 年改为国有工业，这部分工业的资料不单独分列时，均包括在国有企业内。国有控股企业是对混合所有制经济的企业进行的“国有控股”分类。它是指这些企业的全部资产中国有资产（股份）相对其他所有者中的任何一个所有者占资（股）最多的企业。该分组反映了国有经济控股情况。

集体企业 指企业资产归集体所有，并按《中华人民共和国企业法人登记管理条例》规定登记注册的经济组织。是社会主义公有制经济的组成部分。包括城乡所有使用集体投资举办的企业，以及部分个人通过集资自愿放弃所有权并依法经工商行政管理机关认定为集体所有制的企业。

股份合作企业 指以合作制为基础，由企业职工共同出资入股，吸收一定比例的社会资产投资组建，实行自主经营，自负盈亏，共同劳动，民主管理，按劳分配与按股分红相结合的一种集体经济组织。

联营企业 指两个及两个以上相同或不同所有制性质的企业法人或事业单位法人，按自愿、平等、互利的原则，共同投资组成的经济组织。联营企业包括：国有联营企业指国有企业与国有企业间的联营；集体联营企业指集体企业与集体企业间的联营；国有与集体联营企业指国有企业与集体企业间的联营。

有限责任公司 指根据《中华人民共和国公司登记管理条例》规定登记注册，由两个以上，五十个以下的股东共同出资，每个股东以其所认缴的出资额对公司承担有限责任，公司以其全部资产对其债务承担责任的经济组织。

有限责任公司包括国有独资公司以及其他有限责任公司。

股份有限公司 指根据《中华人民共和国企业法人登记管理条例》规定登记注册，其全部注册资本由等额股份构成并通过发行股票筹集资本，股东以其认购的股份对公司承担有限责任，公司以其全部资产对其债务承担责任的经济组织。

私营企业 指由自然人投资设立或由自然人控股，以雇佣劳动为基础的营利性经济组织。包括按照《公司法》《合伙企业法》《私营企业暂行条例》规定登记注册的私营有限责任公司、私营股份有限公司、私营合伙企业和私营独资企业。

港、澳、台商投资企业 指企业注册登记类型中的港、澳、台资合资、合作、独资经营企业和股份有限公司之和。

外商投资企业 指企业注册登记类型中的中外合资、合作经营企业、外资企业和外商投资股份有限公司之和。

“三资”企业 系指港、澳、台商投资企业和外资企业的简称。

轻工业 指主要提供生活消费品和制作手工工具的工业。按其所使用的原料不同，可分为两大类：（1）以农产品为原料的轻工业，是指直接或间接以农产品为基本原料的轻工业。主要包括食品制造、饮料制造、烟草加工、纺织、缝纫、皮革和毛皮制作、造纸以及印刷等工业；（2）以非农产品为原料的轻工业，是指以工业品为原料的轻工业。主要包括文教体育用品、化学药品制造、合成纤维制造、日用化学制品、日用玻璃制品、日用金属制品、手工工具制造、医疗器械制造、文化和办公用机械制造等工业。

重工业 是指为国民经济各部门提供物质技术基础的主要生产资料的工业。按其生产性质和产品用途，可以分为下列三类：（1）采掘（伐）工业，是指对自然资源的开采，包括石油开采、煤炭开采、金属矿开采、非金属矿开采和木材采伐等工业；（2）原材料工业，指向国民经济各部门提供基本材料、动力和燃料的工业。包括金属冶炼及加工、炼焦及焦炭、化学、化工原料、水泥、人造板以及电力、石油和煤炭加工等工业；（3）加工工业，是指对工业原材料进行再加工制造的工业。包括装备国民经济各部门的机械设备制造工业、金属结构、水泥制品等工业，以及为农业提供的生产资料如化肥、农药等工业。

根据上述划分原则，修理业中以重工业产品为修理作业对象的划为重工业，反之划为轻工业。

工业总产值 是以货币表现的工业企业在一定时期内生产的已出售或可供出售工业产品总量，它反映一定时间内工业生产的总规模和总水平。它包括：在本企业内不再进行加工，经检验、包装入库（规定不需包装的产品除外）的成品价值，对外加工费收入，自制半成品、在产品期末初差额价值。工业总产值采用“工厂法”计算，即以工业企业作为一个整体，按企业工业生产活动的最终成果来计算，企业内部不允许重复计算，不能把企业内部各个车间（分厂）生产的成果相加。但在企业之间、行业之间、地区之间存在着重复计算。

轻重工业总产值的划分是按“工厂法”计算的，即一个工业企业生产的主要产品性质属于轻工业，则该企业的全部总产值作为轻工业总产值；如它的主要产品性质属于重工业，则该企业的全部总产值作为重工业总产值。

实收资本 指企业实际收到的投资人投入的资本。按投资主体可分为国家资本、集体资本、法人资本、个人资本、港澳台资本和外商资本等。

资产合计 指企业拥有或控制的能以货币计量的经济资源。包括各种财产、债权和其他权利。资产按其流动性划分为流动资产、长期投资、固定资产、无形及递延资产和其他资产。

（1）流动资产 指企业可以在一年内或者超过一年的一个生产周期内变现或耗用的资产合计。包括现金及各种存款、短期投资、应收及预付款项、存货等。

（2）固定资产 指企业固定资产净值、固定资产清理、在建工程、待处理固定资产损失所占用的资金合计。

（3）无形资产 指企业长期使用而没有实物形态的资产。包括专利权、非专利技术、商标权、著作权、土地使用权、商誉等。

负债合计 指企业承担的能以货币计量，将以资产或劳务偿付的债务。负债一般按偿还期长短分为流动负债和长期负债、递延税项等。

（1）流动负债 指企业在一年内或者超过一年的一个营业周期内需要偿还的债务合计，其中包括短期借款、应付及预收款项、应付工资、应交税金和应交利润等。

（2）长期负债 指企业在一年以上或者超过一年的一个营业周期以上需要偿还的债务合计，其中包括长期借款、应付债务、长期应付款项等。

所有者权益 指企业投资人对企业净资产的所有权。企业净资产等于企业全部资产减去全部负债后的余额，其中包括投资者对企业的最初投入，以及资本公积金、盈余公积金和未分配利润，对股份制企业即为股东权益。

固定资产原价 指企业在建造、购置、安装、改建、扩建、技术改造某项固定资产时所支出的全部货币总额。它一般包括买价、包装费、运杂费和安装费等。

固定资产净值 是指固定资产原价减去历年已提折旧额后的净额。

流动资产 是指可以在一年或者超过一年的一个营业周期内变现或者耗用的资产，包括现金及各种存款、短期投资、应收及预付货款、存货等。

主营业务收入 指企业销售产品和提供劳务等主要经营业务取得的收入总额。

主营业务成本 指企业销售产品和提供劳务等主要经营业务的实际成本。

主营业务税金及附加 指企业销售产品和提供工业性劳务等主要经营业务应负担的城市维护建设税、消费税、资源税和教育费附加。

主营业务利润 指企业销售产品和提供工业性劳务等主要经营业务收入扣除其成本、费用、税金后的利润。

利润总额 指企业实现的利润。

应交增值税 指企业在报告期内应交纳的增值税额。

能源购进量 根据企业生产、经营性质划分，购进量分两种情况，一种是能源经销企业（批发、零售企业）用于销售的能源购进数量，另一种是能源使用企业用于消费的能源购进数量，分别在不同表式中统计。

能源经销企业能源购进量，指能源经销企业在报告期内购入的、用于销售的各种一次能源和二次能源。能源经销企业能源购进量由能源经销企业（批发、零售企业）填报。

能源使用企业能源购进量，指能源使用单位在报告期内外购的、用于企业消费的各种一次能源和二次能源。能源使用企业能源购进量由能源使用企业填报。

购进量金额 指本单位在报告期实际购进的、已办理验收入库手续的各种一次能源和二次能源的金额。其金额以购货发票上的总金额（含增值税）计算，统计原则、范围与购进量相同。

能源消费量 指能源使用单位在报告期内实际消费的一次能源或二次能源的数量。

能源消费量统计的原则是：

（1）谁消费、谁统计。

（2）何时投入使用，何时计算消费量。

（3）消费量只能计算一次。

（4）耗能工质（如水、氧气、压缩空气等），不论是外购的还是自产自用的，均不统计在能源消费量中（计算单位产品能耗时除外）。

（5）企业自产的能源，凡作为企业生产另一种产品的原材料、燃料，又分别计算产量的，消费量要统计。

工业企业能源消费量 工业企业能源消费包括工业企业在生产过程中作为燃料、动力、原料、辅助材料使用的能源以及工艺用能、非生产用能；作为能源加工转换企业，还要包括能源加工转换的投入量.

工业生产能源消费 指工业企业为进行工业生产活动所使用的能源。

车辆用油 指在厂区内、外进行交通运输活动的车辆所消费的成品油。但是如果工业企业所属的车队是独立核算的企业，其消费的成品油既不能包括在“工业企业能源消费”中，亦不能包括在“车辆用油”中，它的消费应为交通运输业企业消费。

能源加工、转换消费 能源加工、转换是指为了特定的用途，将一种能源（一般为一次能源），经过一定的工艺，加工或转换成另外一种能源（二次能源）。

能源加工转换产出量 指各种能源经过加工转换后产出的各种二次能源产品（包括不作能源使用的其他副产品和联产品），比如火力发电产出的电力，热电联产同时产出的电力、蒸汽、热水，洗煤产出的洗精煤、洗中煤、煤泥等；炼焦产出的焦炭、焦炉煤气和其他焦化产品；炼油产出的汽油、煤油、柴油、燃料油、液化石油气、炼厂干气和其他石油制品（石脑油、各种原料油、溶剂油、石蜡、润滑油、石油沥青等）；制气产出的是焦炉煤气、其他煤气、焦炭和其他焦化产品（煤焦油、粗苯等）。

能源加工转换损失量 指在能源加工、转换过程中产生的各种损失量，即能源加工、转换过程中投入的能源数量和产出的能源数量之差。

能源用作原材料 指能源产品不作能源使用，即不作燃料、动力使用，而作为生产另外一种产品（非能源产品）的原料或作为辅助材料使用，作原料使用时通常构成这种产品的实体。

综合能源消费量 指报告期内企业实际消费的各种能源的总和。计算综合能源消费量时，需要先将使用的各种能源折算成标准燃料后再进行计算。

能源库存量 本制度中所涉及的能源库存量是指企业能源库存量，它是企业在报告期的某时间点所拥有的各种能源数量。根据企业的生产经营活动性质，企业库存量分为生产企业产成品库存、经销企业（批发、零售企业）用于经营销售的库存、使用企业用于消费的库存。

库存量的核算原则：（1）时点性原则；（2）实际数量原则。

工业取水总量 指工业企业从各种水源提取的，并用于工业生产活动的水量总和，包括自来水、地下水、地表水、海水、苦咸水、经城市污水处理厂处理后回用于工业的水量，以及企业从市场购得的其他水或水的产品（如纯净水、矿泉水、蒸汽、热水、地热水等）。工业取水总量包括主要工业生产用水、辅助生产（包括机修、运输、空压站等）用水和附属生产（包括厂内绿化、职工食堂、非营业的浴室及保健站、厕所等）用水；不包括非工业生产单位的用水，如厂内居民家庭用水和企业附属幼儿园、学校、对外营业的浴室、游泳池等的用水量。

（八）交通运输和邮电通讯业

CHAPTER 8 TRANSPORTATION, POST AND TELECOMMUNICATION SERVICES

2022' NANJING STATISTICAL YEARBOOK 2022' NANJING STATISTICAL YEARBOOK 2022' NANJING STATISTICAL YEARBOOK 2022' NANJING STATISTICAL YEARBOOK

表 8—1 铁路运输基本情况（南京市辖范围）

指　　标	2021 年	2020 年
车站（个）	28	28
货物发送量（万吨）	684.70	670.30
旅客发送量（万人次）	5004.90	4542.40

表 8—2 航空运输情况

指　　标	2021 年	2020 年
民用航空里程（公里）	184823	181097
# 国际航线（公里）		9074
民用机场数（个）	1	1
飞机架数（架）	72	68
旅客吞吐量（万人）	1760.69	1990.70
货邮吞吐量（万吨）	35.91	38.92

注：货邮吞吐量中不含行李重量；民用航空里程按不重复距离计算。

表 8—3　全社会客货运输（吞吐）量（2021 年）

指　　标	客运量（万人）	旅客周转量（万人公里）	货运量（万吨）	货物周转量（万吨公里）	货物吞吐量（万吨）	集装箱吞吐量（万标箱）
全社会	11481.54	1592522.12	49342.25	38437447.52	26974.01	310.98
公路运输	5608.48	439982.32	24418.67	3291339.47		
水上运输	42.22	134.39	18974.89	34651600.46		
内河	42.22	134.39	3587.62	1837789.57		
海洋			15387.27	32813810.89		
港口					26938.10	310.98
铁路运输	5004.94		684.69			
民航运输	825.90	1152405.41	5.77	8467.61	35.91	
管道运输			5258.23	486039.98		

注：本表数据不含城市公共交通，管道运输包括输油管道运输和天然气管道运输；全社会货运量和货物周转量包含管道运输。2020 年开始，铁路货运量统计口径调整为货物发送量，铁路客运量统计口径调整为旅客发送量，表中货物周转量合计中不包括铁路货运周转量，旅客周转量合计中不包括铁路客运周转量。

表 8—4　公路基本情况

计量单位：公里

指　　标	2021 年	2020 年
公路总里程	9746	9796
按等级分		
高速	583	587
一级	1187	1218
二级	1060	1099
三级	1801	1791
四级	5115	5100
按行政等级分		
国道	824	827
省道	760	759
县道	1989	1984
乡道	3941	4048
村道	2232	2177
按路面标准分		
高级	9746	9796
次高级		
其他		

表 8—5　独立核算内河（沿海）港货物吞吐量

指　　标	2021 年	2020 年
货物吞吐量（万吨）	26938	25157
出口量（万吨）	8876	8479
# 外贸	1462	1512
进口量（万吨）	18062	16677
# 外贸	1746	1692
箱数（万标箱）	310.98	302.20

表 8—6　民用车辆拥有量（2021 年）

计量单位：辆

指　　标	总　计	
		私　人
一、汽车	2936186	2228487
1．载客汽车	2734828	2202007
# 大型	20802	49
轿车	1831871	1524304
2．载货汽车	183541	24023
# 重型	74499	1683
中型	4297	414
栏板货车	44597	11491
3．其他汽车	17817	2457
二、摩托车	96565	86488
1．普通	87265	77426
2．轻便	9300	9062
三、拖拉机	3689	3029
1．大中型	1302	780
2．小型方向盘式	385	337
四、挂车	23145	344

表 8—7　邮政电信基本情况（2021 年）

指　　标	2021 年	2020 年
邮电业务总量（亿元）	306.87	1278.92
# 邮政业务总量	117.80	219.89
邮电业务收入（亿元）	293.27	288.50
# 邮政业务收入	126.44	136.29
函件（万件）	1949.66	2551.37
# 国际函件	38.55	481.30
包裹（万件）	18.99	19.06
# 国际包裹	0.57	1.18
快递（万份）	91687.37	95109.86
# 国际快递	990.46	852.48
固定电话年末用户　（万户）	163.76	171.90
互联网接入用户（万户）	1735.73	1652.26
# 宽带用户	589.54	554.17
移动电话用户（万户）	1301.72	1263.80

注：2021 年邮电业务总量为 2020 年不变价计算，2020 年邮电业务总量为 2010 年不变价计算。2013 年市邮政管理局成立，2014 年邮政业务总量、邮政业务收入等指标口径进行了调整，2014 年邮政业务总量、邮政业务收入由基本邮政业务调整为含快递业务。固定电话、互联网接入用户、宽带用户、移动电话用户数据由南京通信管理办提供。2020 年，中国移动对电信业务总量的指标口径进行了调整。

表 8—8　城市公共交通情况

指　　标	2021 年	2020 年
一、公共汽电车		
1．运营车数（辆）	8814	8747
2．标准运营车数（标台）	10527	10456
3．运营线路长度（公里）	12833	12405
4．公交专用车道长度（公里）	281	272
5．客运总量（万人次）	59120	54094
二、出租汽车		
1．运营车辆（辆）	10724	11848
2．客运总量（万人次）	7027	6490
三、轨道交通		
1．运营车数（辆）	1892	1736
# 地铁	1792	1636
2．标准运营车数（标台）	4480	4090
3．运营线路长度（公里）	443	394
（1）地铁	427	378
（2）轻轨		
（3）有轨电车	17	17
4．客运总量（万人次）	88125	80135
四、客运轮渡		
1．运营船数（艘）	12	12
2．客运总量（万人次）	191	167

表 8—9　主要年份旅客和货物运输量、邮电业务总量

年份	旅客运输量（万人）	公路	货物运输量（万吨）	公路	水运	邮电业务总量（万元）
1990	4595	3211	9304	3756	3337	9339/19628
1995	10068	8765	12168	5666	4600	117843
2000	15294	13869	14102	7590	4275	515111
2005	20537	18660	18083	10530	6483	717821
2010	39104	36004	34225	17683	11292	1390704
2011	42289	39080	35737	19820	14090	1209088/1514472
2012	46255	42519	41999	22020	15090	1348100
2013	49407	45070	44052	23738	15556	1822877
2014	15269	10596	31798	12143	15056	2111700
2015	15929	10892	29824	12365	13322	2509169
2016	16301	10694	31558	13341	13812	3064151
2017	16418	10160	35462	14974	14840	3346646
2018	15882	9146	38564	15751	15955	4707215
2019	15902	8644	41034	16886	17061	6036800
2020	11375	6016	48100	23611	18740	12789234
2021	11482	5608	49342	24419	18975	3068684

注：邮电业务总量 1990 年以前为 1980 年不变价，1990 年以后为 1990 年不变价；1990 年当年有两个价格计算的数字。2010 年-2020 年为 2010 年不变价计算，2020 年以后为 2020 年不变价计算。根据 2013 年交通部和国家统计局开展交通运输经济专项调查的规定，2014 年对公路客运及货运的统计口径进行了调整。

表 8—10　2000 年以来全社会客运周转量

计量单位：万人公里

年　份	全社会客运周转量	公路	铁路	水路	航空
2000	1708277	1235741	327987		144549
2005	2435204	1674203	476469		284532
2010	3297808	1810054	878250		609477
2011	3673170	1968500	995167	28	709475
2012	4143190	2143697	1163900	42	835551
2013	4533225	2274460	1318675	43	940046
2014	3772538	1238040	1474074	37	1060387
2015	4034210	1288416	1593946	38	1151810
2016	4374861	1264667	1742183	39	1367973
2017	4741501	1205101	1942605	41	1593754
2018	4907556	1124968	2084416	42	1698130
2019	5128826	1046558	2196974	43	1885251
2020	1781929	686927	—	18	1094984
2021	1592522	439982	—	134	1152405

注：2020 年以后年份的全社会客运周转量不含铁路客运周转量数据。

表 8—11　2000 年以来全社会货物周转量

计量单位：万吨公里

年　份	全社会货运周转量				
		公路	铁路	水路	航空
2000	5258412	463779	922413	3804805	2982
2005	14553118	624339	1291702	12631259	5818
2010	34671721	1323342	842150	32220780	7759
2011	39473702	1522170	996431	36661051	8422
2012	46247288	1681131	978800	43296700	9057
2013	50804593	1865320	932925	47684350	9519
2014	54527587	1778491	86217	52367755	10324
2015	29400713	1821582	751322	26468374	9918
2016	24914558	1917038	688963	21853856	10947
2017	33315320	2197884	710810	30018242	11718
2018	31235666	2532622	734267	27553382	10558
2019	33983844	2748401	798148	29952859	10967
2020	37282019	3263517	—	33559760	9260
2021	38437448	3291339	—	34651600	8468

注：2020 年以后年份全社会货运周转量不含铁路货运周转量数据。

主要统计指标解释

（一）铁路运输

铁路运输　指有固定的运行轨道，以铁路机车、客、货车辆为运输工具，承担旅客、货物运送任务的一种运输方式。具有全天候、大批量、长距离、成本低、高效率的现代化运输特点，是我国综合运输体系中，起骨干力量的重要运输方式。我国铁路运输是由国家铁路、地方铁路、合资铁路和铁路专用线及专用铁道组成，主要承担大宗货物中长距离运输和中长途旅客运输。

铁路旅客周转量　指一定时期内使用铁路客车运送的旅客人数与运输距离的乘积之和。计算公式为：

旅客周转量（人公里）=Σ（实际运送的每一乘客×该旅客出发站与到达站间距离）

=实际运送的旅客人数×旅客平均运程

铁路货物周转量　指一定时期内使用铁路货车完成的货物运量与运送距离的乘积之和。计算公式为：

货物周转量（吨公里）=Σ（每批货物重量×该批货物的运送距离）

=实际运送货物吨数×货物平均运程

（二）公路运输

公路运输　指以汽车为主在公路上运送旅客和货物的一种运输方式。具有线路网密度大、分布广、运输中转环节少等特点，适合承担短途旅客、货物运输及铁路、公路、航空港（站）的集散和接运任务。

公路里程　指在一定时期内实际达到《公路工程技术标准 JTG B01-2003》规定的技术等级的公路，并经公路主管部门正式验收交付使用的公路里程数。包括大、中城市的郊区公路，以及公路通过小城镇（指县城、集镇）街道的公路里程和公路桥梁长度、隧道长度、渡口的宽度以及分期修建的公路已验收交付使用的里程，不包括大中城市的街道、厂矿、林区生产用道和农业生产用道的里程。两条或多条公路共同经由同一路段，只计算一次，不得重复计算里程长度。按公路技术等级分为等级公路和等外公路，其中等级公路分为高速公路、一级公路、二级公路、三级公路和四级公路。

民用汽车拥有量　指报告期末，在公安交通管理部门按照《机动车注册登记工作规范》，已注册登记领有民用车辆牌照的全部汽车数量。汽车拥有量统计的主要分类：根据汽车结构分为载客汽车、载货汽车、其他汽车；根据汽车所有者不同分为个人（私人）汽车、单位汽车；根据汽车的使用性质分为营运汽车、非营运汽车；根据汽车大小规格不同，载客汽车分为大型、中型、小型和微型，载货汽车分为重型、中型、轻型和微型。

其他类型车　指除民用汽车、摩托车及拖拉机以外的其他民用机动车辆，如简易机动车、电瓶车等。

载货挂车 指自身没有动力，需依靠机动牵引车拖带的公路载货用挂车。

公路运输汽车 指在公路运输管理部门注册登记的从事公路运输的营业性及非营业性运输工具。

公路营运汽车拥有量 指报告期末公路运输管理部门注册登记的未办理报废、销、转出手续从事公路运输的营业性客货汽车数量。不包括出租汽车、公共汽车。

普通载货汽车 指具有一般构造的栏板式、平板式及厢式货运汽车，包括自卸车、半挂车、厢式车等。

专用载货汽车 指具有特殊构造及附属设备从事专门用途的货运汽车，包括集装箱车、大件运输车、商品汽车运输车、冷藏保温车、罐车和其他货车。

公路货运量 指一定时期内由各种公路运输工具实际运送到目的地并卸完的货物数量。反映公路货运量的指标有发送货物吨数、到达货物吨数和运送货物吨数。

公路货物周转量 指一定时期内由各种公路运输工具实际完成的货物运量与相应的运送距离的乘积之和。计算公式为：

货物周转量（吨公里）=Σ（每批货物重量×该批货物的运送距离）

公路客运量 指公路运输企业及由其组织的其他单位在一定时期内实际运送的旅客人数。公路客运量的计算方法：不论乘车路程远近和票价的多少，以客票为依据，“人”为计量单位；不足购票年龄的免票儿童不计算客运量。

公路旅客周转量 指一定时期内由各种公路运输工具实际运送的旅客人数与相应的运送距离的乘积之和。计算公式为：

旅客周转量（人公里）=Σ（实际运送的每一旅客×该旅客出发站与到达站间距离）

（三）水路运输

水路运输 指利用船舶、排筏和其他浮运工具，在江、河、湖泊、水库、人工水道和海上运送旅客和货物的一种运输方式。在水运运输中，远洋及江海水运干线具有成本低、运量大的特点，适合于大宗货物的运送；支流小河运输线星罗棋布，深入小港小巷，沟通城乡货物运输和人员出入。

水路货运量 指在一定时期内由各种水运工具实际运送的货物数量，包括内河、江海、远洋货运量。

水路货物周转量 指一定时期内由各种水路运输工具实际完成的货物运量与相应的运送距离的乘积之和。

水路客运量 指水运企业及由其组织的其他单位在一定时期内实际运送的旅客人数。

水路旅客周转量 指水运企业和由其组织的其他单位在一定时期内实际运送的旅客人数与相应的运送距离的乘积之和。

（四）港口

港口 指位于江河湖海或水库沿岸，具有一定的设施和条件（如装卸机械、仓库堆场、码头泊位、客运设备等），供船舶停靠、旅客上下、货物装卸、生活物料供应或其他专门业务的地方。包括港内水域及紧接水域的陆地。按港口所处的水域分为海港、河港、湖港等；按港口是否对外国船舶开放分为对外开放港口和不对外开放港口。

港口货物吞吐量 指经由水路进、出港区范围，并经过装卸的货物数量。按货物流向分为进港吞吐量和出港吞吐量，按货物的贸易性质分为内贸和外贸吞吐量。按货物的类别分，可根据现行的交通行业标准《运输货物分类和代码》分类。

（五）民用航空运输

民用航空运输 指利用飞机和空中航线运送旅客和货邮的一种运输方式，具有速度快和不受地形限制的特点。航空运输成本高、运量小，适合对时间要求高的运输事务。

国际航线 指航线中任一航段的起讫点（技术经停点除外）在外国领土上的航线。

民用飞机期末架数 指报告期末实有的、持有有效适航证书的飞机数量。

民用航空客运量 指公共航空运输飞行所载运的旅客人数。成人和儿童各按一人计算，婴儿不计人数。每一特定航班的每一旅客只计算一次。唯一例外的是，乘坐定期航班既经过国内航段又经过国际航段的旅客，同时计算一个国内旅客和一个国际旅客。不定期航班运送的旅客每一特定航班（同一航班）只计算一次。

民用航空旅客周转量 反映旅客在空中实现位移的综合性生产指标，体现航空运输企业所完成的旅客运输工作量。计算单位为人公里（或称“客公里”）。计算公式为：

旅客周转量（人公里）=Σ（航段旅客运输量×航段距离）

民用航空货邮运量 指公共航空运输飞行所载运的货物、邮件重量。每一特定航班的货邮只计算一次。唯一例外的是，定期航班既经过国内航段又经过国际航段运输的货邮，同时各计算一次国内货邮和一次国际货邮。不定期航班运输的货物每一特定航班（同一航班）只计算一次。

民用航空货邮周转量 指一定时期内，公共航空运输单位实际运送的货物、邮件的重量与相应的货邮运输距离乘积之和。计算公式为：

货邮周转量（吨公里）=Σ（每批货邮重量×该批货邮运送距离）

民用航空总周转量 指反映旅客、货邮在空中运载工具的作用下发生位移的综合性指标，体现航空运输过程的生产效果。计算公式为：

民用航空总周转量=旅客周转量+邮件周转量+货物周转量

（六）管道运输

管道运输 指以管道输送的方式将原油、天然气、成品油、其他气体等输送到用户的一种运输形式。包括油气田企业直接通向炼油厂、化工厂、电站等用户及装车站、油码头的管道，炼油厂通向用户（包括商业石油公司油库）的成品油、气管道，管道运输企业通向用户及装车（站）栈桥、油码头的管道；不包括油气田、炼油厂内的集输管线和工艺管线，油气井口输送到集气站或经集气站到净化处理装置的管线。

输油（气）能力 指在油气产量及设备正常的条件下，在年度有效工作时间内，最大可能的输油（气）量。一般按设计能力填报，当实际条件发生很大变化时，则按上级批准的查定能力计算。在计算输油气管道的输送能力时，对于一条输油气管道的输送能力只能根据干线的输送能力来确定，可以不考虑干线与支线的能力平衡。在几条输油气管线连网时，该管网的输油气能力则应根据各输油气管网的运行情况由有关部门综合确定，而不是把各条管道的能力简单相加。

输油（气）量 指输油气管道实际输送的油气数量。计算一条管线的管输量指首站和各进油点的输出量之和。一个单位管几条输油气管线，在计算输油气量时，应分别列出每条管线的输油气量。天然气按一千立方米折一吨原油计算。

输油（气）周转量 指在一定时期内输油气管道输送油气数量与输送距离的乘积。计算公式为：

输油气周转量=输油气量×输油气里程-自用量×输油气里程

（七）城市公共交通

城市公共交通 指城市中供公众乘用的、经济方便的各种交通方式的总称。包括公共汽车、电车、轨道交通（地铁、轻轨、有轨电车、索道、缆车）、出租汽车、公共轮渡等客运交通设施。

运营线路总长度 指全部运营线路长度之和。计算公式为：

运营线路长度=Σ各条运营线路长度

=Σ〔1/2（上行起点至终点里程+下行起点至终点里程+上下行终点掉头里程）〕

单向行驶的环行线路长度等于起点至终点里程与终点下客站至起点里程之和的一半，不包括折返、试车、联络线等非运营线路。

公交专用车道 指为了调整公共交通车辆与其他社会车辆的路权使用分配关系，提高公共交通车辆运营速度和道路资源利用率，而科学、合理设置的公共交通优先车道、专用车道（路）、路口专用线（道）、专用街道、单向优先专用线（道）等。

运营车数 指城市中用于公共交通运营业务的全部车辆数。地铁和轻轨在统计时一自然节为一辆。出租汽车指已经领取出租汽车专用牌照的运营车辆，包括技术完好的、在修的、长期行驶的以及拟报废尚未经上级机关批准的车辆。

轮渡运营船数 指用于城市客渡运营业务的全部船舶数。不含旅游客轮（长途旅游，市内供游人游览江、河、湖泊的船只）。

城市公共交通客运总量 指报告期内城市公共交通各种运输方式运送乘客的总人次。

（八）邮电通信

邮电业务总量（又称通信业务总量） 指以价值量形式表现的邮电通信企业为社会提供各类邮电通信服务的总数量。邮电业务量按专业分类包括函件、包件、汇票、报刊发行、邮政快件、特快专递、邮政储蓄、集邮、传真、长途电话、出租电路、移动电话、分组交换数据通信、出租代维等。计算方法为各类产品乘以相应的平均单价（不变价）之和，再加上出租电路和设备、代用户维护电话交换机和线路等的服务收入。该指标综合反映了一定时期邮电业务发展的总成果，是研究邮电业务量构成和发展趋势的重要指标。计算公式为：

邮电业务总量=Σ（各类邮电业务量×不变单价）+出租代维及其他业务收入

=邮政业务总量+电信业务总量

移动电话用户 指通过移动电话交换机进入移动电话网、占用移动电话号码的电话用户。用户数量以报告期末在移动电话营业部门实际办理登记手续进入移动电话网的户数进行计算，一部移动电话统计为一户。

固定电话用户 指在电信运营企业营业网点办理开户登记手续并已接入固定电话网上的全部电话用户。包括普通电话用户、公用电话用户、窄带综合业务数字网（N—ISDN）用户、智能网专用接入终端用户等。按行政区划分为城市电话用户和农村电话用户。1997 年以前，“市内电话用户”是指接入县城及县以上城市电话网的电话用户；“农村电话用户”是指接入县邮电局农话台及县以下农村电话交换点，以县城为中心（除市话用户外）联通县、乡（镇）、行政村、村民小组的用户。从 1997 年起，电话用户数分组调整为以用户所在区域划分为“城市电话用户”和“乡村电话用户”，与过去的按市内电话和农村电话划分方法不同。而电话用户总数、电话机总部数统计范围不变。

（九）
固定资产投资和建筑业

CHAPTER 9
INVESTMENT IN FIXED ASSETS AND CONSTRUCTION

表 9—1　全社会固定资产投资（2021 年）

计量单位：亿元

指　　标	2021 年	2021 年为上年%
全市投资总额	5675.24	106.2
按产业分		
第一产业	12.60	75.6
第二产业	1055.86	113.4
# 工业	1056.97	113.5
第三产业	4606.78	104.2
# 房地产开发投资	2719.80	103.4
按经济类型分		
国有经济	2569.56	109.2
非国有经济	3105.67	103.0
# 外资	740.36	131.5
私营、个体经济	1434.24	124.0

注：因国家固定资产投资统计方法制度改革，2018 年起数据按新制度执行，基期数同口径调整。

表9—2　项目固定资产投资（2021年）

计量单位：万元

指　　标	计　划 总投资	累计完成 投　　资
合　　计	209088833	90312824
一、按登记注册类型		
内资	189060075	81236814
国有	35820412	18116793
集体	97206	52707
股份合作	59400	59400
联营企业		
国有联营		
集体联营		
国有与集体联营		
其他联营		
有限责任公司	102493403	44065769
国有独资公司	44150953	22210442
其他有限责任公司	58342450	21855327
股份有限公司	5648392	2551462
私营	44334416	16120057
其他	606846	270626
港澳台商投资	12351240	5048274
合资经营	2051066	952346
合作经营		
独资	10013860	4012129
股份有限	286314	83799
其他港澳台商投资企业		
外商投资	7677518	4027736
合资经营	1471494	846813
合作经营	3819	3819
独资	6018413	3130958
股份有限	103792	33655
其他外商投资企业	80000	12491
个体经营		
个体户		
个人合伙		
二、按国民经济行业		
农、林、牧、渔业	526793	211942
采矿业		

表 9—2　项目固定资产投资（2021 年）（续表 1）

计量单位：万元

指　　标	计　划 总投资	累计完成 投　　资
制造业	67487337	23498841
电力、燃气及水的生产和供应业	2736510	2164482
建筑业	23768	22592
批发和零售业	894644	461483
交通运输、仓储和邮政业	28313110	14841718
住宿和餐饮业	946998	561184
信息传输、计算机服务和软件业	8623431	4253664
金融业	14913	14913
房地产业	16428408	5034493
租赁和商务服务业	10107075	3360369
科学研究、技术服务和地质勘查业	18517577	8043911
水利、环境和公共设施管理业	40666440	21060777
居民服务和其他服务业	626440	387626
教育	5183571	2794737
卫生、社会保障和社会福利业	4036768	1433620
文化、体育和娱乐业	3199936	1646364
公共管理和社会组织	755114	520108
国际组织		
三、按隶属关系		
中央	7942624	4243386
省		
市		
区		
其他	129782585	49416095
四、按建设性质		
新建	155722197	63499839
扩建	26085904	12965362
改建	23512135	11873700

表9—2 项目固定资产投资（2021年）（续表2）

计量单位：万元

指　　标	计　划 总投资	累计完成 投　　资
单纯建造生活设施	39913	26952
迁建	2093396	1131733
恢复	371794	101229
单纯购置	1263494	714009
五、按控股情况		
国有控股	115765700	57003109
集体控股	774345	436809
私人控股	65783135	21782785
港澳台商控股	11361827	4594486
外商控股	6583305	3511941
六、按期末项目建设状态		
在建	173567003	67338705
全部投产	24097509	21755182
全部停缓建	11424321	1218937
七、按投资规模		
100万-500万元	18000	12526
500万-1000万元	283342	214594
1000万-3000万元	1392460	1004327
3000万-5000万元	1713345	1097885
5000万-1亿元	4350520	2787156
1亿-5亿元	28724773	15755148
5亿-10亿元	26937231	13012092
10亿元以上	145669162	56429096

表9—2 项目固定资产投资（2021年）（续表3）

计量单位：万元

指　　标	本　年 完成投资	住　宅	本年新增 固定资产
合　计	29554342	661089	12133468
一、按登记注册类型			
内资	26402687	651197	10788220
国有	5814686	112258	3016945
集体	43443		15466
股份合作	1348		59400
联营企业			
国有联营			
集体联营			
国有与集体联营			
其他联营			
有限责任公司	13776586	469291	5349929
国有独资公司	6214525	258237	2814920
其他有限责任公司	7562061	211054	2535009
股份有限公司	712172	26058	205812
私营	5891695	41217	2104761
其他	162757	2373	35907
港澳台商投资	1399207		775654
合资经营	347887		146082
合作经营			
独资	1010161		616253
股份有限	41159		13319
其他港澳台商投资企业			
外商投资	1752448	9892	569594
合资经营	429755		53842
合作经营	2863		2863
独资	1295903	9892	512437
股份有限	15112		452
其他外商投资企业	8815		
个体经营			
个体户			
个体合伙			
二、按国民经济行业			
农、林、牧、渔业	136708	130	50920
采矿业			

表 9—2 项目固定资产投资（2021 年）（续表 4）

计量单位：万元

指　　标	本年完成投资	住　宅	本年新增固定资产
制造业	9340850	24428	2935638
电力、燃气及水的生产和供应业	1228815	72	734461
建筑业	6567		16688
批发和零售业	61477	500	37072
交通运输、仓储和邮政业	3174743		313819
住宿和餐饮业	142480		10799
信息传输、计算机服务和软件业	1513893	5334	1400111
金融业	14913		14913
房地产业	1648813	504274	724959
租赁和商务服务业	953952	25806	308535
科学研究、技术服务和地质勘查业	2253848	30724	1569902
水利、环境和公共设施管理业	6748885	1848	3013034
居民服务和其他服务业	119129		60947
教育	1015593	43972	555605
卫生、社会保障和社会福利业	620011	6683	144697
文化、体育和娱乐业	363614		114310
公共管理和社会组织	210051	17318	127058
国际组织			
三、按隶属关系			
中央	1411852	17192	975141
省			
市			
区			
其他	17525134	403571	6473793
四、按建设性质			
新建	21075268	585103	7787822
扩建	2954222	52985	1946517
改建	4942122	16318	2057786

表 9—2 项目固定资产投资（2021 年）（续表 5）

计量单位：万元

指 标	本 年 完成投资	住 宅	本年新增 固定资产
单纯建造生活设施	11405		10767
迁建	213104	6683	68881
恢复	25350		3204
单纯购置	332871		258491
五、按控股情况			
国有控股	17347326	533721	7663743
集体控股	197435	43677	103231
私人控股	7891235	52926	2729389
港澳台商控股	1191714		701334
外商控股	1432344	9892	554868
六、按期末项目建设状态			
在建	23073121	575879	1821203
全部投产	6375508	83410	10288482
全部停缓建	105713	1800	23783
七、按投资规模			
100 万-500 万元	11385		9080
500 万-1000 万元	175332	220	128275
1000 万-3000 万元	792075	2576	550838
3000 万-5000 万元	781558	6382	478709
5000 万-1 亿元	1731375	6582	1062108
1 亿-5 亿元	6793604	110693	3713882
5 亿-10 亿元	4454929	117711	1787643
10 亿元以上	14814084	416925	4402933

表9—2　项目固定资产投资（2021年）（续表6）

计量单位：万元

指　　标	资金来源 上年末结余资金	本年资金来源 小　计	国家预算内资金	国内贷款	利用外资
合　　计	1419637	23240496	2048578	2342321	17714
一、按登记注册类型					
内资	1173331	21243490	2035211	1901403	9383
国有	288860	4230762	948491	494003	378
集体	310	27467	1300		
股份合作		1350			
联营企业					
国有联营					
集体联营					
国有与集体联营					
其他联营					
有限责任公司	785853	11620960	937659	1002579	9005
国有独资公司	147118	5587108	756066	394271	9005
其他有限责任公司	638735	6033852	181593	608308	
股份有限公司	9835	543238	72852	13013	
私营	88473	4698867	69135	391808	
其他		120846	5774		
港澳台商投资	69465	1119463	13367	428140	8331
合资经营	41434	246764		24700	
合作经营					
独资	16314	844235	13367	402790	8331
股份有限	11717	28464		650	
其他港澳台商投资					
外商投资	176841	877543		12778	
合资经营	79861	190971		11585	
合作经营		1183			
独资	96980	662615		1193	
股份有限		13958			
其他外商投资企业		8816			
个体经营					
个体户					
个人合伙					
二、按国民经济行业					
农、林、牧、渔业	10147	109075	14985	2600	
采矿业					

表9—2　项目固定资产投资（2021年）（续表7）

计量单位：万元

指　　标	资金来源				
	上年末结余资金	本年资金来源			
		小　计	国家预算内资金	国内贷款	利用外资
制造业	429922	6753328	14389	416462	8331
电力、燃气及水的生产和供应业	505	934831	50700	78542	
建筑业	110	3467			
批发和零售业	2619	59564	1500	15302	
交通运输、仓储和邮政业	41839	2763314	673887	64594	
住宿和餐饮业	28413	60102	3400	2510	
信息传输、计算机服务和软件业	67244	1573359	15603	427092	
金融业		14913			
房地产业	187966	1322286	17443	129821	
租赁和商务服务业	10756	793048	10810	56617	
科学研究、技术服务和地质勘查业	91062	1905874	94309	274043	9005
水利、环境和公共设施管理业	411628	5228875	886478	713276	378
居民服务和其他服务业	1979	103090	15225	15310	
教育	81115	717003	116041	139268	
卫生、社会保障和社会福利业	12076	482651	80112		
文化、体育和娱乐业	2193	253125	22503	1150	
公共管理和社会组织	40063	162591	31193	5734	
国际组织					
三、按隶属关系					
中央	98608	1367642	74766	157952	
省					
市					
区					
其他	695058	13282322	458950	1107965	17336
四、按建设性质					
新建	1056837	17344196	1658511	1798926	17336
扩建	208824	2102016	179072	201520	
改建	54877	3311908	184425	290955	378

表 9—2 项目固定资产投资（2021 年）（续表 8）

计量单位：万元

指 标	上年末结余资金	资金来源：本年资金来源：小计	国家预算内资金	国内贷款	利用外资
单纯建造生活设施		11002	2113	3100	
迁建	36273	205131	1191	23778	
恢复	20075	24047	4575	19152	
单纯购置	42751	242196	18691	4890	
五、按控股情况					
国有控股	819423	13853926	1943752	1272546	9383
集体控股	4859	168704	5300		
私人控股	379418	6350004	69280	555004	
港澳台商控股	29888	956932	13367	403440	8331
外商控股	96980	772290		11678	
六、按期末项目建设状态					
在建	1317794	18193295	1657756	1658466	10668
全部投产	96625	4950642	390822	675755	378
全部停缓建	5218	96559		8100	6668
七、按投资规模					
100 万-500 万元	418	9714			
500 万-1000 万元	4139	131334	8058	1796	
1000 万-3000 万元	36614	642926	84618	25301	378
3000 万-5000 万元	13418	647420	37176	26539	
5000 万-1 亿元	45297	1294458	107839	86219	
1 亿-5 亿元	352132	5158652	354800	340657	9005
5 亿-10 亿元	187214	3634213	120246	709684	8331
10 亿元以上	780405	11721779	1335841	1152125	

表9—2 项目固定资产投资（2021年）（续表9）

计量单位：万元

指　　标	本年资金来源	
	自筹资金	其　他 资金来源
合　　计	16386667	2379374
一、按登记注册类型		
内资	14949622	2282029
国有	1621374	1146103
集体	16345	9822
股份合作	1350	
联营企业		
国有联营		
集体联营		
国有与集体联营		
其他联营		
有限责任公司	8790023	837265
国有独资公司	3807802	607240
其他有限责任公司	4982221	230025
股份有限公司	369941	87432
私营	4047275	190649
其他	103314	10758
港澳台商投资	585202	84423
合资经营	173858	48206
合作经营		
独资	383530	36217
股份有限	27814	
其他港澳台商投资企业		
外商投资	851843	12922
合资经营	174928	4458
合作经营	1183	
独资	652958	8464
股份有限	13958	
其他外商投资企业	8816	
个体经营		
个体户		
个人合伙		
二、按国民经济行业		
农、林、牧、渔业	70152	21338
采矿业		

表 9—2 项目固定资产投资（2021 年）（续表 10）

计量单位：万元

指　　标	本年资金来源	
	自筹资金	其　他 资金来源
制造业	6192595	121551
电力、燃气及水的生产和供应业	744699	49666
建筑业	3467	
批发和零售业	38862	3900
交通运输、仓储和邮政业	1496001	528832
住宿和餐饮业	37192	17000
信息传输、计算机服务和软件业	1036783	93881
金融业	14913	
房地产业	1113983	49258
租赁和商务服务业	608981	116640
科学研究、技术服务和地质勘查业	1376790	151727
水利、环境和公共设施管理业	2574706	1031117
居民服务和其他服务业	70055	2500
教育	390154	66908
卫生、社会保障和社会福利业	302097	85157
文化、体育和娱乐业	222802	6670
公共管理和社会组织	92435	33229
国际组织		
三、按隶属关系		
中央	1075421	44503
省		
市		
区		
其他	10565710	1115448
四、按建设性质		
新建	11996282	1852440
扩建	1521091	181416
改建	2548683	272467

表 9—2 项目固定资产投资（2021 年）（续表 11）

计量单位：万元

指　　标	本年资金来源	
	自筹资金	其他资金来源
单纯建造生活设施	2110	3679
迁建	164738	4200
恢复	160	160
单纯购置	153603	65012
五、按控股情况		
国有控股	8558303	2005100
集体控股	144340	19064
私人控股	5456436	269284
港澳台商控股	495577	36217
外商控股	747690	12922
六、按期末项目建设状态		
在建	12930834	1884585
全部投产	3377734	494729
全部停缓建	78099	60
七、按投资规模		
100 万-500 万元	7155	2559
500 万-1000 万元	101762	19718
1000 万-3000 万元	433676	98953
3000 万-5000 万元	519905	62800
5000 万-1 亿元	1011342	84426
1 亿-5 亿元	4074846	341200
5 亿-10 亿元	2551556	234111
10 亿元以上	7686425	1535607

表 9—3　全社会工业投资（2021 年）

计量单位：万元

指　　标	计　划 总投资	累计完成 投　　资
合　　计	70223847	25663323
一、按登记注册类型		
内资	54694519	18548610
国有	2312484	1050603
集体		
股份合作		
联营企业		
国有联营		
集体联营		
国有与集体联营		
其他联营		
有限责任公司	26663463	8319505
国有独资公司	2749538	1908133
其他有限责任公司	23913925	6411372
股份有限公司	1707939	836566
私营	23773847	8281178
其他	236786	60758
港澳台商投资	9111784	3549292
合资经营	994324	544868
合作经营		
独资	8019997	2975629
股份有限	97463	28795
其他港澳台商投资企业		
外商投资	6417544	3565421
合资经营	1091631	668194
合作经营	3819	3819
独资	5138302	2847262
股份有限	103792	33655
其他外商投资企业	80000	12491
个体经营		
个体户		
个人合伙		

表 9—3　全社会工业投资（2021 年）（续表 1）

计量单位：万元

指　　标	计　划 总投资	累计完成 投　　资
二、按国民经济行业		
采矿业		
煤炭开采和洗选业		
石油和天然气开采业		
黑色金属矿采选业		
有色金属矿采选业		
非金属矿采选业		
开采辅助活动		
其他采矿业		
制造业	67487337	23498841
农副食品加工业	50018	37682
食品制造业	558855	214115
饮料制造业	32000	14658
烟草制品业	29129	23899
纺织业	18700	12173
纺织服装、鞋、帽制造业	93419	30254
皮革、毛皮、羽毛（绒）及其制品业	7441	7441
木材加工及木、竹、藤、棕、草制品业	20300	8797
家具制造业	90434	50527
造纸及纸制品业	59230	25817
印刷业和记录媒介的复制业	76419	51912
文教体育用品制造业	281486	37901
石油加工、炼焦及核燃料加工业	725530	279093
化学原料及化学制品制造业	1195728	683112
医药制造业	4671104	2305334
化学纤维制造业	189162	128248
橡胶和塑料制品业	606326	174378

表 9—3　全社会工业投资（2021 年）（续表 2）

计量单位：万元

指　　标	计　划 总投资	累计完成 投　　资
非金属矿物制品业	1454783	565668
黑色金属冶炼及压延加工业	613838	491709
有色金属冶炼及压延加工业	209914	170738
金属制品业	897551	411329
通用设备制造业	3379163	1572498
专用设备制造业	5227081	1812897
汽车制造业	3506160	1694590
铁路船舶航空航天制造业	2288731	1145312
电气机械及器材制造业	7927570	2195244
通信设备、计算机及其他电子设备制造业	30366308	8213972
仪器仪表及文化、办公用机械制造业	2284713	917533
工艺品及其他制造业	251800	149172
废弃资源和废旧材料回收加工业	83479	37616
金属制品、机械和设备修理业	290965	35222
电力、燃气及水的生产和供应业	2736510	2164482
电力、热力的生产和供应业	1110086	1134095
燃气生产和供应业	107202	60535
水的生产和供应业	1519222	969852
三、按隶属关系		
中央	2183663	1752957
省		
市		
区		
其他	61032603	21079690
四、按建设性质		
新建	37426453	10546944
扩建	13948833	6228684
改建	17066505	7844601

表 9—3　全社会工业投资（2021 年）（续表 3）

计量单位：万元

指　　标	计　划 总投资	累计完成 投　　资
单纯建造生活设施	3820	639
迁建	1344496	788267
恢复		
单纯购置	433740	254188
五、按控股情况		
国有控股	13447828	6798209
集体控股	20830	18204
私人控股	39727911	11261734
港澳台商控股	9053113	3423221
外商控股	5657374	3190163
六、按期末项目建设状态		
在建	53037847	17062180
全部投产	8682491	8053472
全部停缓建	8503509	547671
七、按投资规模		
100 万-500 万元	15000	10027
500 万-1000 万元	116243	84281
1000 万-3000 万元	595708	408595
3000 万-5000 万元	824384	485872
5000 万-1 亿元	1980537	1184076
1 亿-5 亿元	12174678	6382281
5 亿-10 亿元	9421230	4157118
10 亿以上	45096067	12951073

表 9—3　全社会工业投资（2021 年）（续表 4）

计量单位：万元

指　标	本年完成投　资	住　宅	本年新增固定资产
合　计	10569665	24500	3670099
一、按登记注册类型			
内资	8099490	14608	2850807
国有	319407		117458
集体			
股份合作			
联营企业			
国有联营			
集体联营			
国有与集体联营			
其他联营			
有限责任公司	3708443	72	1536634
国有独资公司	1000660		585018
其他有限责任公司	2707783	72	951616
股份有限公司	286598	10200	185736
私营	3727744	2836	999621
其他	57298	1500	11358
港澳台商投资	822403		295949
合资经营	163689		61657
合作经营			
独资	634532		220973
股份有限	24182		13319
其他港澳台商投资企业			
外商投资	1647772	9892	523343
合资经营	390756		53842
合作经营	2863		2863
独资	1230226	9892	466186
股份有限	15112		452
其他外商投资企业	8815		
个体经营			
个体户			
个人合伙			

表9—3 全社会工业投资（2021年）（续表5）

计量单位：万元

指　标	本年完成投　资	住　宅	本年新增固定资产
二、按国民经济行业			
采矿业			
煤炭开采和洗选业			
石油和天然气开采业			
黑色金属矿采选业			
有色金属矿采选业			
非金属矿采选业			
开采辅助活动			
其他采矿业			
制造业	9340850	24428	2935638
农副食品加工业	11742		400
食品制造业	112429		37727
饮料制造业	11643		10180
烟草制品业	6235		20800
纺织业	12173		
纺织服装、鞋、帽制造业	6917		2205
皮革、毛皮、羽毛（绒）及其制品业	1599		7441
木材加工及木、竹、藤、棕、草制品业	5702		
家具制造业	29457		23413
造纸及纸制品业	21792		14707
印刷业和记录媒介的复制业	13128	736	8769
文教体育用品制造业	16739		620
石油加工、炼焦及核燃料加工业	200992		143804
化学原料及化学制品制造业	341666	10246	132323
医药制造业	1012880	200	239963
化学纤维制造业	66822		24076
橡胶塑料制品业	84101	1500	23178

表9—3　全社会工业投资（2021年）（续表6）

计量单位：万元

指　标	本年完成投资	住宅	本年新增固定资产
非金属矿物制品业	290192	20	81454
黑色金属冶炼及压延加工业	183991		123464
有色金属冶炼及压延加工业	15710		3845
金属制品业	124733		12876
通用设备制造业	461360		135401
专用设备制造业	881574	1285	290700
汽车制造业	394922	441	90834
铁路船舶航空航天制造业	365275		168384
电气机械及器材制造业	1006151		125036
通信设备、计算机及其他电子设备 制造业	3097288		1133514
仪器仪表及文化、办公用机械制造业	495921		52531
工艺品及其他制造业	14926		16433
废弃资源和废旧材料回收加工业	35116		11560
金属制品、机械和设备修理业	17674	10000	
电力、燃气及水的生产和供应业	1228815	72	734461
电力、热力的生产和供应业	808251	72	496362
燃气生产和供应业	22390		10783
水的生产和供应业	398174		227316
三、按隶属关系			
中央	884881		729208
省			
市			
区			
其他	8537085	22928	2471537
四、按建设性质			
新建	5182075	1805	1635483
扩建	1629123	11605	594081
改建	3542778	11090	1369106

表 9—3　全社会工业投资（2021 年）（续表 7）

计量单位：万元

指　标	本年完成投　资	住　宅	本年新增固定资产
单纯建造生活设施	639		
迁建	154008		41455
恢复			
单纯购置	61042		29974
五、按控股情况			
国有控股	2953868	72	1248982
集体控股	13414		5846
私人控股	4936249	14536	1434261
港澳台商控股	761402		306054
外商控股	1350082	9892	508617
六、按期末项目建设状态			
在建	7958226	21980	1070707
全部投产	2573541	2520	2575609
全部停缓建	37898		23783
七、按投资规模			
100 万-500 万元	9086		6970
500 万-1000 万元	62805	220	38797
1000 万-3000 万元	307229	1462	204616
3000 万-5000 万元	371522	1854	218833
5000 万-1 亿元	754352	1072	369249
1 亿-5 亿元	3096096		1477139
5 亿-10 亿元	1595451	9892	345479
10 亿以上	4373124	10000	1009016

表9—3 全社会工业投资（2021年）（续表8）

计量单位：万元

指标名称	上年末结余资金	本年资金来源合计			
		小计	国家预算内资金	国内贷款	利用外资
合计	430427	7688159	65089	495004	8331
一、按登记注册类型					
内资	225577	6465502	65089	471526	
国有	5730	315545	48866	67628	
集体					
股份合作					
联营企业					
国有联营					
集体联营					
国有与集体联营					
其他联营					
有限责任公司	186337	3086900	13933	293721	
国有独资公司	3312	936724	13788	50160	
其他有限责任公司	183025	2150176	145	243561	
股份有限公司	3628	170736		13013	
私营	29882	2836452	2290	97164	
其他		55869			
港澳台商投资	28018	441327		11800	8331
合资经营	290	111037		400	
合作经营					
独资	16114	321690		11400	8331
股份有限	11614	8600			
其他港澳台商投资企业					
外商投资	176832	781330		11678	
合资经营	79852	160143		10485	
合作经营		1183			
独资	96980	597230		1193	
股份有限		13958			
其他外商投资企业		8816			
个体经营					
个体户					
个人合伙					

表 9—3　全社会工业投资（2021 年）（续表 9）

计量单位：万元

指标名称	上年末结余资金	本年资金来源合计			
		小计	国家预算内资金	国内贷款	利用外资
二、按国民经济行业					
采矿业					
煤炭开采和洗选业					
石油和天然气开采业					
黑色金属矿采选业					
有色金属矿采选业					
非金属矿采选业					
开采辅助活动					
其他采矿业					
制造业	429922	6753328	14389	416462	8331
农副食品加工业		10304			
食品制造业		111836			
饮料制造业		11286			
烟草制品业	3230	5486			
纺织业		12220			
纺织服装、鞋、帽制造业	2	6770			
皮革、毛皮、羽毛（绒）及其制品业		1599			
木材加工及木、竹、藤、棕、草制品业	60	5413			
家具制造业		25922			
造纸及纸制品业		21332			
印刷业和记录媒介的复制业	981	9022		500	
文教体育用品制造业		16771			
石油加工、炼焦及核燃料加工业		201413		95343	
化学原料及化学制品制造业	3100	184722	8088	5000	
医药制造业	13912	878381		9603	
化学纤维制造业	5300	70718			
橡胶和塑料制品业	17	73186			

表9—3 全社会工业投资（2021年）（续表10）

计量单位：万元

指标名称	上年末结余资金	本年资金来源合计			
		小计	国家预算内资金	国内贷款	利用外资
非金属矿物制品业	3798	254108	2290	18770	
黑色金属冶炼及压延加工业		23538		2900	
有色金属冶炼及压延加工业		16376			
金属制品业	12094	85766			
通用设备制造业	3881	398267		3028	
专用设备制造业	97888	677274		20267	
汽车制造业	4176	271919		2298	
铁路、船舶航空航天制造业	748	361081	145	2500	
电气机械及器材制造业	12554	763567		8010	
通信设备、计算机及其他电子设备制品业	257107	1800791	3866	237543	8331
仪器仪表及文化、办公用机械制造业	7601	399513		4700	
工艺品及其他制造业	673	14624			
废弃资源和废旧材料回收加工业		23312		6000	
金属制造品、机械和设备修理业	2800	16811			
电力、燃气及水的生产和供应业	505	934831	50700	78542	
电力、热力的生产和供应业	505	713420	45000	31174	
燃气生产和供应业		21871			
水的生产和供应业		199540	5700	47368	
三、按隶属关系					
中央	7550	868237	13788	124762	
省					
市					
区					
其他	398916	5713498	6301	141674	8331
四、按建设性质					
新建	216795	4319099	48866	255030	8331
扩建	154354	1074956	7000	101868	
改建	43434	2089270	9223	126432	

表 9—3 全社会工业投资（2021 年）（续表 11）

计量单位：万元

指标名称	上年末结余资金	本年资金来源			
		小计	国家预算内资金	国内贷款	利用外资
单纯建造生活设施		640			
迁建	12314	146495		11174	
恢复					
单纯购置	3530	57699		500	
五、按控股情况					
国有控股	32037	2416987	62654	242750	
集体控股		11569			
私人控股	189010	3844953	2435	224276	
港澳台商控股	27728	387012		11400	8331
外商控股	96980	698565		11678	
六、按期末项目建设状态					
在建	420112	6148830	45145	422198	1663
全部投产	9176	1486090	19944	66406	
全部停缓建	1139	53239		6400	6668
七、按投资规模					
100 万-500 万元	418	7415			
500 万-1000 万元	1323	47032		1116	
1000 万-3000 万元	5251	227911		4980	
3000 万-5000 万元	4418	311001	2290	4207	
5000 万-1 亿元	5113	558913	13788	25362	
1 亿-5 亿元	128413	2281342	145	145479	
5 亿-10 亿元	96965	1080114	48866	78223	8331
10 亿以上	188526	3174431		235637	

表9—3　全社会工业投资（2021年）（续表12）

计量单位：万元

指　　标	本年资金来源	
	自筹资金	其　他 资金来源
合　　计	6937294	171217
一、按登记注册类型		
内资	5793189	124474
国有	195010	4041
集体		
股份合作		
联营企业		
国有联营		
集体联营		
国有与集体联营		
其他联营		
有限责任公司	2744922	23100
国有独资公司	861552	
其他有限责任公司	1883370	23100
股份有限公司	153316	4407
私营	2647078	89920
其他	52863	3006
港澳台商投资	384979	36217
合资经营	110637	
合作经营		
独资	265742	36217
股份有限	8600	
其他港澳台商投资企业		
外商投资	759126	10526
合资经营	145200	4458
合作经营	1183	
独资	589969	6068
股份有限	13958	
其他外商投资企业	8816	
个体经营		
个体户		
个人合伙		

表 9—3　全社会工业投资（2021 年）（续表 13）

计量单位：万元

指　　标	本年资金来源	
	自筹资金	其　他 资金来源
二、按国民经济行业		
采矿业		
煤炭开采和洗选业		
石油和天然气开采业		
黑色金属矿采选业		
有色金属矿采选业		
非金属矿采选业		
开采辅助活动		
其他采矿业		
制造业	6192595	121551
农副食品加工业	10304	
食品制造业	111836	
饮料制造业	10786	500
烟草制品业	5486	
纺织业	12220	
纺织服装、鞋、帽制造业	3905	2865
皮革、毛皮、羽毛（绒）及其制品业	1599	
木材加工及木、竹、藤、棕、草制品业	5413	
家具制造业	25922	
造纸及纸制品业	9929	11403
印刷业和记录媒介的复制业	8222	300
文教体育用品制造业	16151	620
石油加工、炼焦及核燃料加工业	106070	
化学原料及化学制品制造业	171634	
医药制造业	868684	94
化学纤维制造业	68788	1930
橡胶和塑料制品业	70309	2877

表 9—3　全社会工业投资（2021 年）（续表 14）

计量单位：万元

指　　标	本年资金来源	
	自筹资金	其　他 资金来源
非金属矿物制品业	226237	6811
黑色金属冶炼及压延加工业	20638	
有色金属冶炼及压延加工业	15876	500
金属制品业	85766	
通用设备制造业	390555	4684
专用设备制造业	645292	11715
汽车制造业	264563	5058
船舶航空航天制造业	357876	560
电气机械及器材制造业	717549	38008
通信设备、计算机及其他电子设备	1530836	20215
仪器仪表及文化、办公用机械制造业	387943	6870
工艺品及其他制造业	14624	
废弃资源和废旧材料回收加工业	14312	3000
金属制品、机械和设备修理业	13270	3541
电力、燃气及水的生产和供应业	744699	49666
电力、热力的生产和供应业	578356	47666
燃气生产和供应业	21871	
水的生产和供应业	144472	2000
三、按隶属关系		
中央	729687	
省		
市		
区		
其他	5394292	162900
四、按建设性质		
新建	3885139	121733
扩建	940069	26019
改建	1941157	12458

表 9—3　全社会工业投资（2021 年）（续表 15）

计量单位：万元

指　标	本年资金来源	
	自筹资金	其他资金来源
单纯建造生活设施	640	
迁建	124097	
恢复		
单纯购置	46192	11007
五、按控股情况		
国有控股	2090316	10043
集体控股	9123	2446
私人控股	3515343	102899
港澳台商控股	331064	36217
外商控股	676361	10526
六、按期末项目建设状态		
在建	5555389	124435
全部投产	1341734	46782
全部停缓建	40171	
七、按投资规模		
100 万元以下		
100 万-500 万元	6355	1060
500 万-1000 万元	43774	2142
1000 万-3000 万元	211631	11300
3000 万-5000 万元	292128	12376
5000 万-1 亿元	494300	25463
1 亿-5 亿元	2090056	34438
5 亿-10 亿元	938943	5751
10 亿以上	2860107	78687

表 9—4　房地产开发投资、资金和土地情况（2021 年）

计量单位：万元

项　目	合　计	内　资				
		内资小计	国有	集体	股份合作	国有联营
计划总投资	214132980	179299462	4369033		700000	345664
累计完成投资	119808344	101564610	1489580		255446	259647
本年完成投资额	27198034	22946082	799114		187778	43933
建筑工程	11487073	9893050	471225		58186	6146
安装工程	507892	442455	80			4487
设备工器具购置	91417	58656	568			300
其他费用	15111652	12551921	327241		129592	33000
# 土地购置费	12966388	10736417	258722		129592	30900
住宅	19321304	16538307	496837		187778	38560
# 90 平方米及以下	4496186	3740519	186407		20515	18560
144 平方米以上	3190567	2735939	99952		127028	
别墅、高档公寓						
办公楼	1638423	1310482	43454			
商业营业用房	2404607	1902104	62954			5333
其他	3833700	3195189	195869			40
本年新增固定资产	13657366	10973574	104270			120759

表 9—4　房地产开发投资、资金和土地情况（2021 年）（续表 1）

计量单位：万元

项　目	内			资		
	国有与集体联营企业	其他联营企业	有限责任公司	国有独资公司	其他有限责任公司	股份有限公司
计划总投资				8008431	95951458	6063348
累计完成投资				5542362	56202611	3950935
本年完成投资额				838398	11963747	631154
建筑工程				559154	5171556	321448
安装工程				33771	147462	9372
设备工器具购置				1259	23811	3932
其他费用				244214	6620918	296402
# 土地购置费				197559	5548836	210650
住宅				610194	8414944	487997
# 90 平方米及以下				277435	1616573	94621
144 平方米以上				70182	1558455	118174
别墅、高档公寓						
办公楼				1126	960817	29169
商业营业用房				37418	984744	60297
其他				189660	1603242	53691
本年新增固定资产				835236	6960434	909712

表 9—4 房地产开发投资、资金和土地情况（2021 年）（续表 2）

计量单位：万元

项 目	内资					
	私营企业小计	私营独资	私营合伙	私营有限责任公司	私营股份有限公司	其他企业
计划总投资	63861528	579000	480000	62042528	440000	320000
累计完成投资	33864029	80484	42941	33589430	119898	31276
本年完成投资额	8481958	73884	42941	8261352	72505	31276
建筑工程	3305335	22378	22941	3241743	14817	3456
安装工程	247283	4754		241847	682	
设备工器具购置	28786	1		28779	6	
其他费用	4900554	46751	20000	4748983	57000	27820
# 土地购置费	4360158	35284	20000	4228466	57000	19408
住宅	6301997	72632	40733	6094629	72505	21498
# 90 平方米及以下	1526408	31554	19229	1454361	21264	
144 平方米以上	762148	1763		760385		
别墅、高档公寓						
办公楼	275916			275916		
商业营业用房	751358			751120		238
其他	1152687	1252	2208	1139687		9540
本年新增固定资产	2043163			2043163		

表9—4 房地产开发投资、资金和土地情况（2021年）（续表3）

计量单位：万元

项目	合计	港澳台商投资				
		与港澳台商合资经营	与港澳台商合资合作经营	港澳台商独资	港澳台商投资股份有限公司	其他港澳台投资
计划总投资	27963606	20679115	683607	4895984	1010000	694900
累计完成投资	13207400	8022638	44645	4241619	690804	207694
本年完成投资额	3196539	2371196	44645	352548	220456	207694
建筑工程	1225747	885326	26645	150148	104083	59545
安装工程	57025	43754		13271		
设备工器具购置	29087	26087		3000		
其他费用	1884680	1416029	18000	186129	116373	148149
# 土地购置费	1648670	1261699	18000	123148	112873	132950
住宅	1970742	1498694	44645	111944	144088	171371
# 90平方米及以下	681038	349176	27064	12135	121292	171371
144平方米以上	119306	94508	6408	8933	9457	
别墅、高档公寓						
办公楼	268421	155706		46103	36343	30269
商业营业用房	412089	233404		147385	28273	3027
其他	545287	483392		47116	11752	3027
本年新增固定资产	2218404	952084	9	1266311		

表9—4　房地产开发投资、资金和土地情况（2021年）（续表4）

计量单位：万元

项　目	合　计	外商投资			
		中外合资经营	中外合作经营	外资企业	外商投资股份有限公司
计划总投资	6869912	3753949	832700	2283263	
累计完成投资	5036334	2003764	718557	2314013	
本年完成投资额	1055413	421956	232513	400944	
建筑工程	368276	174745	44513	149018	
安装工程	8412	8339		73	
设备工器具购置	3674	3670		4	
其他费用	675051	235202	188000	251849	
# 土地购置费	581301	203801	188000	189500	
住宅	812255	257687	231513	323055	
# 90平方米及以下	74629	63409		11220	
144平方米以上	335322	41427	3748	290147	
别墅、高档公寓					
办公楼	59520	26179		33341	
商业营业用房	90414	70030	500	19884	
其他	93224	68060	500	24664	
本年新增固定资产	465388	44714	419038	1636	

表 9—4　房地产开发投资、资金和土地情况（2021 年）（续表 5）

计量单位：万元

项　目	合　计	内　　资				
		内资小计	国　有	集　体	股份合作	国有联营
本年资金来源合计	69239188	58647274	1920191		380012	60790
1．上年末结余资金	15313754	13193701	193669		25534	28161
2．本年资金来源小计	53925434	45453573	1726522		354478	32629
（1）国内贷款	8609793	7456692	288199		4000	
# 银行贷款	7989936	6836835	288199		4000	
非银行金融机构贷款	619857	619857				
（2）利用外资	32367					
# 外商直接投资						
（3）自筹资金	14752282	11351495	545704		30000	
# 自有资金						
（4）其他资金来源	759539	607002	3542			2475
# 定金及预收款	21381527	18692640	595086		310109	30154
个人按揭贷款	8389926	7345744	293991		10369	
本年各项应付款合计	11098618	9946609	332666		2000	5294
# 工程款	4453221	3609223	217136		2000	5294

表 9—4　房地产开发投资、资金和土地情况（2021 年）（续表 6）

计量单位：万元

项　目	内　资					
	国有集体联营企业	其他联营企业	有限责任公司	国有独资公司	其他有限责任公司	股份有限公司
本年资金来源合计				1911999	29850263	2183715
1. 上年末结余资金				603549	8145668	400022
2. 本年资金来源小计				1308450	21704595	1783693
（1）国内贷款				240874	2749232	98000
# 银行贷款				240874	2600362	67900
非银行金融机构贷款					148870	30100
（2）利用外资						
# 外商直接投资						
（3）自筹资金				344223	5787346	24496
# 自有资金						
（4）其他资金来源				3113	260462	68789
# 定金及预收款				471677	8725478	1392363
个人按揭贷款				248563	4182077	200045
本年各项应付款合计				437966	5364944	132702
# 工程款				187357	1675614	90710

表 9—4　房地产开发投资、资金和土地情况（2021 年）（续表 7）

计量单位：万元

项　目	内资					
	私营企业小计	私营独资企业	私营合伙企业	私营有限责任公司	私营股份有限公司	其他企业
本年资金来源合计	22340304	258722	295710	21141401	386741	257730
1. 上年末结余资金	3797098	195	1281	3705393	90229	
2. 本年资金来源小计	18543206	258527	294429	17436008	296512	257730
（1）国内贷款	4076387	135000	67420	3770967	40000	63000
# 银行贷款	3635500	135000		3397500	40000	63000
非银行金融机构贷款	440887		67420	373467		
（2）利用外资						
# 外商直接投资						
（3）自筹资金	4619726	30125	90204	4317550	650	181197
# 自有资金						
（4）其他资金来源	268621		22869	245752		
# 定金及预收款	7167773	68477	58794	6886104	140865	13533
个人按揭贷款	2410699	24925	55142	2215635	114997	
本年各项应付款合计	3671037	49105	31363	3581187	8096	1286
# 工程款	1431112	20751	341	1400638	8096	1286

表9—4 房地产开发投资、资金和土地情况（2021年）（续表8）

计量单位：万元

项 目	合 计	与港澳台商合资经营	与港澳台商合资合作经营	港澳台商投资		
				港澳台商独资	港澳台商投资	与港澳台商合资经营
本年资金来源合计	8216887	6711817	322056	734504	203300	245210
1．上年末结余资金	1574970	1230362	886	279178	50000	14544
2．本年资金来源小计	6641917	5481455	321170	455326	153300	230666
（1）国内贷款	995120	704455	72765	74100	103800	40000
# 银行贷款	995120	704455	72765	74100	103800	40000
非银行金融机构贷款						
（2）利用外资	32367	26000		6367		
# 外商直接投资						
（3）自筹资金	2559395	2077538	152400	138923		190534
# 自有资金						
（4）其他资金来源	121332	38391		33441	49500	
# 定金及预收款	2015882	1814889	61510	139351		132
个人按揭贷款	917821	820182	34495	63144		
本年各项应付款合计	753688	518103	20886	125999	49000	39700
# 工程款	609026	402631	20886	100809	45000	39700

表 9—4　房地产开发投资、资金和土地情况（2021 年）（续表 9）

计量单位：万元

项　目	合　计	外商投资			
		中外合资经营	中外合作经营	外资企业	外商投资股份有限公司
本年资金来源合计	2375027	1323736	201683	849608	
1. 上年末结余资金	545083	88224	186434	270425	
2. 本年资金来源小计	1829944	1235512	15249	579183	
（1）国内贷款	157981	108000		49981	
# 银行贷款	157981	108000		49981	
非银行金融机构贷款					
（2）利用外资					
# 外商直接投资					
（3）自筹资金	841392	839236		2156	
# 自有资金					
（4）其他资金来源	31205	944		30261	
# 定金及预收款	673005	272538	15249	385218	
个人按揭贷款	126361	14794		111567	
本年各项应付款合计	398321	252237	40000	106084	
# 工程款	234972	95414	40000	99558	

表9—5 房地产开发施工、竣工和销售按用途分组（2021年）

项　目	计量单位	合　计	住宅	90平方米及以下	144平方米以上	别墅、高档公寓
房屋施工面积	平方米	85972861	53984076	14887607	9130982	
# 新开工面积		19576318	13019516	3937896	1071445	
房屋竣工面积	平方米	11711798	7062364	1435627	1141461	
# 不可销售面积		535328	137590	2520	5454	
商品住宅竣工套数	套		62876	18304	5930	
竣工房屋价值	万元	9315042	6616591	1501126	809781	
出租房屋面积	平方米	257995				
商品房销售面积	平方米	15109536	13713888	2704917	2103695	
# 现房销售面积		2455099	1970904	345089	517778	
期房销售面积		12654437	11742984	2359828	1585917	
商品房销售额	万元	40638444	38313925	5572310	7815022	
# 现房销售额		6010011	5318902	722338	1900216	
期房销售额		34628433	32995023	4849972	5914806	
商品住宅销售套数	套		120047	32037	10831	
# 现房销售套数			16748	4211	2774	
期房销售套数			103299	27826	8057	

表 9—5　房地产开发施工、竣工和销售按用途分组（2021 年）（续表）

项　目	计量单位	办公楼	商业营业用房	其他
房屋施工面积	平方米	7120862	8810652	16057271
# 新开工面积		1301074	1520763	3734965
房屋竣工面积	平方米	1204658	1412077	2032699
# 不可销售面积		687	1843	395208
竣工房屋价值	万元			
出租房屋面积	平方米	881515	887634	929302
商品房销售面积	平方米	29089	225427	3479
# 现房销售面积		612789	415460	367399
期房销售面积		214407	121895	147893
商品房销售额	万元	398382	293565	219506
# 现房销售额		1008550	767919	548050
期房销售额		309543	195052	186514

表9—6 房地产企业财务状况（2021年）

项 目	计量单位	合 计	内 资				
			内资小计	国有	集体	股份合作	国有联营
企业个数	个	710	626	40		1	2
流动资产合计	千元	1864638295	1587448809	96033655		5980511	4828921
# 存货		1047968055	913053650	71496332		4281880	2688160
固定资产原价	千元	38542092	30798799	992499		646	724
累计折旧	千元	4380818	3208163	102315		203	450
# 本年折旧		1112129	820203	31623		177	196
资产总计	千元	2100925883	1771243584	103003899		5980954	4829203
负债合计	千元	1608989235	1406268172	85732631		5986679	4033169
所有者权益合计	千元	491936648	364975412	17271268		-5725	796034
营业收入	千元	269230533	241039491	11496509			3860145
营业成本	千元	224613559	202328794	9719843			3426807
营业税金及附加	千元	7581803	6211069	380322		15801	33428
营业利润	千元	18935614	15915702	709725		-89993	369832
其他业务利润	千元	227256	178997	9340			
投资收益	千元	4628364	2030124	47160			
补贴收入	千元						
营业外收入	千元	569424	551433	12465			220
营业外支出	千元	2875704	2619662	3143			15
利润总额	千元	17602117	13830991	718330		-89993	370037
应交所得税	千元	6540910	5996254	316361			88402
应付职工薪酬（本年贷方累计发生数）	千元	5532756	4553413	308118			15339

表 9—6　房地产企业财务状况（2021 年）（续表 1）

项　目	计量单位	内资					
		国有与集体联营企业	其他联营企业	有限责任公司	国有独资公司	其他有限责任公司	股份有限公司
企业个数	个		1		21	259	14
流动资产合计	千元		546433		123755426	797147419	66157021
# 存货			546374		67120808	456388049	33435061
固定资产原价	千元		59		3616044	2331757	777824
累计折旧	千元				295424	564783	388496
# 本年折旧					59167	77677	19919
资产总计	千元		771268		158664280	872619109	76592588
负债合计	千元		678573		104205329	696990685	59577990
所有者权益合计	千元		92695		54458951	175628424	17014598
营业收入	千元				7625499	139580605	13967960
营业成本	千元				6497836	116173428	10743035
营业税金及附加	千元		232		82785	3264054	576807
营业利润	千元				318028	13665252	1292304
其他业务利润	千元				11668	66770	
投资收益	千元				179459	1603561	-54618
补贴收入	千元						
营业外收入	千元				23804	292088	3343
营业外支出	千元		5		4155	2384812	67741
利润总额	千元		-7305		337677	11554514	1227906
应交所得税	千元				216405	4451352	123424
应付职工薪酬（本年贷方累计发生数）	千元				258697	2121772	263805

表 9—6 房地产企业财务状况（2021 年）（续表 2）

项 目	计量单位	内资					
		私营企业小计	私营独资企业	私营合伙企业	私营有限责任公司	私营股份有限公司	其他企业
企业个数	个	288	3	2	278	4	1
流动资产合计	千元	492999423	15205479	3569890	459213080	14020133	990841
# 存货		277096986	13011723	1517985	253002467	9534455	30356
固定资产原价	千元	23079246	129		23078472	555	90
累计折旧	千元	1856492	39		1856076	291	86
# 本年折旧		631444	15		631299	129	1
资产总计	千元	548782283	15219340	3589890	514897633	14023321	1052099
负债合计	千元	449063116	12591014	3545256	420228247	11968904	729695
所有者权益合计	千元	99719167	2628326	44634	94669386	2054417	322404
营业收入	千元	64508773		1900167	62481002	124572	3032
营业成本	千元	55767845		1768245	53875083	122200	2317
营业税金及附加	千元	1857640	6701	10138	1592178	5251	243372
营业利润	千元	-349446	-157511	10473	432961	-390565	-244804
其他业务利润	千元	91219	-225		91444		
投资收益	千元	254562			254549	13	
补贴收入	千元						
营业外收入	千元	219513	184	33	219244	50	2
营业外支出	千元	159791			159750	41	
利润总额	千元	-280175	-157327	10506	502004	-390556	-244802
应交所得税	千元	800310			861503	7	-61200
应付职工薪酬（本年贷方累计发生数）	千元	1585682	61550	2796	1486366	34970	

表 9—6　房地产企业财务状况（2021 年）（续表 3）

项　目	计量单位	合　计	港澳台商投资				
			与港澳台商合资经营	与港澳台商合资合作经营企业	港澳台商独资经营	港澳台商投资股份有限公司	港澳台商投资股份
企业个数	个	67	41	3	18	3	2
流动资产合计	千元	224714203	122389365	8604861	81774044	5107440	6838493
# 存货		104204234	80737601	5214566	11510089	3330923	3411055
固定资产原价	千元	3862866	3243252	21047	585811	11384	1372
累计折旧	千元	623077	296961	37	318306	7326	447
# 本年折旧		107504	72322	20	33160	1607	395
资产总计	千元	272161087	143541206	8789744	105207879	7121130	7501128
负债合计	千元	170348506	81757245	4977024	74396648	3758324	5459265
所有者权益合计	千元	101812581	61783961	3812720	30811231	3362806	2041863
营业收入	千元	16771743	9596785	2125747	4727069	322142	
营业成本	千元	12857907	8008075	1202275	3488426	159131	
营业税金及附加	千元	939338	329964	83308	513806	11041	1219
营业利润	千元	3117539	985453	809814	1471863	-137975	-11616
其他业务利润	千元	48259	36940		7764	3555	
投资收益	千元	2602114	1235205		1366909		
补贴收入	千元						
营业外收入	千元	14508	10734	250	3261	245	18
营业外支出	千元	230392	72084	238	45864	112206	
利润总额	千元	3052536	924240	809826	1579183	-249936	-10777
应交所得税	千元	268204	90718	187389	51466	-58675	-2694
应付职工薪酬（本年贷方累计发生数）	千元	760706	441497	8622	164310	123693	22584

表 9—6　房地产企业财务状况（2021 年）（续表 4）

项　目	计量单位	合　计	外商投资			
			中外合资经营	中外合作经营	外资企业	外商投资股份有限公司
企业个数	个	17	8	2	7	
流动资产合计	千元	52475283	27963348	5353455	19158480	
# 存货		30710171	16640921	160008	13909242	
固定资产原价	千元	3880427	222457	438598	3219372	
累计折旧	千元	549578	77354	43555	428669	
# 本年折旧		184422	13865	27142	143415	
资产总计	千元	57521212	29035188	5753502	22732522	
负债合计	千元	32372557	14677004	1092513	16603040	
所有者权益合计	千元	25148655	14358184	4660989	6129482	
营业收入	千元	11419299	1643826	4842512	4932961	
营业成本	千元	9426858	1337279	3743529	4346050	
营业税金及附加	千元	431396	115232	120455	195709	
营业利润	千元	-97627	-173788	103516	-27355	
其他业务利润	千元					
投资收益	千元	-3874	-3		-3871	
补贴收入	千元					
营业外收入	千元	3483	1516	765	1202	
营业外支出	千元	25650	7105	13655	4890	
利润总额	千元	718590	-179377	929010	-31043	
应交所得税	千元	276452	15650	209496	51306	
应付职工薪酬（本年贷方累计发生数）	千元	218637	33205	44902	140530	

表9—7 建筑业企业基本情况（2021年）

（总承包、专业承包）

指标名称	计量单位	合 计
企业个数	个	1829
建筑业总产值	万元	49180355
固定资产原价	万元	3775245
# 本年折旧		285262
资产合计	万元	55132471
负债合计	万元	39014932
实收资本	万元	7938834
营业收入	万元	47150017
# 主营业务收入		46716326
营业成本	万元	43784133
# 主营业务成本		43258525
营业税金及附加	万元	158596
# 主营业务税金及附加		150681
销售费用	万元	133711
管理费用	万元	1346941
财务费用	万元	241064
利润总额	万元	1483003
应付职工薪酬（本年贷方累计发生额）	万元	4775733

表 9—8　建筑业企业生产情况（2021 年）

（总承包及专业承包）

指　　标	计量单位	2021 年	2020 年	2021 年为上年%
建筑合同额	万元	102322971	96247507	106.3
上年结转建筑合同额		55359061	46949757	117.9
本年新签建筑合同额		46963909	49297751	95.3
建筑业总产值	万元	49180355	45331543	108.5
建筑工程产值		45217755	39960628	113.2
安装工程产值		3381632	4173172	81.0
其他产值		580969	1197744	48.5
竣工产值	万元	40459185	26521223	152.6
房屋施工面积	万平方米	26470	27695	95.6
房屋竣工面积	万平方米	5883	5818	101.1
# 住宅		4326	3964	109.1
建筑业全员劳动生产率	元/人	373857	381812	—

表 9—9 按行业分建筑业企业生产情况（2021 年）

（总承包及专业承包）

指　　标	计量单位	房屋建筑业	土木工程建筑业
企业个数	个	710	480
建筑合同额	万元	54480034	25127717
上年结转建筑合同额		32545672	13229973
本年新签建筑合同额		21934362	11897744
建筑业总产值	万元	26245233	11264580
建筑工程产值		25660015	10761320
安装工程产值		281942	290858
其他产值		303277	212403
竣工产值	万元	29397601	4621869
房屋施工面积	万平方米	23971	1252
房屋竣工面积	万平方米	5615	152
# 住宅		4169	95
全员劳动生产率	元/人	344319	464417

表 9—9　按行业分建筑业企业生产情况（2021 年）（续表）

（总承包及专业承包）

指　　标	计量单位	建筑安装业	建筑装饰和其他建筑业
企业个数	个	285	378
建筑合同额	万元	15697560	7017660
上年结转建筑合同额		7177202	2406215
本年新签建筑合同额		8520358	4611445
建筑业总产值	万元	7261347	4409194
建筑工程产值		4572948	4223473
安装工程产值		2642466	166367
其他产值		45934	19355
竣工产值	万元	3591298	2848417
房屋施工面积	万平方米	1198	49
房屋竣工面积	万平方米	90	27
# 住宅		58	5
全员劳动生产率	元/人	407049	333255

表 9—10　按经济类型分建筑业企业生产情况（2021 年）

（总承包及专业承包）

指　　标	计量单位	总　　计	国有经济	集体经济	其他经济
企业个数	个	1853	79	21	1753
建筑合同额	万元	102322971	52685424	1164793	48472754
上年结转建筑合同额		55359061	32124945	282516	22951600
本年新签建筑合同额		46963909	20560479	882277	25521154
建筑业总产值	万元	49180355	20046817	811570	28321968
建筑工程产值		45217755	18848698	476812	25892244
安装工程产值		3381632	1113195	333918	1934519
其他产值		580969	84924	840	495205
竣工产值	万元	40459185	20243977	599175	19616034
房屋施工面积	万平方米	26470	12095	4	14371
房屋竣工面积	万平方米	5883	2784	2	3097
# 住宅		4326	2039		2287
全员劳动生产率	元/人	373857	461411	302261	334491

表 9—11 建筑业企业财务情况（2021 年）

（总承包及专业承包）

计量单位：万元

指　　标	合　计	国有经济	集体经济	其他经济
资产合计	55132471	22374733	2521640	30236099
流动资产合计	47308633	18832930	2155657	26320047
# 存　货	8405522	2501268	155917	5748337
固定资产原价	3775246	1252805	131909	2390531
累计折旧	1855826	598573	67163	1190090
# 本年折旧	285262	105743	6424	173095
负债合计	39014932	17680282	2029242	19305409
所有者权益合计	16116439	4694451	492398	10929590
营业收入	47150017	22049383	1111539	23989095
# 主营业务收入	46716326	21956720	1054101	23705505
营业成本	43784133	20688893	982486	22112754
# 主营业务成本	43258525	20497604	927369	21833552
营业税金及附加	158596	57813	3395	97388
# 主营业务税金及附加	150681	55405	2879	92397
销售费用	133711	44294	2583	86833
管理费用	1346941	392570	50633	903738
财务费用	241064	70735	-17681	188010
利润总额	1483003	753290	103917	625796
应付职工薪酬（本年贷方累计发生额）	4775733	1532609	66081	3177043

表 9—12　主要年份全社会固定资产投资完成额

计量单位：亿元

年　　份	全社会固定资产投资完成额		
		城镇固定资产投资	房地产开发投资
1949	0.02	0.02	
1952	0.26	0.26	
1957	1.18	1.18	
1962	0.76	0.76	
1965	1.44	1.44	
1970	1.53	1.53	
1975	2.96	2.96	
1978	6.63	6.35	
1979	7.01	6.86	
1980	7.82	7.56	
1985	27.65	24.28	
1990	42.65	36.80	
1991	49.71	40.91	2.58
1995	233.86	133.63	59.45
1997	351.66	223.79	72.89
1998	376.60	217.96	101.06
1999	373.01	211.94	97.91
2000	412.20	241.95	99.34
2004	1201.88	703.92	292.88
2005	1402.72	820.30	296.14
2008	2154.17	1226.16	508.17
2009	2668.03	1572.08	595.68
2010	3306.05	2029.87	754.76
2012	4683.45	3122.05	1015.76
2013	5265.55	4620.72	1120.18
2014	5460.03		1125.49
2015	5484.47		1429.02.
2016	5533.56		1845.60
2017	4212.66		2170.21
2018	4718.05		2354.17
2019	5082.77		2501.26
2020	5418.23		2631.40
2021	5675.24		2719.8

注：1．国家固定资产投资统计方法制度改革，2018 年数据按新制度执行。2017 年数同口径调整。
　　2．城镇固定资产投资包括以前年度基本建设、更新改造、城镇集体和其他投资，2005 年起不再细分。

表 9—13　2000 年以来固定资产投资情况

计量单位：亿元

年　份	全社会固定资产投资额	第一产业	第二产业	#工业投资	第三产业	#房地产开发投资
2000	412.20	3.44	110.09	108.42	298.67	99.34
2001	464.91	5.30	169.27	158.55	290.34	111.00
2002	602.95	1.42	236.97	240.00	364.56	137.63
2003	954.05	3.75	357.71	356.06	592.59	183.80
2004	1201.88	5.83	481.50	458.54	714.55	292.88
2005	1402.72	4.78	586.43	582.04	811.51	296.14
2006	1613.55	6.90	738.12	732.63	868.53	351.17
2007	1867.96	10.81	936.79	930.42	920.36	445.97
2008	2154.17	12.43	1088.93	1081.09	1052.81	508.17
2009	2668.03	12.24	1311.31	1300.40	1344.48	595.68
2010	3306.05	21.21	1618.41	1601.31	1666.43	754.76
2011	4010.03	29.31	2041.43	2000.22	1939.29	896.73
2012	4683.45	23.59	2414.95	2400.93	2244.91	1015.76
2013	5265.55	23.55	2518.53	2509.40	2723.47	1120.18
2014	5460.03	34.87	2180.71	2152.36	3244.45	1125.49
2015	5484.47	36.95	2093.03	2071.66	3354.49	1429.02
2016	5533.56	40.78	1784.22	1761.65	3708.57	1845.60
2017	4312.66	2.16	699.84	684.94	3600.33	2170.21
2018	4718.05	1.67	774.02	745.90	3942.36	2354.17
2019	5082.77	2.31	802.51	801.66	4277.95	2501.26
2020	5418.23	16.66	889.41	889.84	4512.15	2631.40
2021	5675.24	12.60	1055.86	1056.97	4606.78	2719.8

注：因国家固定资产投资统计方法制度改革，2018 年数据按新制度执行，2017 年数据同口径调整。

表 9—14　2000 年以来房屋竣工面积与商品房销售情况

年　份	房屋竣工面积（万平方米）	商品房销售面积（万平方米）	商品房销售额（亿元）
2000	383.11	222.23	62.11
2001	402.76	281.60	81.85
2002	434.59	382.05	111.66
2003	392.82	444.48	139.90
2004	644.45	607.96	213.73
2005	646.09	943.81	384.37
2006	807.46	1010.50	452.41
2007	682.97	1137.88	603.51
2008	1062.26	703.55	359.46
2009	1516.28	1186.94	852.81
2010	1039.57	823.17	787.38
2011	1169.09	767.70	714.72
2012	1699.73	950.87	960.98
2013	1039.39	1222.01	1404.75
2014	967.40	1207.58	1352.20
2015	1449.10	1543.16	1772.89
2016	1241.33	1558.18	2766.35
2017	1077.49	1429.61	2237.74
2018	1245.44	1224.20	2404.09
2019	1582.34	1320.65	2510.15
2020	1448.42	1324.67	3269.50
2021	1171.18	1510.95	4063.84

主要统计指标解释

全社会固定资产投资 固定资产投资是社会固定资产再生产的主要手段。固定资产投资额是以货币表现的建造和购置固定资产活动的工作量，它是反映固定资产投资规模、速度、比例关系和使用方向的综合性指标。

房地产开发投资 指房地产开发公司、商品房建设公司及其他房地产开发法人单位和附属于其他法人单位实际从事房地产开发或经营的活动单位统一开发的包括统代建、拆迁还建的住宅、厂房、仓库、饭店、宾馆、度假村、写字楼、办公楼等房屋建筑物和配套的服务设施，土地开发工程（如道路、给水、排水、供电、供热、通讯、平整场地等基础设施工程）的投资；不包括单纯的土地交易活动。

固定资产投资按国民经济行业分 建设项目归哪个行业，按其建成投产后的主要产品或主要用途及社会经济活动性质来确定。

固定资产投资按建设性质分 建设项目的性质一般分为新建、扩建、改建、迁建、恢复。

（1）新建：一般是指从无到有、“平地起家”新开始建设的单位。有的单位原有的基础很小，经过建设后其新增加的固定资产价值超过原有固定资产价值（原值）三倍以上的也算新建。

（2）扩建：一般是指为扩大原有产品的生产能力，在厂内或其他地点增建主要生产车间（或主要工程）、独立的生产线或分厂的企业；事业单位和行政单位在原单位增建业务用房（如学校增建教学用房、医院增建门诊部或病床用房、行政机关增建办公楼等）也作为扩建。

（3）改建：一般是指现有企业、事业单位为了技术进步，提高产品质量，增加花色品种，促进产品升级换代，降低消耗和成本，加强资源综合利用和三废治理、劳保安全等，采用新技术、新工艺、新设备、新材料等对现有设施、工艺条件进行技术改造或更新（包括相应配套的辅助性生产、生活福利设施）。有的企业为充分发挥现有生产能力，进行填平补齐而增建不增加本单位主要产品生产能力的车间等，也属于改建。

固定资产投资按构成分 固定资产投资活动按其工作内容和实现方式分为建筑安装工程，设备、工具、器具购置，其他费用三个部分。

（1）建筑安装工程（建筑安装工作量）：指各种房屋、建筑物的建造工程和各种设备、装置的安装工程。包括各种房屋建造工程，各种用途设备基础和各种工业窑炉的砌筑工程；为施工而进行的各种准备工作和临时工程以及完工后的清理工作等；铁路、道路的铺设，矿井的开凿及石油管道的架设等；水利工程；防空地下建筑等特殊工程；以及各种机械设备的安装工程；为测定安装工程质量，对设备进行的试运工作。在安装工程中，不包括被安装设备本身的价值。

（2）设备、工具、器具购置：指购置或自制达到固定资产标准的设备、工具、器具的价值，固定资产的标准按财务部门规定。新建单位、扩建单位的新建车间按照设计和计划要求购置或自制的全部设备、工具、器具，不论是否达到固定资产标准均计入“设备、工具、器具购置”中。

（3）其他费用：指在固定资产建造和购置过程中发生的，除建筑安装工程和设备、工具、器具购置以外的各种应摊入固定资产的费用。

固定资产投资的资金来源 根据固定资产投资的资金来源不同，分为国家预算内资金、国内贷款、利用外资、自筹资金和其他资金来源。

（1）国家预算内资金：指中央财政和地方财政中由国家统筹安排的基本建设拨款和更新改造拨款，以及中央财政安排的专项拨款中用于基本建设的资金和基本建设拨款改贷款的资金等。

（2）国内贷款：指报告期内企、事业单位向银行及非银行金融机构借入的用于固定资产投资的各种国内借款。包括银行利用自有资金及吸收的存款发放的贷款、上级主管部门拨入的国内贷款、国家专项贷款（包括煤代油贷款、劳改煤矿专项贷款等）、地方财政专项资金安排的贷款、国内储备贷款、周转贷款等。

（3）利用外资：指报告期内收到的用于固定资产投资的国外资金，包括统借统还、自借自还的国外贷款，中外合资项目中的外资，以及对外发行债券和股票等。国家统借统还的外资指由我国政府出面同外国政府、团体或金融组织签订贷款协议、并负责偿还本息的国外贷款。

（4）自筹资金：指建设单位报告期内收到的，用于进行固定资产投资的上级主管部门、地方和企、事业单位自筹资金。

（5）其他资金来源：指报告期内收到的除以上各种拨款、借款、自筹资金以外其他用于固定资产投资的资金。

施工项目 指报告期内曾进行建筑或安装工程施工活动的建设项目，包括报告期内新开工项目、报告期以前年度开工跨入报告期继续施工的项目以及报告期施过工并在报告期内全部建成投产或停缓建的项目。

全部建成投产项目 工业项目是指设计文件规定形成生产能力的主体工程及其相应配套的辅助设施全部建成，经负荷试运转，证明具备生产设计规定合格产品的条件，并经过验收鉴定合格或达到竣工验收标准，与生产性工程配套的生活福利设施可以满足近期正常生产的需要，正式移交生产的建设项目。非工业项目是指设计文件规定的主体工程和相应的配套工程全部建成，能够发挥设计规定的全部效益，经验收鉴定合格或达到竣工验收标准，正式移交使用的建设项目。

新增生产能力 指通过固定资产投资活动而增加的设计能力或工程效益，它是用实物形态表示的固定资产投资的成果。新增生产能力的计算，是以能独立发挥生产能力或工程效益的单项工程（或项目）为对象。当单项工程（或项目）建成，经有关部门鉴定合格，正式移交投入生产，即可计算新增生产能力。

新增生产能力或工程效益有以下几种表现形式：

（1）以建设项目或单项工程建成后的年产能力表示，如煤炭开采、石油开采等。

（2）以建设项目或单项工程建成后处理原料的能力表示，如选矿工程的年处理矿石能力、洗煤厂年洗原煤能力等。

（3）以新增的主要设备数量或容量表示，如棉纺锭锭数、发电机组容量等。

（4）以建筑物容积、容量、面积或长度表示，如水库容量、铁路公路里程等。

新增生产能力的数量一般按设计能力计算。设计能力是指设计文件中规定的在正常情况下能够达到的生产能力，而不论投产后的实际产量如何。以设备数量、建筑物容积、面积、长度等表示的新增生产能力或工程效益，则按建成的实际数量计算。

房屋建筑面积 指从房屋外墙线算起的各层平面面积的总和，包括可供使用的有效面积和房屋结构（如柱、墙）占用的面积。多层建筑按各层（包括地下室）面积总和计算。

住宅建筑面积 指施工和竣工房屋建筑面积中供居住用的施工和竣工房屋建筑面积。

施工面积 指报告期内施工的全部房屋建筑面积。包括本期新开工的面积、上期跨入本期继续施工的房屋面积、上期停缓建在本期恢复施工的房屋面积、本期竣工的房屋面积及本期施工后又停缓建的房屋面积。

竣工面积 指在报告期内房屋建筑按照设计要求已全部完工，达到住人和使用条件，经验收鉴定合格，正式移交使用单位的建筑面积。

房屋建筑面积竣工率 指一定时期内房屋竣工面积占同期房屋施工面积的比率。它是从房屋建筑施工速度的角度反映投资效果和建筑业经济效益的指标。

新增固定资产 指通过投资活动所形成的新的固定资产价值，包括已经建成投入生产或交付使用的工程价值和达到固定资产标准的设备、工具、器具的价值及有关应摊入的费用。它是以价值形式表示的固定资产投资成果的综合性指标，可以综合反映不同时期、不同部门、不同地区的固定资产投资成果。

建设项目投产率 指一定时期内全部建成投入生产项目个数与同期正式施工项目个数的比率。它是从项目建设速度的角度反映投资效果的指标。

建设周期 是指报告期（年）所有正式施工项目全部建成平均需要的时间。它是从宏观角度反映建设速度的指标。建设周期的计算方法有两种。

（1）按建设项目计算：建设周期=报告期正式施工项目个数/报告期全部建成投产项目个数。

（2）按投资额计算：建设周期=报告期正式施工项目计划总投资之和/报告期正式施工项目完成投资之和。

建筑业统计单位 指从事房屋、构筑物建造、装饰装修、设备安装活动和工程准备、提供施工设备服务等其他建筑活动的法人企业。建筑业法人企业应同时具备的条件是：①依法成立，有自己的名称、组织机构和场所，能够承担民事责任；②独立拥有和使用资产，承担负债，有权与其他单位签订合同；③独立核算盈亏，能够编制资产负债表。

建筑业总产值（即自行完成施工产值） 是以货币表现的建筑业企业在一定时期内生产的建筑业产品和服务的总和。建筑业总产值包括：

（1）建筑工程产值：指列入建筑工程预算内的各种工程价值。

（2）安装工程产值：指设备安装工程价值，不包括被安装设备本身价值。

（3）其他产值：指建筑业总产值中除建筑工程、安装工程以外的产值。包括房屋、构筑物修理所完成的产值（不包括被修理的房屋、构筑物本身的价值）、非标准设备制造产值、总包企业向分包企业收取的管理费和不能明确划分的施工活动所完成的产值。

建筑业增加值 指建筑业企业在报告期内以货币表现的建筑业生产经营活动的最终成果。目前建筑业增加值采用分配法（收入法）计算，即从收入的角度出发，根据生产要素在生产过程中应得的收入份额计算。具体计算公式为：

建筑业增加值=本年提取的固定资产折旧+本年应付工资总额+本年应付福利费总额+管理费用中的劳动待业保险费、税金+工程结算税金及附加+营业利润

房屋建筑施工面积 指在报告期内施过工的全部房屋建筑面积，包括本期新开工的房屋面积、上期跨入本期继续施工的房屋面积、上期停缓建在本期恢复施工的房屋面积、本期竣工的房屋面积及本期施工后又停缓建的房屋面积。

房屋建筑竣工面积 指在报告期内房屋建筑按照设计要求全部完工，达到了住人和使用条件，经检查验收鉴定合格的房屋建筑面积。

自有机械设备年末总台数 指归本企业（或单位）所有，属于本企业（或单位）固定资产的生产性机械设备年末总台数。包括施工机械、生产设备、运输设备以及其他设备。

自有机械设备年末总功率 指本企业（或单位）自有施工机械、生产设备、运输设备以及其他设备等列为固定资产的生产性机械设备年末总功率，按设定能力或查定能力计算。包括机械本身的动力和为该机械服务的单独动力设备，如电动机等。计算单位用千瓦，动力换算可按 1 马力＝0.735 千瓦折合成千瓦数。电焊机、变压器、锅炉不计算动力。

工程结算收入 指企业承包工程实现的工程价款结算收入，以及向发包单位收取的除工程价款以外按规定列作营业收入的各种款项，如临时设施费、劳动保险费、施工机械调迁费等以及向发包单位收取的各种索赔款。

工程结算利润 指已结算工程实现的利润，如亏损以“－”号表示。

计算公式为：工程结算利润＝工程结算收入－工程结算成本－工程结算税金及附加

企业总收入 指与企业生产经营直接有关的各项收入，包括工程结算收入和其他业务收入。

计算公式为：企业总收入＝工程结算收入＋其他业务收入

计算建筑业劳动生产率的平均人数 指建筑业企业（或单位）报告期实际拥有的、与建筑施工活动有关的人员的平均人数，包括参加本企业（或单位）建筑施工活动的非本企业（或单位）人员，但不包括企业内部社会服务性机构的人员以及由本企业支付工资但所从事的工作与本企业生产基本无关的人员。

（十）批发和零售业、住宿和餐饮业

CHAPTER 10
WHOLESALE AND RETAIL TRADE, ACCOMMODATIONS AND CATERING

表10—1　社会消费品零售总额（2021年）

计量单位：亿元

指　　标	2021年	2021年为上年%
社会消费品零售总额	7899.41	109.7
# 限额以上社会消费品零售总额	4662.27	114.8
一、按销售单位所在地分		
城镇	4619.59	114.9
# 城区	4326.92	114.1
乡村	42.68	107.4
二、按消费形态分		
餐饮收入	270.90	115.6
商品零售	4391.37	114.8

表 10—2　限额以上批发和零售业基本情况（2021 年）

项　目	法人企业（个）	从业人员期末人数（人）
批发和零售业合计	5056	245262
一、批发业总计	3300	117667
（一）按登记注册类型分		
内资企业	3229	103387
国有企业	43	2819
集体企业	3	53
股份合作企业	2	31
联营企业		
国有与集体联营企业		
其他联营企业		
有限责任公司	373	31319
国有独资公司	32	2992
其他有限责任公司	341	28327
股份有限公司	35	7171
私营企业	2738	59640
私营独资企业	22	266
私营合伙企业	4	86
私营有限责任公司	2682	56238
私营股份有限公司	30	3050
其他企业	35	2354
港、澳、台商投资企业	26	1153
与港澳台商合资经营企业	6	80
港澳台商独资经营企业	19	1023
其他港澳台投资企业	1	50
外商投资企业	45	13127
中外合资经营企业	9	612
外资企业	33	11509
外商投资股份有限公司	2	979
（二）按国民经济行业分		
农、林、牧、渔产品批发	51	3222
食品、饮料及烟草制品批发	248	14339
纺织、服装及家庭用品批发	356	29379
文化、体育用品及器材批发	155	7079
医药及医疗器材批发	256	16938
矿产品、建材及化工产品批发	1365	22235
机械设备、五金产品及电子产品批发	765	21780
贸易经纪与代理	31	944
其他批发业	73	1751

表 10—2 限额以上批发和零售业基本情况（2021 年）（续表 1）

项 目	法人企业（个）	从业人员期末人数（人）
（三）按单位经营形式分		
独立门店	1338	35310
连锁总店（总部）	10	4797
连锁直营店	5	1277
连锁加盟店	1	372
其他	1946	75911
二、零售业总计	1756	127595
（一）按登记注册类型分		
内资企业	1697	101925
国有企业	21	1286
集体企业	12	494
股份合作企业	5	87
联营企业	1	21
其他联营企业	1	21
有限责任公司	186	32882
国有独资公司	8	375
其他有限责任公司	178	32507
股份有限公司	20	3619
私营企业	1400	61646
私营独资企业	18	342
私营合伙企业	3	35
私营有限责任公司	1366	59990
私营股份有限公司	13	1279
其他企业	52	1890
港、澳、台商投资企业	31	9395
与港澳台商合资经营企业	6	682
港澳台商独资经营企业	21	4434
港澳台商投资股份有限公司	3	3589
其他港澳台投资企业	1	690
外商投资企业	28	16275
中外合资经营企业	6	11432
外资企业	21	4823
其他外商投资企业	1	20
（二）按国民经济行业分		
综合零售	92	40100
食品、饮料及烟草制品专门零售	274	12175
纺织、服装及日用品专门零售	112	9197
文化、体育用品及器材专门零售	207	12560
医药及医疗器材专门零售	67	10174

表10—2 限额以上批发和零售业基本情况（2021年）（续表2）

项 目	法人企业（个）	从业人员期末人数（人）
汽车、摩托车、零配件和燃料及其他动力销售	367	21458
家用电器及电子产品专门零售	280	12983
五金、家具及室内装饰材料专门零售	157	2234
货摊、无店铺及其他零售业	200	6714
（三）按单位经营形式分		
独立门店	1093	64240
连锁总店（总部）	49	30187
连锁直营店	38	8539
连锁加盟店	5	149
其他	571	24480
（四）按零售业态分		
有店铺零售		
食杂店	15	844
便利店	19	1889
折扣店	4	73
超市	35	10840
大型超市	14	18675
仓储会员店	3	47
百货店	66	10091
专业店	630	41419
专卖店	445	26744
家居建材商店	56	1115
购物中心	16	1125
厂家直销中心	62	2058
无店铺零售		
电视购物	2	674
邮购	3	849
网上商店	176	5938
自动售货亭购物中心	2	176
电话购物	4	38
其他	204	5000

表 10—3　限额以上住宿和餐饮业基本情况（2021 年）

项　目	法人企业（个）	从业人员期末人数（人）
住宿和餐饮业合计	992	104530
一、住宿业总计	370	24433
（一）按登记注册类型分		
内资企业	358	22491
国有企业	26	2576
集体企业	2	23
股份合作企业	1	28
联营企业	1	47
国有联营企业	1	47
有限责任公司	72	8154
国有独资公司	13	2650
其他有限责任公司	59	5504
股份有限公司	8	1695
私营企业	248	9968
私营独资企业	5	121
私营有限责任公司	239	8358
私营股份有限公司	4	1489
港、澳、台商投资企业	7	1366
与港澳台商合资经营企业	4	775
港澳台商独资经营企业	3	591
外商投资企业	5	576
中外合资经营企业	2	358
外资企业	3	218
（二）按国民经济行业分		
旅游饭店	143	16392
一般旅馆	202	6914
民宿服务	6	80
露营地服务	1	31
其他住宿业	18	1016
（三）按单位经营形式分		
独立门店	251	19998
连锁总店（总部）	3	294
连锁直营店	11	193
连锁加盟店	76	1737
其他	29	2211
（四）按住宿业企业星级评定情况分		
一星	2	84
二星	2	64
三星	21	1460
四星	27	3764
五星	16	4645
其他	302	14416

表 10—3　限额以上住宿和餐饮业基本情况（2021 年）（续表）

项　目	法人企业（个）	从业人员期末人数（人）
二、餐饮业总计	622	80097
（一）按登记注册类型分		
内资企业	604	57617
国有企业	7	791
有限责任公司	71	13134
国有独资公司	6	579
其他有限责任公司	65	12555
股份有限公司	1	37
私营企业	524	43645
私营独资企业	12	592
私营合伙企业	2	42
私营有限责任公司	507	42836
私营股份有限公司	3	175
其他企业	1	10
港、澳、台商投资企业	8	10596
与港澳台商合资经营企业	2	393
港澳台商独资经营企业	6	10203
外商投资企业	10	11884
中外合资经营企业	1	20
外资企业	9	11864
（二）按国民经济行业分		
正餐服务	529	47619
快餐服务	45	24144
饮料及冷饮服务	19	2401
餐饮配送及外卖送餐服务	16	2134
其他餐饮业	13	3799
（三）按单位经营形式分		
独立门店	457	27916
连锁总店（总部）	31	31074
连锁直营店	40	11090
连锁加盟店	5	606
其他	89	9411

表 10—4 限额以上批发和零售业商品购进、销售和库存总额（2021 年）

计量单位：千元

项 目	商品购进额	进口	商品库存额	商品销售额
批发和零售业合计	2038460538	93079058	127770155	1994036151
一、批发业总计	1717573488	90825182	98605777	1639912756
（一）按登记注册类型分				
内资企业	1500645455	89074350	87816015	1533598351
国有企业	50393205	2012151	9571574	55937778
集体企业	2485103		800	2544204
股份合作企业	153455		3507	158445
联营企业				
有限责任公司	697368255	63047761	40006941	727363129
股份有限公司	221849410	12538343	15113708	189285962
私营企业	524953283	11476095	23060599	554656928
其他企业	3442744		58886	3651905
港、澳、台商投资企业	19065969	103405	396133	19387511
与港澳台商合资经营企业	1335094	1746	229758	1173073
港澳台商独资经营企业	17622048	101659	166374	18079043
其他港澳台投资企业	108827		1	135395
外商投资企业	197862064	1647427	10393629	86926894
中外合资经营企业	143782808	234083	2064108	37082931
外资企业	52291328	1413344	6926055	48557831
外商投资股份有限公司	1741881		1397619	1220783
（二）按国民经济行业分				
农、林、牧、渔产品批发	10698081	905632	1666028	11056106
食品、饮料及烟草制品批发	89816805	1854447	15174013	95685314
纺织、服装及家庭用品批发	319334045	18410039	23663543	304525207
文化、体育用品及器材批发	34260458	579783	4178213	35687438
医药及医疗器材批发	82659362	1236127	12366194	90410451
矿产品、建材及化工产品批发	951668239	57644924	28591190	863535901
机械设备、五金产品及电子产品批发	180154145	7884211	10990404	189202060
贸易经纪与代理	15966289	1962517	854905	16275966
其他批发业	33016064	347502	1121287	33534313
（三）按单位经营形式分				
独立门店	456505935	15745595	36643217	469849320
连锁总店（总部）	302037414	404024	13186199	160081725
连锁直营店	2702340		1435105	2401979
连锁加盟店	6958103			7060975
其他	949369696	74675563	47341256	1000518757

表 10—4 限额以上批发和零售业商品购进、销售和库存总额（2021 年）（续表 1）

计量单位：千元

项　目	批发额	出口	零售额
批发和零售业合计	1577560908	88823191	415328655
一、批发业总计	1551521161	88765889	87263370
（一）按登记注册类型分			
内资企业	1453788036	86370972	78682090
国有企业	37409197	3577912	18528581
集体企业	2544204		
股份合作企业	158445	118184	
联营企业			
有限责任公司	713464265	37354328	13717295
股份有限公司	174050979	8360959	15234983
私营企业	522906892	36959589	30825291
其他企业	3254054		375940
港、澳、台商投资企业	19276948	654565	110563
与港澳台商合资经营企业	1173073	635925	
港澳台商独资经营企业	17968480	18640	110563
其他港澳台投资企业	135395		
外商投资企业	78456177	1740352	8470717
中外合资经营企业	34862098	153901	2220833
外资企业	42498128	1586451	6059703
外商投资股份有限公司	1069637		151146
（二）按国民经济行业分			
农、林、牧、渔产品批发	10348617	171391	655963
食品、饮料及烟草制品批发	75421968	1770160	20261125
纺织、服装及家庭用品批发	277039900	34093195	27482560
文化、体育用品及器材批发	33135807	2670936	2544845
医药及医疗器材批发	87344134	3399483	2914643
矿产品、建材及化工产品批发	839164454	20143089	23920317
机械设备、五金产品及电子产品批发	181334361	19881541	7475461
贸易经纪与代理	16131292	5909903	101814
其他批发业	31600628	726191	1906642
（三）按单位经营形式分			
独立门店	435034759	17189989	34473836
连锁总店（总部）	146535717		13520950
连锁直营店	1853153		547892
连锁加盟店	7059946		1029
其他	961037586	71575900	38719663

表 10—4 限额以上批发和零售业商品购进、销售和库存总额（2021 年）（续表 2）

计量单位：千元

项　目	商品购进额	进口	商品库存额	商品销售额
二、零售业总计	320887050	2253876	29164378	354123395
（一）按登记注册类型分				
内资企业	237664371	1898736	23430333	267951075
国有企业	22083749		657152	22199973
集体企业	503035		32443	582324
股份合作企业	236312		12073	260714
联营企业	10568		296	25141
有限责任公司	77956234	296801	9710195	88764227
股份有限公司	11146669		262209	17150166
私营企业	124922603	1601935	12690421	137575922
其他企业	805201		65544	1392608
港、澳、台商投资企业	48905127	333219	1754154	46672486
与港澳台商合资经营企业	3109160	40780	237837	3262046
港澳台商独资经营企业	30421561	270023	930562	33208325
港澳台商投资股份有限公司	14663708	22416	560847	9435391
其他港澳台投资企业	710698		24908	766724
外商投资企业	34317552	21921	3979891	39499834
中外合资经营企业	22752994	5777	3407790	24122545
外资企业	11553999	7543	565876	15359292
其他外商投资企业	10559	8601	6225	17997
（二）按国民经济行业分				
综合零售	65000177	6289	5729786	70125768
食品、饮料及烟草制品专门零售	12296289	96905	1314070	15795087
纺织、服装及日用品专门零售	23081330	1349	1317933	27790656
文化、体育用品及器材专门零售	21713804	6058	7650866	28189981
医药及医疗器材专门零售	8059720	277	885073	8525505
汽车、摩托车、零配件和燃料及其他动力销售	110242389	1946504	7748949	115890236
家用电器及电子产品专门零售	33565108	68220	2515954	34816677
五金、家具及室内装饰材料专门零售	5286146	71459	425614	6266024
货摊、无店铺及其他零售业	41642087	56815	1576133	46723461

表 10—4 限额以上批发和零售业商品购进、销售和库存总额（2021 年）（续表 3）

计量单位：千元

项　目	商品购进额	进口	商品库存额	商品销售额
（三）按单位经营形式分				
独立门店	172106354	1336167	15133216	192205512
连锁总店（总部）	76497553	5777	8653039	78419842
连锁直营店	9532445	59805	637184	12673106
连锁加盟店	73982		46108	96217
其他	62676716	852127	4694831	70728718
（四）按零售业态分				
有店铺零售				
食杂店	506057		19576	571654
便利店	1693388		97029	1971272
折扣店	212524		3007	235550
超市	17417722	512	2122796	18017484
大型超市	20253055	5777	2709801	19014186
仓储会员店	60791		2448	69510
百货店	25608594		961272	30173357
专业店	88543390	768331	11950048	97488162
专卖店	92843696	1327592	8072469	100831566
家居建材商店	2152883	28899	330521	2609295
购物中心	17324549		162564	20748108
厂家直销中心	2708774	7543	265503	3671219
无店铺零售				
电视购物	1015543		7111	1185249
邮购	272705		10234	556847
网上商店	40230306	46676	1522825	45418909
自动售货亭购物中心	124823		8825	185831
电话购物	135018		13290	129363
其他	9783232	68546	905059	11245833

表 10—4 限额以上批发和零售业商品购进、销售和库存总额（2021 年）（续表 4）

计量单位：千元

项 目	批发额	出口	零售额
二、零售业总计	26039747	57302	328065285
（一）按登记注册类型分			
内资企业	20527120	55005	247405592
国有企业	4821132		17378841
集体企业	16389		565935
股份合作企业	5514		255200
联营企业	3631		21510
有限责任公司	6958359	8313	81805868
股份有限公司	920589		16229577
私营企业	7790810	46692	129766749
其他企业	10696		1381912
港、澳、台商投资企业	5108312		41564174
与港澳台商合资经营企业			3262046
港澳台商独资经营企业	578336		32629989
港澳台商投资股份有限公司	4529976		4905415
其他港澳台投资企业			766724
外商投资企业	404315	2297	39095519
中外合资经营企业	259366		23863179
外资企业	134465	2297	15224827
其他外商投资企业	10484		7513
（二）按国民经济行业分			
综合零售	5560792		64564976
食品、饮料及烟草制品专门零售	924637	8313	14870450
纺织、服装及日用品专门零售	1047794	40818	26726652
文化、体育用品及器材专门零售	3701575	475	24488406
医药及医疗器材专门零售	84968		8440537
汽车、摩托车、零配件和燃料及其他动力销售	9811774		106078462
家用电器及电子产品专门零售	2869525	2297	31945507
五金、家具及室内装饰材料专门零售	329298		5936726
货摊、无店铺及其他零售业	1709384	5399	45013569

表 10—4 限额以上批发和零售业商品购进、销售和库存总额（2021 年）（续表 5）

计量单位：千元

项　目	批发额	出口	零售额
（三）按单位经营形式分			
独立门店	10871685		181315464
连锁总店（总部）	8167130		70252712
连锁直营店	750581	5399	11922525
连锁加盟店			96217
其他	6250351	51903	64478367
（四）按零售业态分			
有店铺零售			
食杂店	183674		387980
便利店	11369		1959903
折扣店			235550
超市	267250		17750234
大型超市	159950		18854236
仓储会员店			69510
百货店	5184951		24980276
专业店	4307396	26741	93180766
专卖店	12040468	22390	88789453
家居建材商店	141438		2467857
购物中心	31211		20716897
厂家直销中心	797184	475	2874035
无店铺零售			
电视购物	729714		455535
邮购	86221		470626
网上商店	899805	5399	44510516
自动售货亭购物中心	19489		166342
电话购物	175		129188
其他	1179452	2297	10066381

表10—5　限额以上住宿和餐饮业经营情况（2021年）

计量单位：千元

项　目	营业额	客房收入	餐费收入	商品销售额
住宿和餐饮业合计	30182579	4363472	23841039	628738
一、住宿业总计	6789218	3667743	2104785	146512
（一）按登记注册类型分				
内资企业	6177898	3375013	1847179	135522
国有企业	592863	226158	259143	11537
集体企业	7572	2801	4437	11
股份合作企业	10425	9791	564	70
联营企业	16930	14114		
国有联营企业	16930	14114		
有限责任公司	2039775	968480	703225	55351
国有独资公司	582525	225461	208639	6491
其他有限责任公司	1457250	743019	494586	48860
股份有限公司	665769	204528	218389	43201
私营企业	2844564	1949141	661421	25352
私营独资企业	23632	15532	5913	334
私营有限责任公司	2466259	1772994	523557	22046
私营股份有限公司	354673	160615	131951	2972
港、澳、台商投资企业	439040	202624	195859	8590
与港澳台商合资经营企业	190709	106702	63388	2029
港澳台商独资经营企业	248331	95922	132471	6561
外商投资企业	172280	90106	61747	2400
中外合资经营企业	104604	56850	30343	2337
外资企业	67676	33256	31404	63
（二）按国民经济行业分				
旅游饭店	4247870	1774947	1602169	123902
一般旅馆	2170388	1667027	380014	17190
民宿服务	18745	12434	5538	368
露营地服务	3919	2477	1028	367
其他住宿业	348296	210858	116036	4685
（三）按单位经营形式分				
独立门店	5395290	2571894	1865933	137852
连锁总店（总部）	118992	73883	44679	52
连锁直营店	68410	63684	2819	645
连锁加盟店	642649	609872	12948	3435
其他	563877	348410	178406	4528
（四）按住宿业企业星级评定情况分				
一星	29562	16417	13145	
二星	15422	8465	5988	193
三星	310419	123821	145812	2829
四星	962985	358936	349545	33503
五星	1464547	533893	586496	68508
其他	4006283	2626211	1003799	41479

表 10—5 限额以上住宿和餐饮业经营情况（2021 年）（续表 1）

项　目	其他营业收入（千元）	外卖送餐服务收入（千元）	客房数（间）	床位数（个）	餐位数（个）
住宿和餐饮业合计	1349330	163493	66939	99297	582196
一、住宿业总计	870178	352	56284	82154	89238
（一）按登记注册类型分					
内资企业	820184	352	52994	77376	82276
国有企业	96025		3036	4921	8557
集体企业	323		168	248	446
股份合作企业			122	154	28
联营企业	2816		234	309	
国有联营企业	2816		234	309	
有限责任公司	312719		13399	20093	34405
国有独资公司	141934		2800	4585	8537
其他有限责任公司	170785		10599	15508	25868
股份有限公司	199651	200	2405	3391	5645
私营企业	208650	152	33630	48260	33195
私营独资企业	1853		417	600	592
私营有限责任公司	147662	152	31416	45325	27946
私营股份有限公司	59135		1797	2335	4657
港、澳、台商投资企业	31967		2276	3255	5821
与港澳台商合资经营企业	18590		1360	2069	4247
港澳台商独资经营企业	13377		916	1186	1574
外商投资企业	18027		1014	1523	1141
中外合资经营企业	15074		647	890	1031
外资企业	2953		367	633	110
（二）按国民经济行业分					
旅游饭店	746852	200	24957	38338	66199
一般旅馆	106157	152	26337	37348	18086
民宿服务	405		356	448	375
露营地服务	47		62	140	200
其他住宿业	16717		4572	5880	4378
（三）按单位经营形式分					
独立门店	819611	351	39817	58786	79500
连锁总店（总部）	378		531	983	950
连锁直营店	1262		935	1234	252
连锁加盟店	16394	1	9894	13987	1588
其他	32533		5107	7164	6948
（四）按住宿业企业星级评定情况分					
一星			301	431	1685
二星	776		208	327	440
三星	37957		2557	4058	6243
四星	221001		5626	9027	19131
五星	275650		5608	8160	18341
其他	334794	352	41984	60151	43398

表 10—5 限额以上住宿和餐饮业经营情况（2021 年）（续表 2）

计量单位：千元

项　目	营业额	客房收入	餐费收入	商品销售额
二、餐饮业总计	23393361	695729	21736254	482226
（一）按登记注册类型分				
内资企业	16398369	695729	15031466	426685
国有企业	202005	31720	134028	3759
有限责任公司	3141053	207028	2714201	138965
国有独资公司	111703	27336	36661	1925
其他有限责任公司	3029350	179692	2677540	137040
股份有限公司	9338		9330	8
私营企业	13031312	456981	12159246	283953
私营独资企业	222361	1656	217421	1459
私营合伙企业	6825	1479	5346	
私营有限责任公司	12769546	448701	11909044	282494
私营股份有限公司	32580	5145	27435	
其他企业	14661		14661	
港、澳、台商投资企业	1967037		1839422	27819
与港澳台商合资经营企业	241600		241432	168
港澳台商独资经营企业	1725437		1597990	27651
外商投资企业	5027955		4865366	27722
中外合资经营企业	60916		35666	25250
外资企业	4967039		4829700	2472
（二）按国民经济行业分				
正餐服务	13561981	690459	12415993	265712
快餐服务	7125661		6849664	31960
饮料及冷饮服务	1138203		1097278	27341
餐饮配送及外卖送餐服务	658047		591357	40334
其他餐饮业	909469	5270	781962	116879
（三）按单位经营形式分				
独立门店	7205166	578583	6197018	231811
连锁总店（总部）	10391155	30265	10077753	46909
连锁直营店	3157046	19007	2982657	146488
连锁加盟店	112687	30535	79820	552
其他	2527307	37339	2399006	56466

表10—5　限额以上住宿和餐饮业经营情况（2021年）（续表3）

项　目	其他营业收入（千元）	外卖送餐服务收入（千元）	客房数（间）	床位数（个）	餐位数（个）
二、餐饮业总计	479152	163141	10655	17143	492958
（一）按登记注册类型分					
内资企业	244489	958	10655	17143	396872
国有企业	32498	639	578	944	5908
有限责任公司	80859		3641	5858	69416
国有独资公司	45781		701	1241	2938
其他有限责任公司	35078		2940	4617	66478
股份有限公司					520
私营企业	131132	319	6436	10341	320875
私营独资企业	1825		200	382	3652
私营合伙企业			198	388	570
私营有限责任公司	129307	319	5898	9372	314603
私营股份有限公司			140	199	2050
其他企业					153
港、澳、台商投资企业	99796	27316			24669
与港澳台商合资经营企业					6290
港澳台商独资经营企业	99796	27316			18379
外商投资企业	134867	134867			71417
中外合资经营企业					468
外资企业	134867	134867			70949
（二）按国民经济行业分					
正餐服务	189817	878	10449	16774	330574
快餐服务	244037	162183			114998
饮料及冷饮服务	13584	80			7879
餐饮配送及外卖送餐服务	26356				28702
其他餐饮业	5358		206	369	10805
（三）按单位经营形式分					
独立门店	197754	786	8257	13456	176414
连锁总店（总部）	236228	160226	596	776	146094
连锁直营店	8894	80	224	397	48750
连锁加盟店	1780		550	954	2638
其他	34496	2049	1028	1560	119062

表 10—6 限额以上批发和零售业法人企业主要财务状况（2021 年）

计量单位：千元

项 目	资产总计	负债总计	所有者权益	实收资本
批发和零售业合计	1252758953	1002906951	249554127	129842645
一、批发业总计	997936054	820580127	177011962	98812179
（一）按登记注册类型分				
内资企业	933888695	752217119	181327611	88488464
国有企业	31487414	19619117	11868299	2388243
集体企业	2107878	1966345	141533	23333
股份合作企业	40117	26967	13150	18420
联营企业				
国有与集体联营企业				
其他联营企业				
有限责任公司	291873442	236808750	55019396	37552580
国有独资公司	43340418	33939248	9401170	5389642
其他有限责任公司	248533024	202869502	45618226	32162938
股份有限公司	354823902	302147976	52518966	13782304
私营企业	252903507	191317337	61454517	34571322
私营独资企业	1247506	1130935	116571	60214
私营合伙企业	142366	78506	63860	27300
私营有限责任公司	238068271	183255040	54681578	32270667
私营股份有限公司	13445364	6852856	6592508	2213141
其他企业	652435	330627	311750	152262
港、澳、台商投资企业	11089002	8341906	2747096	6273505
与港澳台商合资经营企业	2134908	875931	1258977	4689371
港澳台商独资经营企业	8732898	7413811	1319087	1581166
其他港澳台投资企业	221196	52164	169032	2968
外商投资企业	52958357	60021102	-7062745	4050210
中外合资经营企业	22660413	40018606	-17358193	117679
外资企业	27362021	19257741	8104280	3584757
外商投资股份有限公司	2919652	730754	2188898	345774
（二）按国民经济行业分				
农、林、牧、渔产品批发	9497783	6331576	3161588	1886608
食品、饮料及烟草制品批发	58398370	40488875	17910993	4159413
纺织、服装及家庭用品批发	394795205	334976410	59813549	18357930
文化、体育用品及器材批发	45219998	26315705	18904293	5162544
医药及医疗器材批发	59996785	45828463	14141129	6734209
矿产品、建材及化工产品批发	292139818	254917768	36997507	42198353
机械设备、五金产品及电子产品批发	121234853	98056897	23178123	18165181
贸易经纪与代理	7368141	6164169	1130423	840877
其他批发业	9285101	7500264	1774357	1307064
（三）按单位经营形式分				
独立门店	261884271	199420925	62425005	27352715
连锁总店（总部）	305972596	292073161	13889628	7500543
连锁直营店	4054221	1453719	2600502	786640
连锁加盟店	1281595	1301767	-20172	50000
其他	424743371	326330555	98116999	63122281

表10—6 限额以上批发和零售业法人企业主要财务状况（2021年）（续表1）

计量单位：千元

项　目	主营业务收入	营业成本	管理费用	财务费用
批发和零售业合计	1794588770	1713059743	28673925	7467820
一、批发业总计	1480010806	1432224125	18775959	5783119
（一）按登记注册类型分				
内资企业	1384520885	1353528033	17225606	5595424
国有企业	50795183	45529026	699194	228177
集体企业	2279529	2214440	13663	24886
股份合作企业	153484	137047	3380	-108
联营企业				
国有与集体联营企业				
其他联营企业				
有限责任公司	661041685	643020509	3559221	1907972
国有独资公司	113747896	112645997	526805	337168
其他有限责任公司	547293789	530374512	3032416	1570804
股份有限公司	167145592	185426289	4384207	1515148
私营企业	499732956	474102954	8505169	1905769
私营独资企业	3945243	3801774	46138	-162
私营合伙企业	396250	360909	19207	567
私营有限责任公司	480349813	456166041	8076800	1795522
私营股份有限公司	15041650	13774230	363024	109842
其他企业	3372456	3097768	60772	13580
港、澳、台商投资企业	17626863	17051785	380964	142731
与港澳台商合资经营企业	1034255	1039309	153215	-5418
港澳台商独资经营企业	16472790	15916183	223063	148263
其他港澳台投资企业	119818	96293	4686	-114
外商投资企业	77863058	61644307	1169389	44964
中外合资经营企业	33120645	24524597	291950	22315
外资企业	43604257	36405151	712055	30237
外商投资股份有限公司	1080338	670099	161233	-7901
（二）按国民经济行业分				
农、林、牧、渔产品批发	10462693	9871333	205015	51608
食品、饮料及烟草制品批发	86559465	76931070	1402529	114580
纺织、服装及家庭用品批发	272395054	281492981	6361131	1086964
文化、体育用品及器材批发	32584672	29871761	1011298	-84065
医药及医疗器材批发	84144963	75177757	1890612	418662
矿产品、建材及化工产品批发	782499852	758277248	4694535	2583693
机械设备、五金产品及电子产品批发	166607211	156834721	2818716	1528036
贸易经纪与代理	14963060	14501006	151593	52902
其他批发业	29793836	29266248	240530	30739
（三）按单位经营形式分				
独立门店	424257802	403273776	5212114	1039036
连锁总店（总部）	140756790	153275389	3901444	965848
连锁直营店	2130628	1778885	172606	-6952
连锁加盟店	7060975	6958103	24728	-10
其他	905804611	866937972	9465067	3785197

表 10—6 限额以上批发和零售业法人企业主要财务状况（2021 年）（续表 2）

计量单位：千元

项 目	营业利润	利润总额	应交增值税
批发和零售业合计	-3126269	-1878740	10931450
一、批发业总计	-7614720	-6971324	7756460
（一）按登记注册类型分			
内资企业	-12562212	-11853001	6837228
国有企业	1826130	1913821	816046
集体企业	33820	34616	6250
股份合作企业	872	863	419
联营企业			
国有与集体联营企业			
其他联营企业			
有限责任公司	2128332	2597742	2215348
国有独资公司	634678	669573	213423
其他有限责任公司	1493654	1928169	2001925
股份有限公司	-21558529	-21457786	155680
私营企业	4876573	4926964	3641488
私营独资企业	19995	19944	14650
私营合伙企业	10409	10650	5180
私营有限责任公司	4507558	4551100	3534709
私营股份有限公司	338611	345270	86949
其他企业	130590	130779	1997
港、澳、台商投资企业	-84068	-92788	86054
与港澳台商合资经营企业	15681	16274	14281
港澳台商独资经营企业	-87321	-97547	70102
其他港澳台投资企业	-12428	-11515	1671
外商投资企业	5031560	4974465	833178
中外合资经营企业	2182874	2115111	187301
外资企业	2791711	2800860	622363
外商投资股份有限公司	56567	58086	22619
（二）按国民经济行业分			
农、林、牧、渔产品批发	213622	270986	19708
食品、饮料及烟草制品批发	2716159	2849843	970846
纺织、服装及家庭用品批发	-20850059	-20585714	1295637
文化、体育用品及器材批发	1942517	1970418	142252
医药及医疗器材批发	1676991	1711977	1194040
矿产品、建材及化工产品批发	4886172	5047853	2234151
机械设备、五金产品及电子产品批发	1618372	1533679	1177338
贸易经纪与代理	-6223	35489	324456
其他批发业	187729	194145	398032
（三）按单位经营形式分			
独立门店	6775992	6944903	2971604
连锁总店（总部）	-20981083	-20927040	185779
连锁直营店	64819	66210	109464
连锁加盟店	-8595	-4998	
其他	6534147	6949601	4489613

表 10—6　限额以上批发和零售业法人企业主要财务状况（2021 年）（续表 3）

计量单位：千元

项　目	资产总计	负债总计	所有者权益	实收资本
二、零售业总计	254822899	182326824	72542165	31030466
（一）按登记注册类型分				
内资企业	186856529	134873359	51852733	23651715
国有企业	14587794	8370438	6217356	754877
集体企业	335179	192656	140157	23267
股份合作企业	89093	57439	31654	40610
联营企业	7581	1649	5932	2500
其他联营企业	7581	1649	5932	2500
有限责任公司	60200201	46046805	14184028	7142420
国有独资公司	754647	420513	334134	158769
其他有限责任公司	59445554	45626292	13849894	6983651
股份有限公司	32636523	15025224	17611300	3659412
私营企业	78409542	64997097	13253741	11867998
私营独资企业	491967	378911	113056	77514
私营合伙企业	11799	3567	8232	5000
私营有限责任公司	76016154	63624570	12232880	11246474
私营股份有限公司	1889622	990049	899573	539010
其他企业	590616	182051	408565	160631
港、澳、台商投资企业	30526585	23391004	7134826	2887532
与港澳台商合资经营企业	704800	525882	178918	82894
港澳台商独资经营企业	21486638	17405417	4080466	1591694
港澳台商投资股份有限公司	8069941	5284758	2785183	1184519
其他港澳台投资企业	265206	174947	90259	28425
外商投资企业	37439785	24062461	13554606	4491219
中外合资经营企业	19788172	15993425	3794747	1214931
外资企业	17631414	8069151	9739545	3275460
其他外商投资企业	20199	-115	20314	828
（二）按国民经济行业分				
综合零售	85282581	56193431	29106072	8814557
食品、饮料及烟草制品专门零售	10170466	5610011	4546698	2351894
纺织、服装及日用品专门零售	23820727	19245178	4596617	2026707
文化、体育用品及器材专门零售	29227218	20072692	9145549	3628339
医药及医疗器材专门零售	6716297	5225948	1490350	723430
汽车、摩托车、零配件和燃料及其他动力销售	50657731	33770808	16798123	6951480
家用电器及电子产品专门零售	25486824	21004901	4438801	4323434
五金、家具及室内装饰材料专门零售	3540121	2762132	776973	618374
货摊、无店铺及其他零售业	19920934	18441723	1642982	1592251

表 10—6 限额以上批发和零售业法人企业主要财务状况（2021 年）（续表 4）

计量单位：千元

项 目	资产总计	负债总计	所有者权益	实收资本
（三）按单位经营形式分				
独立门店	143499687	92510880	50892657	16725693
连锁总店（总部）	67049341	56512421	10571118	6984542
连锁直营店	9821535	6985824	2829023	1905895
连锁加盟店	98121	92173	5948	19383
其他	34354215	26225526	8243419	5394953
（四）按零售业态分				
有店铺零售				
食杂店	226176	184382	41794	89744
便利店	1770175	1793034	1715	308682
折扣店	82721	75693	7607	7000
超市	14668478	13446958	1220599	1034243
大型超市	8347580	10991342	-2643762	874106
仓储会员店	13069	14729	-1660	1101
百货店	58915062	29000580	29945045	6009866
专业店	73678989	53253650	20370123	11680852
专卖店	45244234	30951600	14231158	5517761
家居建材商店	1671575	1330241	340317	306119
购物中心	20853012	16355459	4490501	1665038
厂家直销中心	1942587	878487	1056695	345115
无店铺零售				
电视购物	800312	146558	653754	432000
邮购	441512	237568	203944	69336
网上商店	19098288	18675219	586817	1323802
自动售货亭购物中心	28083	67004	-38921	16800
电话购物	46863	33662	13201	10800
其他	6994183	4890658	2063238	1338101

表 10—6 限额以上批发和零售业法人企业主要财务状况（2021 年）（续表 5）

计量单位：千元

项　目	主营业务收入	营业成本	管理费用	财务费用
二、零售业总计	314577964	280835618	9897966	1684701
（一）按登记注册类型分				
内资企业	237272007	212618852	7825106	1372384
国有企业	19738772	19870393	169784	71331
集体企业	497629	437752	51986	-164
股份合作企业	235667	220305	9457	716
联营企业	22649	9476	202	13
其他联营企业	22649	9476	202	13
有限责任公司	82604685	72156518	2414956	440990
国有独资公司	683544	632239	27686	7748
其他有限责任公司	81921141	71524279	2387270	433242
股份有限公司	8821880	7551561	763461	208306
私营企业	123996823	111337675	4346594	642341
私营独资企业	614109	554566	20939	6171
私营合伙企业	66466	45322	4399	78
私营有限责任公司	121464465	109294137	4237779	622886
私营股份有限公司	1851783	1443650	83477	13206
其他企业	1353902	1035172	68666	8851
港、澳、台商投资企业	42762372	37079680	790327	211348
与港澳台商合资经营企业	2982299	2677219	43262	-305
港澳台商独资经营企业	29690076	26218821	502144	185936
港澳台商投资股份有限公司	9342684	7492624	244921	25475
其他港澳台投资企业	747313	691016		242
外商投资企业	34543585	31137086	1282533	100969
中外合资经营企业	21356071	19435135	689657	-16733
外资企业	13171588	11693864	590524	117737
其他外商投资企业	15926	8087	2352	-35
（二）按国民经济行业分				
综合零售	55978424	47887316	2362764	728498
食品、饮料及烟草制品专门零售	14578695	11747499	732569	64716
纺织、服装及日用品专门零售	24359819	20592636	597389	209494
文化、体育用品及器材专门零售	27098402	22444472	1386365	576
医药及医疗器材专门零售	7691510	5947631	341692	33667
汽车、摩托车、零配件和燃料及其他动力销售	103952448	97969476	2021190	455964
家用电器及电子产品专门零售	32200930	29357162	1000952	111818
五金、家具及室内装饰材料专门零售	5503725	4811137	285786	39904
货摊、无店铺及其他零售业	43214011	40078289	1169259	40064

表 10—6　限额以上批发和零售业法人企业主要财务状况（2021 年）（续表 6）

计量单位：千元

项　目	主营业务收入	营业成本	管理费用	财务费用
（三）按单位经营形式分				
独立门店	164554823	149394503	5218120	1355361
连锁总店（总部）	73399858	64319371	2109619	-18186
连锁直营店	11477699	9902431	510108	57069
连锁加盟店	88046	64597	9527	503
其他	65057538	57154716	2050592	289954
（四）按零售业态分				
有店铺零售				
食杂店	467134	475674	67474	823
便利店	1824800	1568708	83778	-17055
折扣店	192480	188599	12047	-1014
超市	15950982	14478827	393684	-51101
大型超市	17055448	15051643	289745	314090
仓储会员店	69931	59276	3650	42
百货店	20178355	16258939	1359596	463723
专业店	89618405	78137990	3384757	307910
专卖店	91030684	84656284	1663577	350043
家居建材商店	2233324	1900263	171942	17036
购物中心	18446660	16014140	427975	194040
厂家直销中心	3402052	2784181	132734	9408
无店铺零售				
电视购物	1052464	905681	20137	1047
邮购	512154	287095	25798	915
网上商店	41992875	38792282	1243438	50060
自动售货亭购物中心	188640	111444	13665	39
电话购物	114491	108326	3459	265
其他	10247085	9056266	600510	44430

表 10—6　限额以上批发和零售业法人企业主要财务状况（2021 年）（续表 7）

计量单位：千元

项　目	营业利润	利润总额	应交增值税
二、零售业总计	4488451	5092584	3174990
（一）按登记注册类型分			
内资企业	2039040	2528122	2466101
国有企业	-895115	-859087	155913
集体企业	-10686	-3703	7837
股份合作企业	-3425	-3217	422
联营企业	1306	1308	1019
其他联营企业	1306	1308	1019
有限责任公司	2178436	2349160	901286
国有独资公司	-15164	3440	2872
其他有限责任公司	2193600	2345720	898414
股份有限公司	159117	249184	130899
私营企业	388826	572249	1268561
私营独资企业	-775	-238	5281
私营合伙企业	2015	2015	788
私营有限责任公司	214881	394015	1221931
私营股份有限公司	172705	176457	40561
其他企业	220581	222228	164
港、澳、台商投资企业	1562885	1553833	466927
与港澳台商合资经营企业	189183	192023	54506
港澳台商独资经营企业	1658363	1660246	398259
港澳台商投资股份有限公司	-141915	-156338	14162
其他港澳台投资企业	-142746	-142098	
外商投资企业	886526	1010629	241962
中外合资经营企业	-648575	-509934	77828
外资企业	1532718	1518209	162064
其他外商投资企业	2383	2354	2070
（二）按国民经济行业分			
综合零售	1437666	1643617	476391
食品、饮料及烟草制品专门零售	437131	524590	220914
纺织、服装及日用品专门零售	1087381	1060765	458342
文化、体育用品及器材专门零售	1463870	1494332	169919
医药及医疗器材专门零售	64870	83168	127663
汽车、摩托车、零配件和燃料及其他动力销售	183789	341488	995265
家用电器及电子产品专门零售	-131513	-23225	318419
五金、家具及室内装饰材料专门零售	29825	54711	80892
货摊、无店铺及其他零售业	-84568	-86862	327185

表 10—6　限额以上批发和零售业法人企业主要财务状况（2021 年）（续表 8）

计量单位：千元

项　目	营业利润	利润总额	应交增值税
（三）按单位经营形式分			
独立门店	2717825	3167416	1812745
连锁总店（总部）	1168824	1283452	393933
连锁直营店	64574	74695	85964
连锁加盟店	-2937	-2834	1382
其他	540165	569855	880966
（四）按零售业态分			
有店铺零售			
食杂店	-54312	-51597	5508
便利店	-260719	-259845	-984
折扣店	-1647	-1824	2620
超市	-217601	-76279	73959
大型超市	-265814	-141784	140741
仓储会员店	908	872	1038
百货店	1666906	1609861	225129
专业店	1695682	1768685	862573
专卖店	360687	616376	954864
家居建材商店	13636	37094	32998
购物中心	1291132	1300262	305047
厂家直销中心	331124	331134	56573
无店铺零售			
电视购物	-18353	-13772	11413
邮购	6678	6916	21042
网上商店	-189794	-184893	321525
自动售货亭购物中心	-9322	-8210	3423
电话购物	639	619	692
其他	138621	158969	156829

表10—7　限额以上住宿和餐饮业法人企业主要财务状况（2021年）

计量单位：千元

项　目	资产总计	负债总计	所有者权益	实收资本
住宿和餐饮业合计	41579199	29787636	11570130	11749957
一、住宿业总计	24278395	16318980	7634111	8760202
（一）按登记注册类型分				
内资企业	18803237	11562389	7257223	6925088
国有企业	2162534	601687	1583217	260479
集体企业	71504	60341	11163	42707
股份合作企业	4486	15537	-11051	500
联营企业	37164	38067	-903	3000
国有联营企业	37164	38067	-903	3000
有限责任公司	5266067	3140655	2125411	3076828
国有独资公司	1980730	1059151	921579	829084
其他有限责任公司	3285337	2081504	1203832	2247744
股份有限公司	3646650	775926	2870724	1678173
私营企业	7614832	6930176	678662	1863401
私营独资企业	36776	21157	16945	8930
私营有限责任公司	7107116	6205162	894634	1752471
私营股份有限公司	470940	703857	-232917	102000
港、澳、台商投资企业	4664218	4545807	118411	1649322
与港澳台商合资经营企业	3187820	3687253	-499433	633340
港澳台商独资经营企业	1476398	858554	617844	1015982
外商投资企业	810940	210784	258477	185792
中外合资经营企业	301798	156023	145775	107830
外资企业	509142	54761	112702	77962
（二）按国民经济行业分				
住宿和餐饮业				
住宿业	24278395	16318980	7634111	8760202
旅游饭店	20261444	12472598	7466594	7571808
一般旅馆	2923751	2818235	102718	908979
民宿服务	41638	36595	5043	19205
露营地服务	23525	112141	-88616	500
其他住宿业	1028037	879411	148372	259710
（三）按单位经营形式分				
独立门店	19729667	12344291	7058722	7305065
连锁总店（总部）	300368	336948	-36580	11000
连锁直营店	98012	100597	-2585	19715
连锁加盟店	763597	726236	38687	269037
其他	3386751	2810908	575867	1155385
（四）按住宿业企业星级评定情况分				
一星	28310	27462	848	6000
二星	38332	18273	20059	11000
三星	683769	381243	325150	168612
四星	2744545	1066008	1678537	1335627
五星	8686764	5248330	3438434	3874975
其他	12096675	9577664	2171083	3363988

表 10—7　限额以上住宿和餐饮业法人企业主要财务状况（2021 年）（续表 1）

计量单位：千元

项　目	营业收入	主营业务收入	营业成本	税金及附加
住宿和餐饮业合计	29174870	28737685	13820605	71087
一、住宿业总计	6800367	6576862	2984249	45540
（一）按登记注册类型分				
内资企业	6230092	6052680	2727981	38173
国有企业	570950	530335	187312	2679
集体企业	7548	7548	3275	49
股份合作企业	9709	9709	362	17
联营企业	15849	15556	878	-74
国有联营企业	15849	15556	878	-74
有限责任公司	2291075	2222664	1169606	17841
国有独资公司	910171	868552	549254	7919
其他有限责任公司	1380904	1354112	620352	9922
股份有限公司	627189	623451	237992	8355
私营企业	2707772	2643417	1128556	9306
私营独资企业	22459	22459	11462	32
私营有限责任公司	2346309	2281954	957819	8866
私营股份有限公司	339004	339004	159275	408
港、澳、台商投资企业	414290	403932	203692	5249
与港澳台商合资经营企业	183001	183001	93848	1994
港澳台商独资经营企业	231289	220931	109844	3255
外商投资企业	155985	120250	52576	2118
中外合资经营企业	98543	98543	12760	1108
外资企业	57442	21707	39816	1010
（二）按国民经济行业分				
住宿和餐饮业				
住宿业	6800367	6576862	2984249	45540
旅游饭店	4376139	4173508	1877259	40162
一般旅馆	2072998	2056274	957711	4412
民宿服务	17709	17709	16097	40
露营地服务	3712	3712	669	49
其他住宿业	329809	325659	132513	877
（三）按单位经营形式分				
独立门店	5478657	5271345	2464628	39330
连锁总店（总部）	108968	108965	38075	114
连锁直营店	64750	64456	21540	-11
连锁加盟店	614177	606313	274404	1585
其他	533815	525783	185602	4522
（四）按住宿业企业星级评定情况分				
一星	28112	28112	22540	21
二星	15132	14973	14413	89
三星	295117	265884	162995	1446
四星	1245761	1170718	717791	6529
五星	1418687	1404657	524463	22771
其他	3797558	3692518	1542047	14684

表 10—7　限额以上住宿和餐饮业法人企业主要财务状况（2021 年）（续表 2）

计量单位：千元

项　目	销售费用	管理费用	财务费用
住宿和餐饮业合计	10512113	4755481	441041
一、住宿业总计	1954367	2503851	236881
（一）按登记注册类型分			
内资企业	1746423	2331303	122590
国有企业	268741	279852	-11024
集体企业	5141	14852	9
股份合作企业	87	14888	
联营企业	5179	11489	-8
国有联营企业	5179	11489	-8
有限责任公司	634402	719182	15063
国有独资公司	221939	210467	-9841
其他有限责任公司	412463	508715	24904
股份有限公司	122190	236851	-1829
私营企业	710683	1054189	120379
私营独资企业	2021	8434	834
私营有限责任公司	673353	915437	116706
私营股份有限公司	35309	130318	2839
港、澳、台商投资企业	153629	113269	109913
与港澳台商合资经营企业	52298	81574	73819
港澳台商独资经营企业	101331	31695	36094
外商投资企业	54315	59279	4378
中外合资经营企业	42960	40925	3694
外资企业	11355	18354	684
（二）按国民经济行业分			
住宿和餐饮业			
住宿业	1954367	2503851	236881
旅游饭店	1363847	1674351	206911
一般旅馆	487570	684929	20996
民宿服务	2850	7001	792
露营地服务	2614	3078	1311
其他住宿业	97486	134492	6871
（三）按单位经营形式分			
独立门店	1595731	2008864	133374
连锁总店（总部）	41527	32554	13724
连锁直营店	41969	12547	90
连锁加盟店	112161	276163	9181
其他	162979	173723	80512
（四）按住宿业企业星级评定情况分			
一星	1728	3862	317
二星	124	348	37
三星	76506	117523	4917
四星	296154	339467	-7703
五星	431289	500163	38307
其他	1148566	1542488	201006

表 10—7　限额以上住宿和餐饮业法人企业主要财务状况（2021 年）（续表 3）

计量单位：千元

项　目	营业利润	利润总额	应交所得税	应交增值税
住宿和餐饮业合计	-280931	-121336	264809	293930
一、住宿业总计	-721941	-652899	-913	118895
（一）按登记注册类型分				
内资企业	-560655	-492514	-3635	109045
国有企业	-150320	-138717	1393	10009
集体企业	-7720	-7573		485
股份合作企业	-5645	-5579		62
联营企业	-1616	3480		
国有联营企业	-1616	3480		
有限责任公司	-157915	-125349	-14420	35281
国有独资公司	-18349	9000	16196	16681
其他有限责任公司	-139566	-134349	-30616	18600
股份有限公司	64122	64053	14110	14014
私营企业	-301561	-282829	-4718	49194
私营独资企业	-313	-241	20	364
私营有限责任公司	-312660	-299176	-4785	48465
私营股份有限公司	11412	16588	47	365
港、澳、台商投资企业	-162984	-161197	1523	6346
与港澳台商合资经营企业	-119034	-119084	1008	3534
港澳台商独资经营企业	-43950	-42113	515	2812
外商投资企业	1698	812	1199	3504
中外合资经营企业	-2904	-1455	1013	2434
外资企业	4602	2267	186	1070
（二）按国民经济行业分				
住宿和餐饮业				
住宿业	-721941	-652899	-913	118895
旅游饭店	-595759	-547048	-7070	85511
一般旅馆	-87611	-71401	6038	30122
民宿服务	-523	-7938	3	100
露营地服务	-3992	2509		
其他住宿业	-34056	-29021	116	3162
（三）按单位经营形式分				
独立门店	-557018	-516691	-4593	101478
连锁总店（总部）	-17027	-16410		807
连锁直营店	-11223	-11181	56	1264
连锁加盟店	-65201	-49397	380	10371
其他	-71472	-59220	3244	4975
（四）按住宿业企业星级评定情况分				
一星	-354	-74	23	-76
二星	234	242	13	275
三星	-54847	-48472	3061	6783
四星	-52746	-41354	15770	20541
五星	-65562	-47199	17284	34037
其他	-548666	-516042	-37064	57335

表10—7　限额以上住宿和餐饮业法人企业主要财务状况（2021年）（续表4）

计量单位：千元

项　目	资产总计	负债总计	所有者权益	实收资本
二、餐饮业总计	17300804	13468656	3936019	2989755
（一）按登记注册类型分				
内资企业	14067130	11141984	3029017	2452446
国有企业	183353	123123	60230	18608
有限责任公司	4524072	3063806	1459940	674350
国有独资公司	522376	79250	443126	8800
其他有限责任公司	4001696	2984556	1016814	665550
股份有限公司	5731	3278	2453	1000
私营企业	9346507	7945908	1504796	1758458
私营独资企业	105634	88214	17127	14318
私营合伙企业	8798	4276	4522	6100
私营有限责任公司	9212640	7818680	1498450	1735040
私营股份有限公司	19435	34738	-15303	3000
其他企业	7467	5869	1598	30
港、澳、台商投资企业	1291321	1113836	177485	355362
与港澳台商合资经营企业	142829	23493	119336	30000
港澳台商独资经营企业	1148492	1090343	58149	325362
外商投资企业	1942353	1212836	729517	181947
中外合资经营企业	23532	7524	16008	21006
外资企业	1918821	1205312	713509	160941
（二）按国民经济行业分				
住宿和餐饮业				
餐饮业	17300804	13468656	3936019	2989755
正餐服务	12839688	9954152	2988906	2279681
快餐服务	3526709	2824038	702671	515664
饮料及冷饮服务	366845	256952	110394	23800
餐饮配送及外卖送餐服务	182491	105610	76881	68625
其他餐饮业	385071	327904	57167	101985
（三）按单位经营形式分				
独立门店	7573133	6046447	1590327	1607300
连锁总店（总部）	5137448	3822109	1315339	593465
连锁直营店	1277525	1167639	109886	137625
连锁加盟店	273673	247353	26320	65710
其他	3039025	2185108	894147	585655

表 10—7 限额以上住宿和餐饮业法人企业主要财务状况（2021 年）（续表 5）

计量单位：千元

项目	营业收入	主营业务收入	营业成本	税金及附加
二、餐饮业总计	22374503	22160823	10836356	25547
（一）按登记注册类型分				
内资企业	15652188	15439853	7311641	21542
国有企业	201572	190871	88600	466
有限责任公司	3059174	3048895	1339110	4190
国有独资公司	108488	108450	61557	365
其他有限责任公司	2950686	2940445	1277553	3825
股份有限公司	8920	8920	6966	176
私营企业	12367861	12176506	5872497	16687
私营独资企业	210447	204034	116973	469
私营合伙企业	6701	6701	1959	9
私营有限责任公司	12119927	11935035	5740126	16157
私营股份有限公司	30786	30736	13439	52
其他企业	14661	14661	4468	23
港、澳、台商投资企业	1848463	1847118	712818	840
与港澳台商合资经营企业	227969	227969	72584	99
港澳台商独资经营企业	1620494	1619149	640234	741
外商投资企业	4873852	4873852	2811897	3165
中外合资经营企业	56405	56405	46096	59
外资企业	4817447	4817447	2765801	3106
（二）按国民经济行业分				
住宿和餐饮业				
餐饮业	22374503	22160823	10836356	25547
正餐服务	13033842	12896428	6038296	20105
快餐服务	6771507	6757222	3484481	3700
饮料及冷饮服务	1084762	1079015	406385	268
餐饮配送及外卖送餐服务	639576	587392	478479	728
其他餐饮业	844816	840766	428715	746
（三）按单位经营形式分				
独立门店	6949929	6780455	3324897	17378
连锁总店（总部）	9690756	9687678	4562783	4386
连锁直营店	2988920	2982501	1252625	1727
连锁加盟店	107709	107703	31553	116
其他	2637189	2602486	1664498	1940

表 10—7 限额以上住宿和餐饮业法人企业主要财务状况（2021 年）（续表 6）

计量单位：千元

项 目	销售费用	管理费用	财务费用
二、餐饮业总计	8557746	2251630	204160
（一）按登记注册类型分			
内资企业	6502010	1722201	145964
国有企业	77130	39275	-301
有限责任公司	1359824	326680	8841
国有独资公司	21604	25579	-196
其他有限责任公司	1338220	301101	9037
股份有限公司	372	1159	3
私营企业	5056239	1355073	137384
私营独资企业	80892	9368	818
私营合伙企业	2483	742	1
私营有限责任公司	4959621	1340869	136513
私营股份有限公司	13243	4094	52
其他企业	8445	14	37
港、澳、台商投资企业	1005056	87487	27379
与港澳台商合资经营企业	128707	12928	-1977
港澳台商独资经营企业	876349	74559	29356
外商投资企业	1050680	441942	30817
中外合资经营企业	6833	3359	57
外资企业	1043847	438583	30760
（二）按国民经济行业分			
住宿和餐饮业			
餐饮业	8557746	2251630	204160
正餐服务	5349660	1474198	142899
快餐服务	2151726	588697	52807
饮料及冷饮服务	535207	106248	1392
餐饮配送及外卖送餐服务	82350	43380	635
其他餐饮业	438803	39107	6427
（三）按单位经营形式分			
独立门店	2694569	1091635	107789
连锁总店（总部）	3706621	596123	80792
连锁直营店	1513689	195617	3348
连锁加盟店	42926	46966	5356
其他	599941	321289	6875

表 10—7 限额以上住宿和餐饮业法人企业主要财务状况（2021 年）（续表 7）

计量单位：千元

项　目	营业利润	利润总额	应交所得税	应交增值税
二、餐饮业总计	441010	531563	265722	175035
（一）按登记注册类型分				
内资企业	-116495	-32346	121422	152026
国有企业	-3729	-1849	-252	3865
有限责任公司	17526	20219	26060	8139
国有独资公司	61	189	3817	3774
其他有限责任公司	17465	20030	22243	4365
股份有限公司	544	597	5	161
私营企业	-132509	-53004	95515	140136
私营独资企业	1641	2068	297	2758
私营合伙企业	-376	-362		80
私营有限责任公司	-133680	-54514	95214	136870
私营股份有限公司	-94	-196	4	428
其他企业	1673	1691	94	-275
港、澳、台商投资企业	20750	23717	11126	16394
与港澳台商合资经营企业	-1977	21139	5940	13607
港澳台商独资经营企业	-741	2578	5186	2787
外商投资企业	536755	540192	133174	6615
中外合资经营企业	-13	1789		567
外资企业	536768	538403	133174	6048
（二）按国民经济行业分				
住宿和餐饮业				
餐饮业	441010	531563	265722	175035
正餐服务	-26578	47145	125898	69360
快餐服务	498507	521824	141500	20318
饮料及冷饮服务	31277	21665	10563	77531
餐饮配送及外卖送餐服务	6648	8212	792	4860
其他餐饮业	-68844	-67283	-13031	2966
（三）按单位经营形式分				
独立门店	-327138	-277338	15855	124755
连锁总店（总部）	737012	772912	202035	22458
连锁直营店	20927	14586	22332	3063
连锁加盟店	-18886	-17794	53	10
其他	29095	39197	25447	24749

表 10—8　亿元以上商品交易市场基本情况（2021 年）

计量单位：个

项　目	市场个数	总摊位数	年末出租摊位数
合　　计	31	36940	33370
一、营业环境			
露天式	2	913	402
封闭式	29	36027	32968
二、经营方式			
以批发为主	15	20967	19479
以零售为主	16	15973	13891
三、市场类别			
（一）综合市场	7	13543	10826
综合贸易市场	7	13543	10826
工业消费品综合市场	1	940	549
农产品综合市场	4	4582	3986
其他综合市场	2	8021	6291
（二）专业市场	24	23397	22544
生产资料市场	2	8860	8841
建材市场	2	8860	8841
农产品市场	7	3265	3249
粮油市场	1	276	276
肉禽蛋市场	3	1463	1453
水产品市场	1	766	764
蔬菜市场			
纺织、服装、鞋帽市场	2	3636	3517
服装市场	2	3636	3517
电器、通讯器材、电子设备市场	1	182	181
计算机及辅助设备市场	1	182	181
家具、五金及装饰材料市场	9	4218	3677
家具市场	4	1349	1192
装饰材料市场	3	1847	1552
汽车、摩托车及零配件市场	3	3236	3079
汽车市场	2	2631	2579
机动车零配件市场	1	605	500

表10—8 亿元以上商品交易市场基本情况（2021年）（续表）

项 目	出租率（%）	成交额（万元）	商品交易市场年末营业面积（平方米）
合 计	90.3	13938891	2589379
一、营业环境			
露天式	44.0	430090	58500
封闭式	91.5	13508801	2530879
二、经营方式			
以批发为主	92.9	11900901	1258826
以零售为主	87.0	2037990	1330553
三、市场类别			
（一）综合市场		8172490	1063153
综合贸易市场	79.9	8172490	1063153
工业消费品综合市场	58.4	56067	21297
农产品综合市场	87.0	7323428	518500
其他综合市场	78.4	792995	523356
（二）专业市场		5766401	1526226
生产资料市场	99.8	369070	154000
建材市场	99.8	369070	154000
农产品市场	99.5	3690350	369989
粮油市场	100.0	288335	81000
肉禽蛋市场	99.3	2574019	181750
水产品市场	99.7	529179	55239
蔬菜市场			
纺织、服装、鞋帽市场	96.7	162011	96129
服装市场	96.7	162011	96129
电器、通讯器材、电子设备市场	99.5	33450	5041
计算机及辅助设备市场	99.5	33450	5041
家具、五金及装饰材料市场	87.2	351297	751107
家具市场	88.4	130992	323289
装饰材料市场	84.0	180801	200883
汽车、摩托车及零配件市场	95.1	1160223	149960
汽车市场	98.0	1157223	87960
机动车零配件市场	82.6	3000	62000

表 10—9 批发和零售业连锁总店经营情况（2021 年）

计量单位：个

项 目	连锁总店	连锁门店		
			直营店	加盟店
合 计	30	10382	7992	2390
一、批发业	4	4485	3385	1100
二、零售业	26	5897	4607	1290
按零售连锁业态				
便利店	2	288	288	
超市	2	1952	1712	240
大型超市	4	14	14	
百货店	1	497	497	
专业店	15	3535	1675	1860
加油站	2	3330	3330	
专卖店	4	766	476	290

表 10—9 批发和零售业连锁总店经营情况（2021 年）（续表）

项 目	商品购进额（千元）	商品销售额（千元）	零售额（千元）	零售营业面积（平方米）	从业人员期末人数（人）
合 计	242028836	250624771	204213532	9987261	87667
一、批发业	160926743	171431387	132065148	5232363	24173
二、零售业	81102093	79193384	72148384	4754898	63494
按零售连锁业态					
便利店	381143	499743	499743	27089	532
超市	33070645	35008110	27963110	2330591	30083
大型超市	7618961	7782886	7782886	154405	2621
百货店	14565798	9654264	9654264	1172180	13789
专业店	25278992	25779524	25375113	1055407	16619
加油站	160423834	170914627	132036871	5216782	21793
专卖店	689463	985617	901545	30807	2230

表 10—10　住宿和餐饮业连锁总店经营情况（2021 年）

项　目	连锁总店（个）	连锁门店（个）			商品购进额（采购额）（千元）
			直营店	加盟店	
合　　计	6	857	857		3110447
一、住宿业					
二、餐饮业	6	857	857		3110447
按行业代码分组					
正餐服务	2	7	7		104393
快餐服务	4	850	850		3006054

表 10—10　住宿和餐饮业连锁总店经营情况（2021 年）（续表）

项　目	营业额（千元）	餐费收入（千元）	商品销售额（千元）	餐位数（个）	年末营业面积（平方米）	从业人员期末人数（人）
合　　计	5951298	5692433		76231	234473	19608
一、住宿业						
二、餐饮业	5951298	5692433		76231	234473	19608
按行业代码分组						
正餐服务	128794	128794		2100	6300	500
快餐服务	5822504	5563639		74131	228173	19108

表 10—11　主要年份社会消费品零售总额

年　份	社会消费品零售总额（亿元）	比上年增长（%）
1949	0.77	
1952	2.49	
1957	4.33	
1962	5.22	
1965	5.28	
1970	6.13	
1975	8.26	
1978	10.69	
1980	15.84	
1985	34.84	
1990	72.79	
1992	105.69	
1994	209.05	47.9
1995	269.21	28.8
1996	314.91	17.0
1997	395.22	25.5
1998	439.03	11.1
1999	484.89	10.4
2000	538.17	11.0
2005	1082.36	15.4
2006	1261.33	16.5
2007	1507.10	19.5
2008	1814.05	20.4
2009	2119.24	16.8
2010	2526.10	19.2
2012	3474.30	15.8
2013	4124.39	18.7
2014	4583.36	11.1
2015	5069.67	10.6
2016	5627.29	11.0
2017	6228.81	10.7
2018	6778.60	8.8
2019	7136.32	5.3
2020	7203.03	0.9
2021	7899.41	9.7

表 10—12　2021 年批发业销售额三十强企业名单

序号	企业名称	序号	企业名称
1	苏宁易购集团股份有限公司	16	南京医药股份有限公司
2	苏美达国际技术贸易有限公司	17	华润电力（江苏）有限公司
3	中煤能源南京有限公司	18	南京中电熊猫贸易发展有限公司
4	中国石化销售股份有限公司江苏石油分公司	19	南京南钢特钢长材有限公司
5	江苏南钢环宇贸易有限公司	20	南京红太阳跨境供应链有限公司
6	南京钢铁集团国际经济贸易有限公司	21	博西家用电器投资（中国）有限公司
7	江苏华能智慧能源供应链科技有限公司	22	南京名爵汽车贸易有限公司
8	博西家用电器（中国）有限公司	23	江苏省对外经贸股份有限公司
9	中国国投国际贸易南京有限公司	24	南京昌昊国际贸易有限公司
10	中海油华东销售有限公司	25	中电科技(南京)电子信息发展有限公司
11	江苏开元国际集团石化有限公司	26	江苏金贸钢宝电子商务股份有限公司
12	江苏省烟草公司南京市公司	27	江苏省建筑工程集团供应链管理有限公司
13	江苏省煤炭运销有限公司	28	江苏丝路法华跨境电子商务有限公司
14	江苏省江海粮油集团有限公司	29	南京海中贸易有限公司
15	马森能源（南京）有限公司	30	中化粮谷有限公司

表 10—13　2021 年零售业销售额三十强企业名单

序号	企业名称	序号	企业名称
1	中国石化销售股份有限公司江苏南京石油分公司	16	江苏苏果超市有限公司
2	苏果超市有限公司	17	江苏宝庆珠宝有限公司
3	南京苏宁易购电子商务有限公司	18	金鹰国际商贸集团（中国）有限公司
4	德基广场有限公司	19	南京京东朝禾贸易有限公司
5	京东五星电器集团有限公司	20	中国石油天然气股份有限公司江苏南京销售分公司
6	孩子王儿童用品股份有限公司	21	南京盒马网络科技有限公司
7	江苏凤凰新华书店集团有限公司	22	南京宁星汽车维修服务有限公司
8	江苏高速公路石油发展有限公司	23	江苏益丰大药房连锁有限公司
9	沃尔玛（江苏）商业零售有限公司	24	南京中升之星汽车销售服务有限公司
10	拓速乐汽车销售服务（南京）有限公司	25	南京合斯满网络科技有限公司
11	南京中央商场（集团）股份有限公司	26	永银文化发展集团有限公司
12	南京昊超电子商务有限公司	27	南京苏宁易购销售有限公司
13	江苏康众汽配有限公司	28	好享家舒适智能家居股份有限公司
14	江苏永辉超市有限公司	29	南京宁宝汽车服务有限公司
15	南京新街口百货商店股份有限公司	30	南京康众汽车科技有限公司

表 10—14　2021 年住宿业营业额三十强企业名单

序号	企业名称	序号	企业名称
1	南京青奥城建设发展有限责任公司	16	南京金丝利酒店管理有限公司
2	南京新金陵饭店有限公司	17	南京鼎正酒店有限公司
3	金陵饭店股份有限公司	18	南京华中苑酒店有限公司
4	香格里拉大酒店（南京）有限公司	19	南京中心大酒店有限公司
5	江苏辰茂新世纪大酒店有限公司	20	南京玄武饭店有限责任公司
6	南京融通华东饭店有限责任公司	21	南京朗诗寓商业管理有限公司
7	南京东郊国宾馆	22	南京晶丽酒店有限公司
8	南京古南都饭店有限公司	23	江苏凤凰台饭店集团有限公司
9	南京紫金山庄酒店管理有限责任公司	24	南京君通华江饭店有限责任公司
10	南京中航工业科技城发展有限公司	25	江苏怡华酒店管理有限公司
11	江苏省会议中心有限公司	26	江苏省委西康路招待所
12	南京朗昇酒店管理有限公司	27	南京中山大厦有限公司
13	南京珍宝假日饭店有限公司	28	南京上秦淮酒店有限公司
14	南京维景国际大酒店有限公司	29	南京金陵状元楼大酒店有限公司
15	南京国际会议中心股份有限公司	30	南京汉府饭店

表10—15　2021年餐饮业营业额三十强企业名单

序号	企业名称	序号	企业名称
1	南京肯德基有限公司	16	南京味千餐饮管理有限公司
2	江苏海底捞餐饮管理有限责任公司	17	南京舒活餐饮管理有限公司
3	南京金拱门食品有限公司	18	南京金都饮食服务有限公司
4	小菜园南京餐饮管理有限责任公司	19	花味（江苏）餐饮管理有限公司
5	南京灵感之茶餐饮管理有限公司	20	南京乐和餐饮管理有限公司
6	和夏（南京）餐饮管理有限公司	21	南京军歌餐饮管理有限公司
7	江苏老乡鸡餐饮有限公司	22	江苏七欣天邂悦餐饮管理有限公司
8	江苏小厨娘餐饮管理有限公司	23	南京一再升餐饮管理有限公司
9	南京荣邦餐饮投资管理发展有限公司	24	南京百年同庆餐饮有限公司
10	南京白金汉爵大酒店有限公司	25	南京避风塘餐饮管理有限公司
11	南京奈雪餐饮管理有限公司	26	南京中快人餐饮有限公司
12	南京梅花餐饮管理有限公司	27	南京月尚夜上海餐饮有限公司
13	南京联郡餐饮管理有限公司	28	南京香山湖餐饮管理有限公司
14	江苏老娘舅餐饮管理有限公司	29	南京佳润餐饮有限公司
15	南京爱味弘企业管理服务有限公司	30	南京龙景国品餐饮管理有限公司

主要统计指标解释

社会消费品零售总额 指批发和零售业、住宿和餐饮业以及其他行业直接售给城乡居民和社会集团的消费品零售额。其中，对居民的消费品零售额，是指售予城乡居民用于生活消费的商品金额；对社会集团的消费品零售额，是指售给机关、社会团体、部队、学校、企事业单位、居委会或村委会等，公款购买的用作非生产、非经营使用与公共消费的商品金额。

社会消费品零售总额包括：售给城乡居民作为生活消费用的商品和修建房屋用的建筑材料的金额，以及售给来华的外国人、华侨、港澳台同胞的消费品金额；售给社会集团用作非生产、非经营使用与公共消费的商品金额。

不包括：

（1）农民之间相互买卖的商品；

（2）城市居民间或居民委托信托商店卖出的商品；

（3）售给农业、工业、建筑业等行业用于生产的商品；

（4）售予从事批发和零售业务的单位或个体户用于转卖的商品；

（5）售予从事餐饮业务的单位或个体户用于转卖或加工后转卖的商品；

（6）售予从事住宿或其他居民服务业的单位或个体户用于经营或转卖的商品；

（7）售予城乡居民已确知是用于生产、经营的商品；

（8）售予各类农业生产者的生产资料类商品；

（9）售予企业单位生产上专用的劳动保护用品；

（10）售予城乡居民的商品房。

商品购进总额 指从本企业以外的单位和个人购进（包括从国外直接进口）作为转卖或加工后转卖的商品金额（含增值税）。本指标反映批发和零售业从国内外市场上购进商品的总价。

商品销售额 指对本单位以外的单位和个人出售的商品金额（包括售给本单位消费用的商品，含增值税），本指标反映批发和零售业在国内市场上销售商品以及出口商品的总量。

商品批发额 指商品零售额以外的一切商品销售额。包括售给生产经营单位用于生产或经营用的商品销售额；售给批发零售贸易业、餐饮业用于转卖或加工后转卖的商品销售额；直接向国（境）外出口和委托外贸部门代理出口的商品销售额。

商品零售额 指售给城乡居民用于生活消费、售给社会集团用公款购买用作非生产、非经营使用的商品销售额。

期末商品库存额 对于批发和零售业法人企业和个体经营户，是指取得所有权的全部商品金额（含增值税）；对于批发和零售业产业活动单位，是指期末实际在库且归属法人具有所有权的全部商品金额（含增值税）。这个指标反映批发和零售业的商品库存情况，以及对市场商品供应的保证程度。

亿元以上商品交易市场 指年成交额在亿元及以上的商品交易市场。商品交易市场是指经有关部门和组织批准设立，有固定场所、设施，有经营管理部门和监管人员，若干市场经营者入内，常年或实际开业三个月以上，集中、公开、独立地进行生活消费品、生产资料等现货商品交易以及提供相关服务的交易场所，包括各类消费品市场、生产资料市场等。

商品成交额 指市场所有摊位业主商品交易额之和。

消费品零售额 指市场所有摊位业主商品交易总额之和中直接售予城乡居民用于生活消费和社会集团用于公共消费的商品金额。

营业面积 指市场营业用场地、仓库等营业用建筑面积，不包括为市场经营服务的办公室和附设的旅馆、招待所、餐馆、停车场等的面积。

连锁总店（总部） 负责连锁企业资源（商号、商誉、经营模式、服务标准、管理模式等等）的开发、配置、控制或使用等功能的企业核心管理机构。

连锁经营分店 指连锁经营的核心企业或单位（总店）所属各分散经营的门店，也称为成员店。

门店数 指该连锁企业所拥有的全部连锁门店数量，包括总店（如果总公司有门店的话）和全部直营分店、加盟分店数。总店作为一个直营店处理。控股店按直营店统计。直营店和加盟店之和应等于门店总数。

直营连锁 也叫正规连锁。连锁门店均由总部全资或控股开设，在总部的直接领导下统一经营。

加盟连锁 加盟连锁包括特许连锁和自由连锁。

统一配送商品购进额 指企业统一购进商品后，配送到门店（包括加盟店）的商品金额（按购进价计算）。非自有配送中心配送比重指由第三方物流配送的商品购进额。直营店和加盟店的配送商品购进额，是指由总部统一配送或接受统一配送的商品购进额，而不是直营店和加盟店对外的配送商品购进额。

自有配送中心配送商品购进额 指连锁总部从自有配送中心购进商品的金额。

非自有配送中心配送商品购进额 指连锁总部从第三方物流配送中心购进商品的金额。

配送中心 是连锁企业的物流机构，承担着各门店所需商品的进货、库存、分货、加工、集配、运输、送货等任务。配送中心主要为本连锁企业服务，也可面向社会。如本企业没有配送中心而是利用本企业以外的物流中心配送，可不填自有配送中心数、配送中心面积和运输车辆，但应填统一配送商品购进额。

营业额 指住宿和餐饮业法人企业、产业活动单位在经营活动中因提供服务或销售商品等取得的收入。包括：客房收入、餐费收入、商品销售额（含增值税）和其他收入。

客房收入 指住宿和餐饮业法人企业、产业活动单位在经营活动中因提供住宿服务取得的客房收入。

餐费收入 指住宿和餐饮业法人企业、产业活动单位因为顾客提供就餐服务取得的收入。包括：经烹饪、调制加工后出售的各种食品，如主食、炒菜、凉拌菜等的收入。

商品销售额 指住宿和餐饮业法人企业、产业活动单位伴随服务而出售商品所取得的销售总额（含增值税）。

年末餐饮营业面积 指住宿和餐饮业法人企业、产业活动单位对外提供就餐服务的门店建筑面积和从事食品加工、烹饪、调制的厨房面积，不包括办公用房和仓库等面积。该指标按年末实有面积统计。

（十一）
对外经济贸易和旅游业

CHAPTER 11
FOREIGN TRADE AND ECONOMIC COOPERATION, TOURISM

表 11—1　利用外资

指　　标	2021 年	2020 年	2021 年为上年%
新签外商投资企业（个）	686	592	115.9
新签合同外资（万美元）	936472	1526154	61.0
实际使用外资（万美元）	501445	451504	111.1
第一产业		253	
第二产业	130113	64508	201.7
第三产业	371332	386743	96.0

注：本表数据由市商务局提供。

表 11—2　对外劳务和承包工程情况

指　　标	2021 年	2020 年	2021 年为上年%
新签合同金额（万美元）	188690	216431	87.2
完成营业额（万美元）	241317	226922	106.3

注：本表数据由市商务局提供。

表 11—3　涉外税收

计量单位：万元

指　　标	2021 年	2020 年	2021 年为上年%
合　　计	40079956	32798118	122.2
流转税	13493896	11826986	114.1
企业所得税	7114244	5973836	119.1
个人所得税	2466998	2126355	116.0
车船使用牌照税	91017	88110	103.3
城市房地产税	561215	495723	113.2
其他各税	15129344	11115760	136.1
海关代征	1223242	1171348	104.4

注：本表数据由市税务局提供。

表 11—4 海关统计进出口贸易（2021 年）

计量单位：亿元

指　　标	2021 年	2021 年为上年%
进出口总值（经营单位口径）	6366.83	119.2
一、出口	3989.89	117.4
# 外商投资企业	1113.5	109.0
高新技术产品	789.6	99.0
二、进口	2376.94	122.4
# 外商投资企业	812.9	101.9
高新技术产品	630.8	112.5

表 11—5　南京与国外缔结友好关系的城市

国　别	城　市	缔结日期
日　本	名古屋市	1978 年 12 月 21 日
美　国	圣路易斯市	1979 年 11 月 2 日
意大利	佛罗伦萨市	1980 年 2 月 22 日
荷　兰	埃因候温市	1985 年 10 月 9 日
德　国	莱比锡市	1988 年 5 月 21 日
墨西哥	墨西卡利市	1991 年 10 月 14 日
塞浦路斯	利马索尔市	1992 年 9 月 23 日
韩　国	大田广域市	1994 年 11 月 14 日
加拿大	伦敦市	1997 年 5 月 7 日
澳大利亚	珀斯市	1998 年 5 月 18 日
南　非	布隆方丹市	2000 年 3 月 22 日
哥伦比亚	巴兰基亚市	2001 年 6 月 3 日
马来西亚	马六甲市	2008 年 10 月 30 日
文　莱	斯里巴加湾市	2011 年 11 月 21 日
纳米比亚	温得和克市	2015 年 9 月 9 日
白俄罗斯	莫吉廖夫市	2016 年 9 月 27 日

注：本表资料由市政府外事办公室提供。

表 11—6　旅游经济主要指标

指　　标	2021 年	2020 年	2021 年为上年%
全市接待国内外旅游者（万人次）	10844	9704	111.7
# 国内旅游者	10830.6	9687.54	111.8
入境旅游者	13.4	16.46	81.4
国际旅游创汇收入（亿美元）	2.64	3.85	68.5
全市旅游总收入（亿元）	2130.45	1822.64	116.9
全市拥有星级宾馆饭店（家）	58	60	96.7
全市拥有旅行社（家）	792	774	102.3
# 从事国际旅游业务	65	65	—
全市拥有旅游 A 级景区（个）	56	51	—
# 5A 级旅游景区	2	2	—
4A 级旅游景区	25	24	—

注：本表数据由市文化和旅游局提供。

表 11—7　接待入境旅游人数

计量单位：人次

指　　标	2021 年	2020 年
接待入境旅游人数	134033	164603
（一）外国人	95260	118468
# 日本	6401	7399
新加坡	2094	2760
印度	2036	2873
马来西亚	1847	2563
韩国	22630	26174
美国	9193	11030
加拿大	4329	4822
英国	2864	3664
德国	3542	4386
澳大利亚	2436	3416
（二）香港同胞	9337	11964
（三）澳门同胞	2788	2374
（四）台湾同胞	26648	31797
平均每天来宁人数	367	451

注：本表数据由市文化和旅游局提供。

表 11—8 部分年份对外贸易主要指标

单位：亿美元

年 份	进出口总额（经营单位）	出口	三资企业出口	进口
1990	3.64	1.58	0.11	2.06
1995	51.74	38.06	2.52	13.68
2000	91.02	53.69	9.20	37.33
2003	147.12	76.65	19.57	70.47
2004	206.39	104.60	36.96	101.79
2005	270.90	142.45	60.30	128.45
2006	315.35	173.65	77.22	141.70
2007	362.00	206.46	86.26	155.53
2008	405.92	235.97	88.22	169.95
2009	337.45	184.59	64.81	152.86
2010	456.01	248.85	83.51	207.16
2011	573.44	308.65	107.67	264.79
2012	552.35	319.01	109.62	233.34
2013	557.57	322.66	97.18	234.91
2014	572.21	326.28	114.24	245.93
2015	532.40	315.03	107.82	217.38
2016	502.12	295.92	97.93	206.20
2017	611.87	344.15	131.30	267.73
2018	654.91	378.79	130.37	276.12
2019	699.60	435.33	139.44	264.27
2020	771.79	491.14	147.40	280.65
2021	985.28	617.50	172.30	367.78

表 11—9　部分年份开放型经济主要指标

单位：亿美元

年　份	实际使用外资	注册合同外资	投资总额	对外承包劳务完成营业额
1990	0.70	0.37		0.16
1995	4.15	12.30		0.65
2000	8.13	20.79	38.55	1.37
2003	22.10	40.09	73.02	4.16
2004	25.66	45.15	77.11	4.60
2005	20.09	25.58	82.53	4.83
2006	17.02	30.82	69.78	6.07
2007	20.61	37.85	80.16	7.44
2008	23.72	44.60	56.74	10.26
2009	23.92	45.59	74.42	11.57
2010	28.16	47.78	95.35	13.09
2011	35.66	61.66	103.15	15.76
2012	41.30	61.15	164.88	11.42
2013	40.33	53.59	88.92	11.73
2014	32.91	49.20	108.58	26.97
2015	33.35	61.72	114.34	33.34
2016	34.79	56.55	151.44	37.25
2017	36.73	60.87	149.10	39.83
2018	38.53	98.22	183.70	34.84
2019	41.01	85.21	171.07	34.51
2020	45.15	152.62	348.86	22.69
2021	50.14	93.65	153.87	24.13

表 11—10　部分年份旅游经济主要指标

单位：万人次

年　份	国内旅游人数	入境旅游人数	外国人	香港同胞	澳门同胞	台湾同胞
1990		26.33	7.29		18.79	
1995	654	23.17	12.77	0.20	5.66	4.54
2000	1501	41.90	22.69	8.26	0.44	10.51
2003	2206	51.51	31.11	9.44	0.36	10.60
2004	2800	71.97	47.17	11.26	0.44	13.10
2005	3220	87.63	51.41	15.09	0.41	20.72
2006	3800	100.92	64.66	15.97	0.60	19.69
2007	4489	116.12	76.33	16.73	0.77	22.28
2008	4960	119.52	77.85	17.23	0.86	23.58
2009	5520	113.45	74.40	15.55	1.07	22.44
2010	6366	130.88	86.80	17.10	1.10	25.88
2011	7181	150.64	99.91	19.74	1.26	19.74
2012	7950	162.71	107.73	21.36	1.36	32.27
2013	8674	51.86	38.16	4.04	0.19	9.47
2014	9419	56.62	41.56	4.51	0.18	10.37
2015	10175	58.81	43.23	4.13	0.27	11.18
2016	11142	63.78	46.90	4.76	0.31	11.82
2017	12221	71.76	51.85	5.57	0.41	13.93
2018	13328	81.01	58.97	6.28	0.48	15.27
2019	14597	85.31	61.39	6.92	0.56	16.45
2020	9688	16.46	11.85	1.19	0.24	3.18
2021	10831	13.40	9.53	0.93	0.28	2.66

注：本表数据由市文化和旅游局提供。2016 年按国家及省旅游局入境旅游统计最新指标与口径对外发布和使用入境旅游数据。

表 11—10　部分年份旅游经济主要指标（续表）

年　　份	旅游总收入（亿元）	国内旅游收入（亿元）	国际旅游收入（亿美元）
1990	0.31		0.31
1995	62.36	53.89	1.02
2000	155.99	137.66	2.21
2003	244.00	217.60	3.18
2004	320.00	277.90	5.08
2005	379.00	333.00	5.76
2006	462.80	408.08	6.77
2007	585.45	530.51	8.08
2008	714.30	654.00	8.73
2009	822.16	765.00	8.37
2010	951.61	885.95	9.81
2011	1106.23	1028.00	12.00
2012	1272.78	1169.01	13.62
2013	1360.67	1336.22	4.01
2014	1520.83	1470.00	5.53
2015	1688.12	1650.78	6.39
2016	1909.26	1862.85	6.76
2017	2168.90	2121.00	7.60
2018	2460.20	2401.77	8.83
2019	2784.95	2719.00	9.42
2020	1822.64	1796.08	3.85
2021	2130.45	2112.25	2.64

主要统计指标解释

进出口总额　海关进出口总额指实际进出我国国境的货物总金额。包括对外贸易实际进出口货物，来料加工装配进出口货物，国家间、联合国及国际组织无偿援助物资和赠送品，华侨、港澳台同胞和外籍华人捐赠品，租赁期满归承租人所有的租赁货物，进料加工进出口货物，边境地方贸易及边境地区小额贸易进出口货物（边民互市贸易除外），中外合资企业、中外合作经营企业、外商独资经营企业进出口货物和公用物品，到、离岸价格在规定限额以上的进出口货样和广告品（无商业价值、无使用价值和免费提供出口的除外），从保税仓库提取在中国境内销售的进口货物，以及其他进出口货物。进出口总额用以观察一个国家在对外贸易方面的总规模。我国规定出口货物按离岸价格统计，进口货物按到岸价格统计。

商品经营单位所在地进、出口额　指所在地海关注册登记的有进出口经营权的企业实际进、出口额。

商品目的地进口额和商品货源地出口额　目的地进口额指进口货物的消费、使用或最终抵运地的实际进口额，货源地出口额是指出口货物的产地或原始发货地的实际出口额。

利用外资　指我国各级政府、部门、企业和其他经济组织通过对外借款、吸收外商直接投资以及用其他方式筹措的境外现汇、设备、技术等。

对外借款　是我国利用外资的重要部分。指通过对外正式签订借款协议，从境外筹措的资金，包括外国政府贷款、国际金融组织贷款、外国银行商业贷款、出口信贷以及对外发行债券等。1996年及以前还包括对外发行股票。

外商直接投资　指外国企业和经济组织或个人（包括华侨、港澳台胞以及我国在境外注册的企业）按我国有关政策、法规，用现汇、实物、技术等在我国境内开办外商独资企业、与我国境内的企业或经济组织共同举办中外合资经营企业、合作经营企业或合作开发资源的投资（包括外商投资收益的再投资）。

外商其他投资　指除对外借款和外商直接投资以外的各种利用外资的形式。包括企业在境内外股票市场公开发行的以外币计价的股票（目前主要是在香港证券市场发行的H股和在境内证券市场发行的B股）发行价总额，国际租赁进口设备的应付款，补偿贸易中外商提供的进口设备、技术、物料的价款，加工装配贸易中外商提供的进口设备、物料的价款。

对外承包工程　指各对外承包公司以招标议标承包方式承揽的下列业务：（1）承包国外工程建设项目，（2）承包我国对外经援项目，（3）承包我国驻外机构的工程建设项目，（4）承包我国境内利用外资进行建设的工程项目，（5）与外国承包公司合营或联合承包工程项目时我国公司分包部分，（6）对外承包兼营的房屋开发业务。对外承包工程的营业额是以货币表现的本期内完成的对外承包工程的工作量，包括以前年度签订的合同和本年度新签订的合同在报告期内完成的工作量。

对外劳务合作 指以收取工资的形式向业主或承包商提供技术和劳动服务的活动。我国对外承包公司在境外开办的合营企业，中国公司同时又提供劳务的，其劳务部分也纳入劳务合作统计。劳务合作营业额按报告期内向雇主提交的结算数（包括工资、加班费和奖金等）统计。

旅游者人数 包括入境国际旅游者人数、出境居民人数和国内旅游者人数。

（1）入境国际旅游者人数：指来中国参观、访问、旅行、探亲、访友、休养、考察、参加会议和从事经济、科技、文化、教育、宗教等活动的外国人、华侨、港澳同胞和台湾同胞的人数。不包括外国在我国的常驻机构，如使领馆、通讯社、企业办事处的工作人员；来我国常住的外国专家、留学生以及在岸逗留不过夜人员。

（2）出境居民人数：指大陆居民因公务活动或私人事务短期出境的人数。公务活动出境居民人数包括在国际交通工具上的中国服务员工，因私出境居民人数不包括在国际交通工具上的中国服务员工。

（3）国内旅游者人数：指我国大陆居民和在我国常住 1 年以上的外国人、华侨、港澳台同胞离开常住地在境内其他地方的旅游设施内至少停留一夜，最长不超过 6 个月的人数。

国际旅游（外汇）收入 指入境旅游的外国人、华侨、港澳同胞和台湾同胞在中国大陆旅游过程中发生的一切旅游支出，对于国家来说就是国际旅游（外汇）收入。

（十二）财政、金融和保险

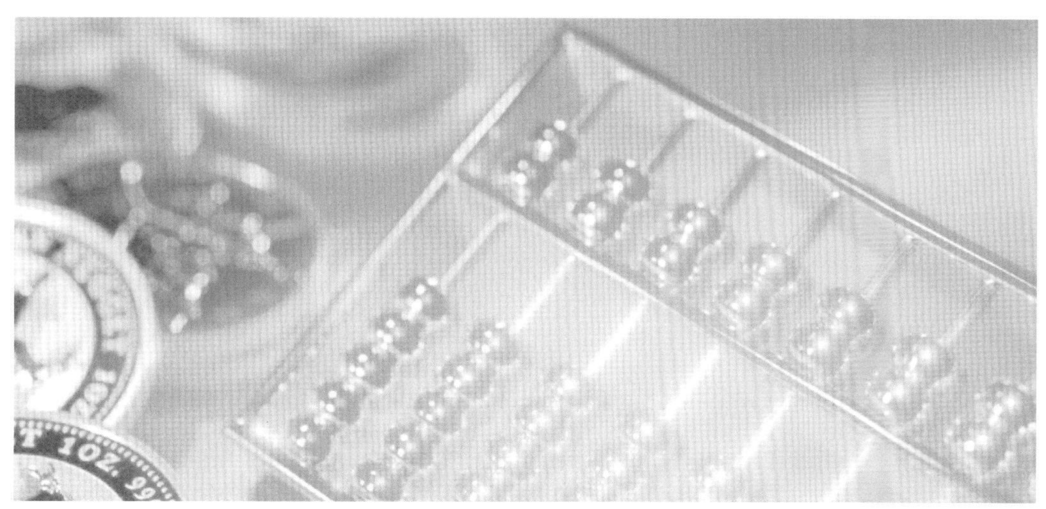

CHAPTER 12
FINANCE，BANKING AND INSURANCE

表 12—1　财政收入

计量单位：亿元

指　　标	2021 年	2020 年	2021 年为上年%
全市财政收入	3264.26	3009.55	108.5
一、一般公共预算收入	1729.52	1637.70	105.6
增值税	514.65	471.98	109.0
企业所得税 40%	339.71	288.60	117.7
个人所得税 40%	109.11	94.28	115.7
城市维护建设税	96.80	89.75	107.8
其他各项收入	669.25	693.09	96.6
二、上划中央收入	1534.74	1371.85	111.9
国内消费税	397.12	337.07	117.8
附：一般公共预算收入构成（%）			
增值税	29.80	28.80	
企业所得税 40%	19.60	17.60	
个人所得税 40%	6.30	5.80	
城市维护建设税	5.60	5.50	
其他各项收入	38.70	42.30	

注：本表由市财政局提供。

表 12—2　一般公共预算支出

计量单位：亿元

指　　标	2021 年	2020 年	2021 年为上年%
一般公共预算支出	1817.73	1754.62	103.6
# 一般公共服务	151.20	145.72	103.8
公共安全、国防	125.74	134.60	93.4
教育	322.68	306.28	105.4
科学技术	108.26	100.86	107.3
文化旅游体育与传媒	35.36	38.82	91.1
社会保障和就业	223.88	208.57	107.3
卫生健康	150.29	120.85	124.4
节能环保	51.47	50.52	101.9
城乡社区事务	220.76	258.40	85.4
农林水事务	95.35	94.44	101.0
交通运输	69.23	46.57	148.6
其他支出	263.51	249.00	105.8

注：本表由市财政局提供。

表 12—3　金融机构本外币存、贷款余额

计量单位：亿元

指　　标	2021 年	2020 年
金融机构本外币存款余额	44708.68	40056.45
（一）境内存款	44262.79	39719.91
1．住户存款	10830.65	9701.20
（1）活期存款	3639.25	3473.52
（2）定期及其他存款	7191.39	6227.68
2．非金融企业存款	15716.78	15082.62
（1）活期存款	5901.49	5853.74
（2）定期及其他存款	9815.29	9228.87
3．财政性存款	1773.29	782.32
4．机关团体存款	7880.49	7682.71
5．非银行业金融机构存款	8061.59	6471.06
（二）境外存款	445.89	336.55
金融机构本外币贷款余额	43305.40	38189.99
（一）境内贷款	43201.48	38049.82
1．住户贷款	15469.76	13454.41
（1）短期贷款	4251.69	3366.16
消费贷款	3129.58	2525.36
经营贷款	1122.11	840.80
（2）中长期贷款	11218.07	10088.24
消费贷款	9916.33	9028.75
经营贷款	1301.74	1059.49
2．企（事）业单位贷款	27670.55	24552.46
（1）短期贷款	6223.23	6176.93
（2）中长期贷款	17865.46	15664.62
（3）票据融资	1906.93	1300.26
（4）融资租赁	1596.71	1359.52
（5）各项垫款	78.21	51.13
3．非银行业金融机构贷款	61.17	42.96
（二）境外贷款	103.92	140.17

注：本表由中国人民银行南京分行营管部提供。

表 12—4　保费收入情况（2021 年）

计量单位：亿元

指　　标	2021 年	2021 年为上年%
保险总额	895.44	104.4
1．财产险	205.57	103.0
2．寿险	556.73	104.8
3．意外险	17.84	102.1
4．健康险	115.31	105.8

注：1．本表由中国银行保险监督管理委员会江苏监管局提供。
　　2．因部分机构目前处于风险处置阶段，从 2021 年 6 月起，行业汇总数据口径暂不包含这部分机构。

表 12—5　主要年份财政收支

计量单位：亿元

年　份	财政收入	一般公共预算收入	财政支出
1949	0.07		0.02
1952	0.41		0.36
1957	0.55		0.59
1962	1.65		0.36
1965	2.36		0.52
1970	4.83		1.03
1975	6.92		1.06
1978	10.85		1.78
1979	17.64		2.34
1980	14.96		2.30
1985	24.77		4.76
1990	36.18		9.81
1995	65.17	29.43	36.22
1998	108.24	50.78	59.65
1999	128.49	66.43	73.21
2000	164.58	92.57	97.70
2002	264.92	115.60	133.12
2003	335.03	136.48	155.28
2004	403.65	169.88	191.68
2005	510.17	211.07	231.51
2006	603.91	246.44	262.46
2007	628.53	330.19	342.94
2008	742.40	386.56	404.92
2009	901.15	434.51	461.31
2010	1075.25	518.80	542.73
2012	1427.25	733.02	769.66
2013	1591.59	831.31	850.91
2014	1771.85	903.49	921.20
2015	2008.96	1020.03	1045.57
2016	2198.54	1142.60	1173.79
2017	2439.23	1271.91	1353.96
2018	2783.84	1470.02	1532.71
2019	3023.30	1580.03	1658.60
2020	3009.55	1637.70	1754.62
2021	3264.26	1729.52	1817.73

注：2000-2002 年一般公共预算收入为地方财政收入。2000 年起财政支出为一般公共预算支出。

表 12—6　2000 年以来金融机构本外币存贷款情况

计量单位：亿元

年　份	金融机构本外币存款余额	住户存款余额	金融机构本外币贷款余额
2000	1963.44		1706.44
2001	2489.64		2063.69
2002	3005.89	1031.01	2549.31
2003	3821.37	1253.85	3546.40
2004	4412.06	1382.24	4245.66
2005	5263.25	1677.49	4659.81
2006	5960.83	1913.12	5326.64
2007	7131.80	2010.31	6333.15
2008	8562.27	2565.83	7483.10
2009	11088.39	3125.00	9444.48
2010	12887.43	3572.07	10915.34
2011	14241.99	3968.03	11723.52
2012	16540.43	4532.02	13079.32
2013	18417.90	4955.76	14538.65
2014	20733.39	5135.67	16448.55
2015	26471.69	5651.58	18951.70
2016	28355.89	6095.08	22268.94
2017	30764.63	6202.95	25159.48
2018	34524.86	7106.00	29065.66
2019	35536.08	8299.64	33585.88
2020	40056.45	9701.20	38189.99
2021	44708.68	10830.65	43305.40

表 12—7　2000 年以来金融机构人民币存贷款情况

计量单位：亿元

年　份	金融机构人民币存款余额	住户存款余额	金融机构人民币贷款余额
2000	1963.44	596.70	1704.65
2001	2293.00	716.00	1962.00
2002	2795.00	906.00	2451.00
2003	3623.00	1134.00	3375.00
2004	4234.00	1287.00	4062.00
2005	5083.32	1595.00	4452.57
2006	5802.18	1835.00	5098.14
2007	6996.98	1951.15	6046.05
2008	8392.89	2505.33	7171.69
2009	10886.92	3056.35	9064.13
2010	12649.52	3511.85	10384.84
2011	13945.92	3910.20	11132.09
2012	16131.41	4465.37	12314.41
2013	18050.82	4883.29	13791.06
2014	20161.85	5055.77	16328.58
2015	25887.77	5535.53	18217.80
2016	27633.55	5894.47	21681.28
2017	29944.86	6019.70	24578.25
2018	33740.63	6914.84	28402.34
2019	34671.17	8105.88	32991.93
2020	39056.06	9499.25	37594.23
2021	43524.28	10636.78	42718.95

表 12—8　2000 年以来保费收入情况

计量单位：亿元

年　份	保费收入
2000	—
2001	—
2002	—
2003	—
2004	—
2005	—
2006	89.82
2007	101.77
2008	135.65
2009	152.32
2010	159.45
2011	193.82
2012	235.74
2013	264.34
2014	311.11
2015	367.76
2016	484.94
2017	697.95
2018	603.55
2019	762.83
2020	890.26
2021	895.44

注：经中国银行保险监督管理委员会江苏监管局核实，部分历史年份数据有调整。

主要统计指标解释

一般公共预算收入 指国家财政参与社会产品分配所取得的收入，是实现国家职能的财力保证。主要包括：（1）各项税收：包括国内增值税、国内消费税、进口货物增值税和消费税、出口货物退增值税和消费税、企业所得税、个人所得税、资源税、城市维护建设税、房产税、印花税、城镇土地使用税、土地增值税、车船税、船舶吨税、车辆购置税、关税、耕地占用税、契税、烟叶税、环境保护税等。（2）非税收入：包括专项收入、行政事业性收费、罚没收入、国有资本经营收入、国有资源（资产）有偿使用收入和其他收入。财政收入按现行分税制财政体制划分为中央本级收入和地方本级收入。

一般公共预算支出 指国家财政将筹集起来的资金进行分配使用，以满足经济建设和各项事业的需要。主要包括：一般公共服务、外交、国防、公共安全、教育、科学技术、文化体育与传媒、社会保障和就业、医疗卫生与计划生育、节能环保、城乡社区、农林水、交通运输、资源勘探信息等、商业服务业等、金融、援助其他地区、国土海洋气象等、住房保障、粮油物资储备、债务付息、债务发行费用等方面的支出。财政支出根据政府在经济和社会活动中的不同职权，划分为中央财政支出和地方财政支出。

中央一般公共预算收入和地方一般公共预算收入 属于中央一般公共预算的收入包括关税，进口货物增值税和消费税，出口货物退增值税和消费税，国内消费税，铁道部门、各银行总行、各保险公司总公司等集中缴纳的城市维护建设税，增值税50%部分，纳入共享范围的企业所得税60%部分，未纳入共享范围的中央企业所得税、中央企业上交的利润，个人所得税60%部分，车辆购置税，船舶吨税，证券交易印花税，海洋石油资源税，中央非税收入等。属于地方一般公共预算的收入包括城市维护建设税（不含铁道部门、各银行总行、各保险公司总公司集中缴纳的部分），房产税，城镇土地使用税，土地增值税，车船税，耕地占用税，契税，烟叶税，印花税（不含证券交易印花税），增值税50%部分，纳入共享范围的企业所得税40%部分，个人所得税40%部分，海洋石油资源税以外的其他资源税，地方非税收入等。

存款 指企业、机关、团体或居民把货币资金存入银行或其他信贷机构保管，可随时或按约定时间支取款项，并取得一定利息的一种信用活动形式。根据存款对象或性质的不同可划分为住户存款、非金融企业存款、政府存款、非银行业金融机构存款等科目。它是银行信贷资金的主要来源。

贷款 指银行或其他信贷机构根据资金必须归还的原则，按一定利率，为企业、个人等提供资金的一种信用活动形式。我国银行贷款分为短期贷款、中长期贷款、融资租赁、票据融资、各项垫款、境外贷款等。

保险公司 在中国境内的、经过保险监督管理部门批准设立，并依法登记注册的各类商业保险公司。

保费 指投保人为取得保险人在约定范围内所承担赔偿责任而支付给保险人的费用。

（十三）科技和教育

CHAPTER 13
SCIENCE AND TECHNOLOGY, EDUCATION

表 13—1　专利申请量与授权量

计量单位：件

指　标	2021 年	2020 年
申请量合计		120938
发明		49977
实用新型		64308
外观设计		6653
授权量合计	91964	76323
发明	21568	14897
实用新型	64429	55636
外观设计	5967	5790

注：本表由市市场监督管理局提供。2021 年底国家知识产权局不再下发专利申请量数据。

表 13—2　商标注册情况

计量单位：件

指　标	2021 年	2020 年
新申请注册商标	111625	71268
有效注册商标总量累计	438983	350726
新增马德里国际注册商标		491
有效马德里国际注册商标累计		
中国驰名商标总量累计		

注：本表由市市场监督管理局提供。2021 年底国家知识产权局不再下发马德里国际注册商标及相关数据。因新《商标法》对驰名商标作出禁止宣传的法律规定，相关部门不再评定。

表 13—3　技术合同成交情况（2021 年）

指　　标	合同数（项）	合同金额（万元）	
			技术交易额
合　　计	35188	7159579.77	6534055.59
技术开发	15823	3639665.67	3252626.46
技术转让	1693	307524.76	306980.60
技术咨询	2490	269087.22	265031.50
技术服务	15182	2943302.12	2709417.04

注：本表由市科学技术局提供。

表 13—4　规模以上工业企业研发活动（2020 年）

指　　标	2020 年
一、企业数及开展 R&D 活动数	
规模以上工业企业数（个）	3232
有 R&D（研究与试验发展）活动企业数（个）	1684
有研发机构单位数（个）	1335
企业办研发机构数（个）	1581
二、R&D 人员情况	
R&D 人员合计（人）	64829
企业办研发机构中人员合计（人）	55187
# 博士、硕士毕业合计	11306

注：数据包含省统计局直报企业，下同。

表 13—4　规模以上工业企业研发活动（2020 年）（续表）

指　　标	2020 年
三、R&D 经费支出情况	
本年 R&D 经费内部支出合计（万元）	2284433.4
# 大中型工业企业	1571678.8
# 小微型工业企业	712754.6
本年 R&D 活动经费外部支出合计（万元）	225040.8
本年新产品开发经费支出（万元）	2712735.4
四、其他技术活动经费支出	
技术改造经费支出（万元）	551279.5
购买境内技术经费支出（万元）	18885.8
引进境外技术经费支出（万元）	58306.5
引进境外技术的消化吸收经费支出（万元）	602.8
五、研发活动产出	
专利申请数（件）	21649
# 发明专利申请数	8841
新产品销售收入合计（万元）	31744044.5
# 出口	4173717.8

表 13—5　规模以上工业企业研究与试验发展内部支出（2020 年）

计量单位：万元

指　　标	2020 年
合　　计	
一、按企业规模分组	
大中型企业	1571678.8
# 大型企业	970760.4
中型企业	600918.4
小微型企业	712754.6
二、按隶属关系分组	
中央	337571.3
地方及其他	1946862.1
三、按登记注册类型分组	
内资企业	1732917.0
国有企业	46728.0
集体企业	
股份合作企业	
联营企业	250.9

注：本表数据包含省统计局直报企业，下同。

表 13—5 规模以上工业企业研究与试验发展内部支出（2020 年）（续表 1）

计量单位：万元

指　　标	2020 年
有限责任公司	626972.4
国有独资公司	56205.7
其他有限责任公司	570766.7
股份有限公司	390535.1
私营企业	668430.6
私营独资企业	2314.8
私营合伙企业	540.1
私营有限责任公司	549915.9
私营股份有限公司	115659.8
其他企业	
港、澳、台商投资企业	233802.1
合资经营企业（港或澳、台资）	120909.4
合作经营企业（港或澳、台资）	
港、澳、台商独资经营企业	99199.3

表 13—5 规模以上工业企业研究与试验发展内部支出（2020 年）（续表 2）

计量单位：万元

指　　标	2020 年
港、澳、台商投资股份有限公司	13693.4
其他港澳台投资企业	
外商投资企业	317714.3
中外合资经营企业	132149.3
中外合作经营企业	
外资企业	182222.8
外商投资股份有限公司	3342.2
四、按国民经济行业分组	
采矿业	8859.3
煤炭开采和洗选业	
石油和天然气开采业	7719.4
黑色金属矿采选业	
有色金属矿采选业	1139.9
非金属矿采选业	
开采专业及辅助性活动	
其他采矿业	
制造业	2256378.7
农副食品加工业	3469.0
食品制造业	9755.3
酒、饮料和精制茶制造业	628.9
烟草制品业	1427.0
纺织业	1237.4

表 13—5　规模以上工业企业研究与试验发展内部支出（2020 年）（续表 3）

计量单位：万元

指　　标	2020 年
纺织服装、服饰业	10531.8
皮革、毛皮、羽毛及其制品和制鞋业	846.6
木材加工及木、竹、藤、棕、草制品业	1880.9
家具制造业	7042.3
造纸和纸制品业	659.3
印刷业和记录媒介的复制	8955.2
文教、工美、体育和娱乐用品制造业	4954.6
石油加工、炼焦及核燃料加工业	4503.0
化学原料及化学制品制造业	147900.0
医药制造业	241368.6
化学纤维制造业	1456.0
橡胶和塑料制品业	43440.6
非金属矿物制品业	37735.5
黑色金属冶炼及压延加工业	167528.8
有色金属冶炼及压延加工业	11087.5
金属制品业	63037.4
通用设备制造业	204527.7

表 13—5 规模以上工业企业研究与试验发展内部支出（2020 年）（续表 4）

计量单位：万元

指　　标	2020 年
专用设备制造业	137553.6
汽车制造业	206108.3
铁路、船舶、航空航天和其他运输设备制造业	95392.9
电气机械及器材制造业	355959.5
计算机、通信和其他电子设备制造业	334646.2
仪器仪表制造业	145494.2
其他制造业	2171.9
废弃资源综合利用业	4611.4
金属制品、机械和设备修理业	467.3
电力、热力、燃气及水的生产和供应业	19195.4
电力、热力的生产和供应业	17104.9
燃气生产和供应业	1989.6
水的生产和供应业	100.9
五、按企业控股情况分组	
国有控股	687092.3
集体控股	30048.2
私人控股	904451.4
港澳台商控股	192214.6
外商控股	240287.7
其他	230339.2

表13—6　2009年以来研究与试验发展（R&D）投入情况

年　份	全市R&D经费内部支出（亿元）	R&D活动人员（万人）	R&D人员折合全时当量（万人年）
2009	120.56	6.86	
2010	145.50	7.41	
2011	178.83	8.29	
2012	209.97	9.05	6.47
2013	236.35	11.18	7.67
2014	262.86	11.67	7.85
2015	290.65	11.95	8.12
2016	320.34	12.39	8.26
2017	357.67	12.67	8.79
2018	416.57	12.94	8.50
2019	465.16	14.66	9.71
2020	515.66	16.16	11.25

表13—7　各类教育事业基本情况

一、学校数

计量单位：所

指　　标	2021年	2020年
全　　市	1786	1769
高等教育	57	59
# 普通高校	51	53
成人高校	6	6
中等职业学校	42	42
# 普通中专	19	19
成人中专	3	3
技工学校	20	20
普通中学	264	259
小学	392	384
特殊教育	15	15
幼儿园	1035	1010

注：本表数据由市教育局提供。

二、在校学生数

计量单位：人

指　　标	2021 年	2020 年
在校学生总数	2299370	2318351
高等教育	1132423	1195027
# 研究生培养机构	177869	161005
普通高校	757385	757136
成人高校	197169	276886
中等职业学校	93096	96559
# 中职学生全日制	52965	51301
中职学生非全日制	8769	8970
技工学校	31362	36288
普通中学	288518	275496
小学	500138	470994
特殊教育	1813	1779
幼儿园	283382	278496

注：本表技工学校数据由市人力资源与社会保障局提供，其余数据由市教育局提供。2021 年根据《教育事业综合统计调查制度》修订情况说明，中等职业教育学生按照“全日制学生”“非全日制学生”进行分类统计。

三、毕业生数

计量单位：人

指　　标	2021年	2020年
毕业生总数	583348	598568
高等教育	316698	328060
# 研究生培养机构	41495	37124
普通高校	204674	211113
成人高校	70529	79823
中等职业学校	30179	39527
# 中职学生全日制	15131	17479
中职学生非全日制	3063	3639
技工学校	11985	18409
普通中学	81594	81278
# 初中	53630	55739
高中	27964	25539
小学	65903	65781
特殊教育	415	316
幼儿园	88559	83606
小学毕业生升学率（%）	100	100
初中毕业生升学率（%）	100	100

注：本表技工学校数据由市人力资源与社会保障局提供，其余数据由市教育局提供。2021年根据《教育事业综合统计调查制度》修订情况说明，中等职业教育学生按照“全日制学生”“非全日制学生”进行分类统计。

四、招生数

计量单位：人

指　　标	2021 年	2020 年
招生总数	694050	750652
高等教育	383382	430089
# 研究生培养机构	61062	58136
普通高校	234066	239352
成人高校	88254	132601
中等职业学校	30191	35167
# 中职学生全日制	17550	18702
中职学生非全日制	2862	2795
技工学校	9779	13670
普通中学	97962	98408
# 初中	65665	65484
高中	32297	32924
小学	93966	89660
特殊教育	365	384
幼儿园	88154	96944

注：本表技工学校数据由市人力资源与社会保障局提供，其余数据由市教育局提供。2021 年根据《教育事业综合统计调查制度》修订情况说明，中等职业教育学生按照“全日制学生”“非全日制学生”进行分类统计。

五、专任教师数

计量单位：人

指　　标	2021年	2020年
专任教师总数	142490	142029
高等教育	51299	55578
# 普通高校	48094	55134
成人高校	3205	444
中等职业学校	6262	6422
# 普通中专	3943	3769
成人中专	402	445
技工学校	1557	1887
其他机构	298	321
附设中职班	62	
普通中学	28375	26926
小学	34809	32285
特殊教育	534	548
幼儿园	21162	20270

注：本表技工学校数据由市人力资源与社会保障局提供，其余数据由市教育局提供。2021年国家教育部关于成人高校口径发生变化，导致专任教师数明显增加。

表 13—8　教育系统各级各类学校教学设施情况（2021 年）

指　　标	普通高校	中等职业学校	普通中学		普通小学	特殊学校
			高中	初中		
占地面积（平方米）	63828100	2406804	4664409	7430131	8429845	202184
# 运动场地面积	3629897	426569	1308099	2364771	3281838	46139
教学及辅助用房面积（平方米）		909355	1480782	1985133	3021340	53514
# 教室			681735	980322	1693030	23854
图书（万册）	8018.82	237.08	511.91	842.01	1435.80	17.40
学生终端数（台）	538344	28258	27937	39632	102714	1058
每百名学生拥有学生终端数（台）	57.56	45.77	29.26	20.53	20.54	58.36
平均每一专任教师负担学生数（人）	18.23	13.12	10.17	10.17	14.37	3.40

注：本表数据由市教育局提供。

表 13—9　南京国家重点实验室名单（2021 年）

序号	重点实验室名称	依托单位	联合单位	所在区	分类
1	固体微结构物理国家重点实验室	南京大学		鼓楼区	科教类
2	医药生物技术国家重点实验室	南京大学		栖霞区	科教类
3	计算机软件新技术国家重点实验室	南京大学		栖霞区	科教类
4	现代配位化学国家重点实验室	南京大学		栖霞区	科教类
5	内生金属矿床成矿机制研究国家重点实验室	南京大学		栖霞区	科教类
6	污染控制与资源化研究国家重点实验室	南京大学	同济大学	鼓楼区	科教类
7	毫米波国家重点实验室	东南大学		玄武区	科教类
8	移动通信国家重点实验室	东南大学		玄武区	科教类
9	作物遗传与种质创新国家重点实验室	南京农业大学		玄武区	科教类
10	现代古生物学和地层学国家重点实验室	中国科学院南京地质古生物研究所		玄武区	科教类
11	土壤与农业可持续发展国家重点实验室	中国科学院南京土壤研究所		玄武区	科教类
12	生物电子学国家重点实验室	东南大学		玄武区	科教类
13	水文水资源与水利工程科学国家重点实验室	河海大学	南京水利科学研究院	鼓楼区	科教类
14	材料化学工程国家重点实验室	南京工业大学		江北新区	科教类
15	湖泊与环境国家重点实验室	中国科学院南京地理与湖泊研究所		玄武区	科教类

注：本表数据由市科技局提供。

表 13—9　南京国家重点实验室名单（2021 年）（续表）

序号	重点实验室名称	依托单位	联合单位	所在区	分类
16	生殖医学国家重点实验室	南京医科大学		江宁区	科教类
17	天然药物活性组分与药效国家重点实验室	中国药科大学		鼓楼区	科教类
18	机械结构力学及控制国家重点实验室	南京航空航天大学		秦淮区	科教类
19	生命分析化学国家重点实验室	南京大学		栖霞区	科教类
20	爆炸冲击防灾减灾国家重点实验室	中国人民解放军陆军工程大学		秦淮区	科教类
21	特种纤维复合材料国家重点实验室	中材科技股份有限公司		江宁区	企业类
22	高性能土木工程材料国家重点实验室	江苏省建筑科学研究院有限公司		鼓楼区	企业类
23	肉品加工与质量控制国家重点实验室	江苏雨润肉类产业集团有限公司		建邺区	企业类
24	空中交通管理技术国家重点实验室	中国电子科技集团公司第二十八研究所		秦淮区	企业类
25	宽禁带半导体电力电子器件国家重点实验室	中国电子科技集团公司第五十五研究所		秦淮区	企业类
26	在役长大桥梁安全与健康国家重点实验室	苏交科集团股份有限公司		建邺区	企业类
27	智能电网保护和运行控制国家重点实验室	南瑞集团有限公司		江宁开发区	企业类
28	转化医学与创新药物国家重点实验室	江苏先声药业有限公司		玄武区	企业类
29	清洁高效燃煤发电与污染控制国家重点实验室	国电科学技术研究院有限公司		栖霞区	企业类
30	江苏省食品质量安全重点实验室	江苏省农业科学院		玄武区	科教类
31	江苏省有机电子与信息显示重点实验室	南京邮电大学		栖霞区	科教类

注：第 30 和 31 项为省部共建实验室。

表 13—10　南京普通高等学校名单（2021 年）

序号	高校名称	办学层次
1	南京大学	世界一流大学建设
2	东南大学	世界一流大学建设
3	南京航空航天大学	世界一流学科建设
4	南京理工大学	世界一流学科建设
5	南京工业大学	
6	南京邮电大学	世界一流学科建设
7	河海大学	世界一流学科建设
8	南京林业大学	世界一流学科建设
9	南京信息工程大学	世界一流学科建设
10	南京农业大学	世界一流学科建设
11	南京医科大学	
12	南京中医药大学	世界一流学科建设
13	中国药科大学	世界一流学科建设
14	南京师范大学	世界一流学科建设
15	南京财经大学	
16	江苏警官学院	
17	南京体育学院	
18	南京艺术学院	
19	南京工业职业技术大学	
20	三江学院	
21	南京工程学院	
22	南京审计大学	
23	南京晓庄学院	
24	江苏经贸职业技术学院	
25	南京特殊教育师范学院	
26	南京森林警察学院	

注：在南京的普通高等学校不含部队院校。2021 年江苏经贸职业技术学院与南京师范大学中北学院合并，2021 年南京信息工程大学滨江学院转设为无锡学院。

表 13—10　南京普通高等学校名单（2021 年）（续表）

序号	高校名称	办学层次
27	江苏联合职业技术学院	
28	江苏海事职业技术学院	
29	应天职业技术学院	
30	东南大学成贤学院	
31	南京交通职业技术学院	
32	南京科技职业学院	
33	正德职业技术学院	
34	钟山职业技术学院	
35	金肯职业技术学院	
36	南京铁道职业技术学院	
37	南京信息职业技术学院	
38	金陵科技学院	
39	南京大学金陵学院	
40	南京理工大学紫金学院	
41	南京航空航天大学金城学院	
42	南京传媒学院	
43	南京工业大学浦江学院	
44	南京视觉艺术职业学院	
45	南京审计大学金审学院	
46	江苏城市职业学院	
47	南京城市职业学院	
48	南京机电职业技术学院	
49	南京旅游职业学院	
50	江苏卫生健康职业学院	
51	江苏第二师范学院	

表 13—11　主要年份学校在校学生数

计量单位：万人

年　　份	普通高等学校	普通中学	小　学
1949	0.35	1.82	12.06
1952	0.84	3.68	23.34
1957	2.35	6.98	31.46
1962	3.52	8.92	35.63
1965	2.98	11.29	48.00
1970	2.43	18.26	54.10
1975	1.87	25.23	60.19
1978	2.72	23.14	39.17
1979	3.51	21.8	39.84
1980	4.02	27.41	50.5
1985	6.04	23.86	41.85
1990	7.51	23.01	42.08
1995	10.37	23.57	41.72
1997	12.05	22.04	46.75
1998	13.24	21.80	48.11
1999	16.28	22.29	47.88
2000	21.69	25.38	45.41
2005	56.11	32.26	30.51
2008	72.50	27.27	28.56
2009	77.34	26.11	28.32
2010	79.34	24.86	28.83
2012	81.53	23.07	30.71
2013	80.74	22.43	32.14
2014	80.53	22.28	33.93
2015	81.26	21.99	35.80
2016	82.78	22.45	37.54
2017	84.08	23.42	39.31
2018	85.17	24.52	42.21
2019	87.78	26.06	44.66
2020	91.81	27.55	47.10
2021	93.53	28.85	50.01

注：普通高等学校在校学生数含普通高等学校、科研院校所有在学研究生。

主要统计指标解释

研究与试验发展（R&D） 指为增加知识存量（也包括有关人类、文化和社会的知识）以及设计已有知识的新应用而进行的创造性、系统性工作，包括基础研究、应用研究和试验发展三种类型。基础研究和应用研究统称为科学研究。R&D 活动应当满足五个条件：新颖性、创造性、不确定性、系统性、可转移性（可复制性）。

企业办研发机构数 指报告期末企业在境内自办（或与外单位合办），管理上同生产系统相对独立（或单独核算）的专门研究开发活动机构，如企业办的技术中心、研究院所、开发中心、开发部、实验室、中试车间、试验基地等。企业办研究开发活动机构经过资源整合，被国家或省级有关部门认定为国家级或省级技术中心的，应按一个机构填报。与外单位合办的研究开发活动机构若主要由本企业出资兴办，则由本企业统计，否则应由合办方统计。企业研究开发管理职能处（科）室（如科研处、技术科等）一般不统计在内；若科研处、技术科等同时挂有研究开发活动机构的牌子，视其报告期内主要工作任务而定，主要任务是从事研究开发活动的可以统计，否则不予统计。本指标不含企业在国外或港澳台设立的研究开发活动机构数。

研究与试验发展（R&D）人员 指报告期 R&D 活动单位中从事基础研究、应用研究和试验发展活动的人员。包括直接参加上述三类 R&D 活动的人员，以及与上述三类 R&D 活动相关的管理人员和直接服务人员，即直接为 R&D 活动提供资料文献、材料供应、设备维护等服务的人员。不包括为 R&D 活动提供间接服务的人员，如餐饮服务、安保人员等。

R&D 经费内部支出 指报告期调查单位内部为实施 R&D 活动而实际发生的全部经费，按支出性质分为日常性支出和资产性支出。不包括调查单位委托其他单位或与其他单位合作开展 R&D 活动而转拨给其他单位的全部经费。日常性支出包括为实施 R&D 活动支付给 R&D 人员的劳动报酬及各种费用，购置的原材料、燃料、动力、工器具等低值易耗品，以及各种相关直接或间接的管理和服务等支出。资产性支出包括为实施 R&D 活动而进行固定资产建造、购置、改扩建以及大修理等的支出。

技术改造经费支出 指报告期内企业进行技术改造而发生的费用支出。技术改造指企业在坚持科技进步的前提下，将科技成果应用于生产的各个领域（产品、设备、工艺等），用先进工艺、设备代替落后工艺、设备，实现以内涵为主的扩大再生产，从而提高产品质量、促进产品更新换代、节约能源、降低消耗，全面提高综合经济效益。

购买境内技术经费支出 指报告期内企业购买境内其他单位科技成果的经费支出。包括购买产品设计、工艺流程、图纸、配方、专利、技术诀窍及设备的费用支出。

引进境外技术经费支出 指报告期内企业用于购买国外或港澳台技术的费用支出，包括产品设计、工艺流程、图纸、配方、专利等技术资料的费用支出，以及购买设备、仪器、样机和样件等的费用支出。

引进境外技术的消化吸收经费支出 指报告期内企业引进国外或港澳台技术的消化吸收经费支出。引进技术的消化吸收指对引进技术的掌握、应用、复制而开展的工作，以及在此基础上的创新。引进技术的消化吸收经费支出包括：人员培训费、测绘费、参加消化吸收人员的工资、工装、工艺开发费、必备的配套设备费、翻版费等。

当年专利申请数 指报告期内企业作为第一申请人向境内外知识产权行政部门提出专利申请并被受理后，按规定缴足申请费，符合进入初步审查阶段条件的件数。

当年专利申请数中发明专利 指报告期内企业作为第一申请人向境内外知识产权行政部门提出发明专利申请并被受理后，按规定缴足申请费，符合进入初步审查阶段条件的件数。

新产品销售收入 指报告期内企业销售新产品实现的销售收入。

新产品销售收入中出口 指报告期内企业将新产品销售给外贸部门和直接出售给外商所实现的销售收入。

普通高等学校 指按照国家规定的设置标准和审批程序批准举办，通过国家统一招生考试，招收高中毕业生为主要培养对象，实施高等学历教育的全日制大学、独立设置的学院和高等专科学校、高等职业学校和其他机构。

成人高等学校 指按照国家规定的设置标准和审批程序举办的，通过全国成人高等教育统一招生考试，招收具有高中毕业或同等学历的人员为主要培养对象，利用脱产、业余或函授等多种形式对其实施高等学历教育的学校。包括广播电视大学、职工高等学校、农民高等学校、管理干部学院、教育学院、独立函授学院、其他机构。

全日制学生 指接受全时学历教育的学生。

非全日制学生 指利用业余时间接受学历教育的学生。

初中毕业生升学率 计算初中毕业生升学率所用分子数为高级中学招生数，包括：普通高中招生数、职业高中招生数、技工学校招生数、普通中专招收初中毕业生数、普通中专举办的成人中专招收应届初中毕业生数及成人中专招收应届初中毕业生数，分母是初中毕业生人数。

（十四）文化、体育和卫生

CHAPTER 14
CULTURE, SPORTS AND PUBLIC HEALTH

表 14—1　文化和旅游机构综合情况（2021 年）

指　　标	总　计		文化部门		其他部门	
	机构数（个）	从业人员数（人）	机构数（个）	从业人员数（人）	机构数（个）	从业人员数（人）
合　　计	3263	46761	269	7821	2994	38940
艺术业	144	4343	33	1908	111	2435
图书馆业	15	866	15	866		
群众文化业	115	710	115	710		
艺术教育业	4	673	4	673		
文化科研	1	27	1	27		
文化市场经营机构*	2160	13473			2160	13473
旅行社	596	7714			596	7714
星级饭店	54	10949			54	10949
文化和旅游行政部门	13	741	13	741		
文物业	98	3185	65	2509	33	676
其他文化和旅游机构	40	882	23	387	17	495

注：本表数据由市文化和旅游局提供；文化市场经营机构不包括旅游数据；文化市场经营机构不包括非公有制院团和场馆。

表 14—2　文化馆（站）（2021 年）

指　　标	合　　计	文化馆	文化站	
				乡镇文化站
个数（个）	115	14	101	6
举办展览（场次）	1847	557	1290	64
组织文化活动次数（次）	11522	2655	8867	529
举办训练班（班次）	8628	2322	6306	261
藏书（千册）	3178.9		3178.9	189.7

注：本表数据由市文化和旅游局提供。

表 14—3 艺术团体（2021 年）

指标	剧团数（个）	职工数（人）	国内演出（场次）	在农村演出	国内观众人次（万人次）
全市	91	3305	10200	3400	362.88
话剧、儿童剧、滑稽剧类	9	150	500		16.11
歌舞、音乐类	24	1915	6300	2300	254.81
京剧、昆曲类	3	56	200		9.00
地方戏曲类	24	471	1500	800	29.98
杂技、魔术、马戏类	3	142	300		11.76
曲艺类	5	51	400		3.82
综合性艺术表演团体	23	520	1000	300	37.40

注：本表数据由市文化和旅游局提供。

表 14—4 文化市场经营机构基本情况（2021 年）

指标	机构数（个）	从业人员（人）	经营活动情况（万元）			其他（万元）	
			营业收入	营业成本	营业利润	从业人员劳动报酬	税金
合计	2003	13330	650898	499316	151567	458481	18900
娱乐场所	374	4158	76015	75550	462	16017	1005
互联网上网服务营业场所（网吧）	1006	1952	18023	22465	-4431	6361	161
非公有制艺术表演团体	49	937	5741	10330	-4589	3929	184
非公有制艺术表演场馆	31	298	12025	14286	-2258	2484	322
经营性互联网文化单位	210	3872	416290	255394	160876	310894	12666
艺术品经营机构	103	231	11598	10529	1063	61666	415
演出经纪机构	230	1882	111206	110762	444	57130	4147

注：本表数据由市文化和旅游局提供。

表 14—5　公共图书馆综合情况（2021 年）

指　　标	合　计	省级	市级	区县级
机构数（个）	15	1	1	13
从业人员（人）	866	530	122	214
总藏量（万册）	2166.40	1262.23	262.61	641.56
# 图书	1754.71	935.31	236.50	582.90
报刊	157.56	117.64	12.34	27.58
视听文献、微缩制品	48.76	36.01	8.58	4.17
其他	36.77	13.28	0.16	23.33
在藏品中：开架书刊（万册）	666.09	90.00	111.24	464.85
本年新购藏量（万册）	87.73	13.63	8.50	65.60
公用房屋建筑面积（平方米）	304896	103010	25165	176721
# 书库	22152	10251	1825	10076
阅览室	49419	17998	8215	23206
阅览室座席数（个）	9766	1847	1817	6102
总流通人次（万人次）	1225.94	223.29	155.62	847.03
# 书刊文献外借人次	448.56	68.10	63.73	316.73
书刊文献外借册次（万册次）	658.91	72.32	95.60	490.99
累计发放有效借书证数（万个）	199.05	92.26	8.10	98.69
为读者举办各种活动				
# 组织次数（次）	1898	134	380	1384
参加人次（万人次）	146.92	7.90	27.92	111.10
计算机（台）	2244	1084	330	830
# 电子阅览室终端数	832	138	220	474

注：本表数据由市文化和旅游局提供。

表14—6 博物馆综合情况（2021年）

指标	合计	综合性	历史类	艺术类	自然科技类	其他
机构数（个）	72	6	38	12	7	9
# 省级	3	1	2			
市级	28	1	17	3	6	1
区县级	41	4	19	9	1	8
从业人员（人）	2875	1188	1362	131	106	88
# 高级职称	90	47	14	19	9	1
中级职称	185	105	43	17	12	8
文物藏品（件）	840774	535637	241285	20617	39663	3572
# 一级品	2078	1562	514	2		
陈列展览（个）	397	78	230	45	18	26
参观人次（万人次）	1943.00	269.00	1,465.00	44.00	51.00	113.00
# 青少年	269.00	34.00	173.00	15.00	25.00	22.00
门票收入（万元）	13542	323	12682		449	89
本年收入（万元）	128741	66052	53766	5685	2111	1126
# 财政拨款	104046	58883	38225	4946	1639	354
本年支出（万元）	120794	58800	52612	5852	2284	1246
# 基本支出	48079	22586	19814	3182	1964	534
项目支出	66378	36214	27356	2625	105	78
公用建筑面积（万平方米）	78.12	18.57	35.95	2.52	2.65	18.43
# 展览用房	30.64	6.76	17.33	1.49	1.77	3.29
文物库房	3.81	2.12	1.08	0.15	0.21	0.25

注：本表数据由市文化和旅游局提供。

表 14—7 文物保护管理机构综合情况（2021 年）

指 标	机构数（个）	从业人员（人）	文物藏品（件）	一级藏品	展览（个）	参观人次（万人次）
合 计	85	3050	1214899	2078	398	1960
文物科研机构	1	73	15957		1	17
文物保护管理机构	9	31	22			
博物馆	72	2875	840774	2078	397	1943
其他文物机构	3	71	358146			

注：本表数据由市文化和旅游局提供。

表 14—8 图书、杂志、报纸出版情况（2021 年）

指 标	图书	杂志	报纸
种数（种）	853	20	8
总印数（万册/份）	1267	369.05	52458.95
总印张数（万印张）	11755	1863.77	210403.73

注：本表数据由市委宣传部提供，均不含省属出版机构在地数据。

表 14—9　艺术表演场所综合情况

指　　标	2021 年	2020 年
机构数（个）	13	12
# 省级	4	3
市级	4	4
区县级	5	5
从业人员（人）	464	259
座席数（个）	22791	14133
演（映）出场次（场）	870	385
# 艺术演出场次	838	372
观众人次（万人次）	93.64	14.45
# 艺术演出观众人次	43.79	14.27
艺术演出收入（万元）	6910.6	3538
年末固定资产原值（万元）	29807.7	11397
建筑面积（万平方米）	37.34	10.62
# 演（映）业务用房	22.30	5.28

注：本表数据由市文化和旅游局提供。

表 14—10　广播、电视播出情况（2021 年）

指　　标	节目套数（套）			全年公共节目播出	全年制作节目
	合计	公共节目	付费节目	时间（小时）	时间（小时）
广播电台（融媒体中心）	21	21		158911:20	144292:00
# 省级广播电台	10	10		83163:20	79104:00
市级广播电台	6	6		52300:00	48854:00
区融媒体中心	5	5		23448:00	16334:00
电视台（融媒体中心）	26	23	3	167039:00	41566:04
# 省级电视台	13	10	3	83327:00	21243:56
市级电视台	8	8		55984:00	14304:30
区融媒体中心	5	5		27728:00	6017:38

注：本表数据由市文化和旅游局提供。

表 14—11　广播、电视覆盖情况（2021 年）

指　　标	广播综合覆盖		电视综合覆盖		有线（数字）电视用户		
	覆盖人口数（万人）	覆盖率（%）	覆盖人口数（万人）	覆盖率（%）	总用户数（万户）	#数字电视（万户）	入户率（%）
全　市	722.57	100	722.57	100	145.79	145.79	100

注：本表不含 iptv 用户数。

表 14—12　体育赛事和运动成绩情况（2021 年）

计量单位：次

指　　标	世界	亚洲	国家	省级
体育赛事				
国内			14	33
国际	2			
参赛运动成绩				
冠军	1		24	128
亚军	2		18	126
季军			28	127
破各类记录				
项数				
人数				
人次				

注：本表数据由市体育局提供。

表 14—13　运动员、教练员、裁判员基本情况（2021 年）

计量单位：人

指　　标	运动员	专职教练员	裁判员
合　　计	179	193	4171
国际级（健将）	6		114
国家级（运动健将）	68	6	415
一级（高级）	83	101	2340
二级（中级）	15	54	1302
三级（初级）		12	
少年级	7	20	

注：本表由市体育局提供，表中数据运动员为市属，不含省。

表 14—14　新华书店图书销售数量

计量单位：万册

指　　标	2021 年	2020 年
合　　计	2435.34	2634.71
哲学、社会科学	201.72	96.45
文化、教育	275.53	465.09
文学、艺术	39.49	53.83
自然科学、技术	117.87	127.41
少儿读物	18.58	23.46
课本	1388.21	1306.78
教辅	368.62	540.72
其他出版物		
非图书商品	8.62	10.51

注：本表由新华书店集团提供。非图书商品仅为音像制品和古旧图书。

表 14—15　医疗卫生事业基本情况

指　　标	2021 年	2020 年
全市卫生机构数（个）	3451	3439
# 医院	277	271
社区卫生服务中心（站）	492	497
疾病控制中心、卫生防疫站	15	17
妇幼保健院（所、站）	14	14
全市实有床位数（张）	66087	62937
# 医院	59748	57455
社区卫生服务中心（站）	3636	3743
全市卫生机构卫生人员数（人）	128891	121719
# 卫生技术人员	104256	99557
执业医师	37134	35577
执业助理医师	2192	2246
注册护士	47874	45473
药师（士）	5254	4950
技师（士）	7531	5626
其他卫生技术人员	4271	5685
# 医院卫生人员	85827	83314
社区卫生服务中心卫生人员	12543	12288

注：本表数据由市卫生健康委员会提供，下同。

表 14—16　各类医院基本情况（2021 年）

指　　标	机构数（个）	实有床位数（张）	卫生人员数（人）	卫生技术人员	执业（助理）医师
全　　市	277	59748	85827	71282	24393
综合医院	103	30063	48129	41410	14178
中医院	34	8162	12832	10849	4071
中西医结合医院	4	1344	2274	1924	758
专科医院	72	14084	18873	15277	4968
护理院	64	6095	3719	1822	418

表 14—17　医疗机构病床使用情况（2021 年）

指　　标	平均开放床位数（张）	病床周转次数（次）	病床使用率（%）	出院者平均住院日（日）
医院	57588	29.4	78.08	9.1
# 综合医院	29460	35.5	80.16	8.2
中医院	7808	30.6	74.52	8.8
中西结合医院	1344	31.7	74.14	8.5
专科医院	13657	24.9	81.55	10.4
护理院	5318	5.2	63.89	34.2
社区卫生服务中心（站）	3352	10.9	38.66	12.5
卫生院	560	18.9	39.33	7.6
专科疾病防治院（所、站）	182	3.7	44.81	43.8

表 14—18　南京三级甲等医院名单（2021 年）

序号	医院名称	医院等级（级）	医院等级（等）
1	江苏省人民医院	三级	甲等
2	江苏省中医院	三级	甲等
3	江苏省肿瘤医院	三级	甲等
4	江苏省妇幼保健院	三级	甲等
5	江苏省中西医结合医院	三级	甲等
6	江苏省第二中医院	三级	甲等
7	南京鼓楼医院	三级	甲等
8	南京市中西结合医院	三级	甲等
9	南京市口腔医院	三级	甲等
10	南京市妇幼保健院	三级	甲等
11	南京市第一医院	三级	甲等
12	南京市中医院	三级	甲等
13	南京脑科医院	三级	甲等
14	南京市儿童医院	三级	甲等
15	南京医科大学眼科医院	三级	甲等
16	南京市第二医院、南京市公共卫生医疗中心	三级	甲等
17	南京医科大学附属口腔医院	三级	甲等
18	南京医科大学第二附属医院	三级	甲等
19	东南大学附属中大医院	三级	甲等

注：本表不含部队医院。

表 14—19　主要年份卫生机构、卫生技术人员、医院床位数

年　份	卫生机构（个）	卫生技术人员数（人）	医生	医院床位数（张）
1949	59			530
1952	206	3900	1500	1616
1957	512	7300	2900	2961
1962	852	12400	4400	7360
1965	897	11300	4900	7431
1970	846	10500	4000	8996
1975	1132	17300	6900	10812
1978	1320	21300	7800	12231
1979	1424	23000	8200	12361
1980	1418	24000	9100	11989
1985	1486	30127	12556	13969
1990	1610	34476	15726	17407
1995	1501	36376	16384	19019
1997	1301	35957	15840	17599
1998	1285	35705	15543	17521
1999	1318	35773	16078	17789
2000	1269	35270	15239	18140
2005	1612	34000	14292	19344
2008	1770	42337	16060	22865
2009	1764	56100	16593	24738
2010	2211	60044	17007	25894
2012	2305	53967	19101	37775
2013	2315	58032	20662	41760
2014	2383	62068	21602	42563
2015	2337	65139	22307	41568
2016	2383	70687	25272	44776
2017	2340	76144	28098	46960
2018	2801	84097	31560	49448
2019	3242	93856	35735	53499
2020	3439	99557	37823	57455
2021	3451	104256	39326	59748

注：本表数据来源于市卫生健康委员会，从 2002 年起“医生”数为“执业医师、执业助理医师”数。

主要统计指标解释

文化事业机构 指从事专业文化工作和为专业文化工作服务的独立建制的单位，不包括这些单位另外举办独立核算的其他机构和各部门的业余文化组织。

执业（助理）医师和注册护士 指领取医师执业证书和注册护士证书的人员。

艺术表演团体 指从事戏曲、音乐、舞蹈、杂技等专业艺术表演，有独立帐户的单位，不包括半工半艺、半农半艺和民间职业剧团。

等级运动员人数 指经考核正式批准授予等级运动员称号的人数。运动员等级分为国际级运动健将、运动健将、一级运动员、二级运动员、三级运动员、少年级运动员。

等级裁判员人数 指经考核正式批准授予等级裁判员称号的人数。裁判员等级分为国际裁判、国家级裁判、一级裁判、二级裁判、三级裁判。

卫生机构 指从卫生行政部门取得《医疗机构执业许可证》，或从民政、工商行政、机构编制管理部门取得法人单位登记证书，为社会提供医疗保障、疾病控制、卫生监督服务或从事医学科研和教育等工作的单位。

卫生技术人员 指卫生事业机构支付工资的全部职工中现任职务为卫生技术工作的专业人员，包括执业医师、执业助理医师、注册护士、药剂人员、检验人员和其他卫生技术人员。

有线电视入户率 指能接收到有线广播电视台、有线电视站（系统内和系统外）和共享天线系统播放的有线电视节目的家庭户数与总户数的比例。计算公式：

$$有线电视入户率 = \frac{年末有线电视总用户数}{年末总户数} \times 100\%$$

（十五）司法、社会福利与其他社会活动

CHAPTER 15 JUDICATURE, SOCIAL WELFARE AND OTHERS

表 15—1　律师、公证、基层司法基本情况

指　　标	2021 年	2020 年
律师工作		
律师事务所（个）	512	486
执业律师（名）	9603	8679
代理诉讼案件（件）	134730	124454
办理非诉法律事务（件）	58228	57949
公证工作		
公证处（个）	14	14
执业公证员（名）	222	200
办理公证总数（件）	169753	144925
国内公证	116746	105204
涉外公证	50887	37235
涉港澳公证	526	366
涉台公证	1594	2120
基层司法工作		
基层法律服务所（个）	57	58
基层法律服务工作者（人）	319	328
司法所（个）	112	112
司法所工作人员（人）	896	797
年末人民调解委员会（个）	1532	1487
年末调解人员（人）	8476	7862
调解纠纷总数（件）	175158	160252
法律援助工作		
法律援助机构数（不含律师行）（个）	9	9
得到法律援助机构援助的妇女数（人）	5204	4867
得到法律援助机构援助的未成年人数（人）	631	526
办理法律援助案件（件）	14647	12977

注：本表数据由市司法局提供。

表 15—2　民政事业费支出情况

计量单位：万元

指　　标	2021 年	2020 年
社会福利	167030	159232
社会救助	86538	92835
民政管理事务	51989	52189
行政事业单位离退休	7370	5973
其他	17642	24523

注：本表数据由市民政局提供。

表 15—3　提供住宿的社会工作机构情况（2021 年）

指　　标	机构数（个）	从业人员（人）	年末床位数（张）	年末在院总人数（人）			康复和医疗门诊人次（人次数）
					老人	女性	
合　　计	341	8226	49132	22429	19759	8834	35144
养老机构	330	7281	46376	20674	19287	8225	30882
# 社会福利院	9	666	4340	2350	1027	867	19397
特困人员救助供养机构	42	656	8604	2721	2675	394	2638
其他各类养老机构	279	5959	33432	15603	15585	6964	8847
精神疾病服务机构	1	585	1115	1115	472	376	4262
儿童福利和救助保护机构	3	233	1068	615		228	
其他提供住宿机构	7	127	573	25		5	

注：本表数据由市民政局提供。2018 年统计口径调整为政府主办的各类社会福利机构。为支持民办养老机构，壮大养老事业，反映全养老机构发展状况，民政部取消“收养性社会福利单位”指标，新增“提供住宿的社会工作机构”指标。

表 15—4　工会组织基本情况

指　　标	2021 年	2020 年
基层工会数（个）	13352	14386
# 企业合计	9524	10687
内资企业	8977	10051
港澳台商投资企业	183	207
外商投资企业	364	429
事业单位	1623	1600
机关	594	629
个体经济组织	211	215
工会会员数（人）	2042059	2168368
专职工会工作人员（人）	1219	1029
兼职工会工作人员（人）	62092	61869
联合工会涵盖单位数（个）	39549	41389
联合工会会员人数（人）	496400	519180
建立职代会制度单位数（个）	10503	13183
职代会职工代表人数（人）	157162	188097
# 女性	58209	66989
建立董事会单位数（个）	850	822
职工董事人数（人）	476	389
# 女性	186	122
建立监事会单位数（个）	718	697
职工监事人数（人）	517	436
# 女性	243	147

注：本表数据由市总工会提供。

主要统计指标解释

民政事业费支出 指报告期内本辖区各项民政事业费实际支出的总数额。包括抚恤事业费、军队移交地方安置的离退休人员费用、社会救济福利事业费、救灾支出以及其他民政事业费。

城镇居民最低生活保障人数 指在报告期末家庭平均收入在当地规定的最低生活保障线以下的城镇居民数。包括“三无”对象、失业人员和在职、下岗、退休人员等。

农村居民最低生活保障人数 指报告期末在建立农村最低生活保障制度的地区，得到当地政府或集体给予最低生活保障的农业人口数。

农村传统救济人数 指未开展最低生活保障制度的农村地区，仍沿用传统救济制度救济贫困人口数。

社会福利企业 指以集中安置有一定劳动能力的残疾人就业为目的（残疾职工占生产人员10%以上）、带有社会福利性质的特殊企业的总称。

律师 指受聘参加法律顾问处工作，担任法律顾问、刑（民）事代理人、刑事辩护人，办理非诉讼事件、解答法律询问，代写法律事务文书等主要从事律师业务的专职法律工作者和兼职律师。

公证人员 指在国家公证机关依法办理公证事务的司法人员，包括公证员、助理公证员和在公证处工作的其他人员。

办理公证文书 指公证处在一定时期内办结的公证文书件数。公证文书按司法部规定或批准的格式制作，包括国内公证和涉外公证两部分。国内公证分为经济合同公证和民事法律关系公证两大类。

调解人员 指在人民调解委员会担负调解民间一般民事纠纷和轻微违法行为引起纠纷的工作人员，包括调解委员会的委员和调解小组的调解员。

养老机构 包括社会福利院、特困人员供养机构和养老公寓等其他养老机构三类。

社会福利院 政府举办的提供食宿的，主要收养城市中无亲属子女赡养、无生活来源、无劳动能力的孤老、孤儿和残疾人为对象的综合性社会福利事业单位。

特困人员供养机构 已经在编制或者民政部门登记，为特困老年人等提供24小时集中居住和收留抚养照料服务的机构。

养老公寓等其他养老机构 是指除了社会福利院、特困人员供养机构以外，在编制、民政或者市场监管部门办理了登记注册手续，为老年人提供24小时集中居住和照料服务的机构。

儿童福利机构 包括儿童福利院（含SOS儿童村）和设有儿童部的社会福利院。

（十六）
城市建设与环境保护

CHAPTER 16
URBAN CONSTRUCTION AND ENVIRONMENTAL PROTECTION

表16—1 城市煤气、液化石油气、天然气

指 标	2000年	2005年	2010年	2015年	2018年	2019年	2020年	2021年
液化石油气供气总量（吨）	107196	145509	146476	88285	74924	77511	59267	56080
# 家庭用量	80272	81903	76409	50481	29257	27754	23422	19687
用气人口（万人）	159	296	237	149	84	74	43	46
天然气供气总量（万立方米）		14173	57891	104382	138361	143428	140684	153394
# 家庭用量		3886	15545	31803	50328	58719	62680	65598
用气人口（万人）		132	253	465	597	594	636	644

表16—2 城市设施水平

指 标	2000年	2005年	2010年	2015年	2018年	2019年	2020年	2021年
城市人口密度（人/平方公里）	2966	1084	1600	1462	1555	1588	1614	1639
人均日生活用水量（升）	493.96	318.06	314.80	298.40	279.53	280.17	296.54	322.71
用水普及率（%）	100.0	92.1	100.0	100.0	100.0	100.0	100.0	100.0
气化率（%）	99.6	90.4	99.5	99.4	99.5	99.5	99.7	99.7
人均拥有道路面积（平方米）	8.54	14.47	19.35	23.06	24.20	24.30	25.00	25.78
建成区排水管道密度（公里/平方公里）	6.8	6.6	8.0	11.0	11.4	12.0	12.5	12.5
污水处理率（%）	63.6	81.2	88.8	95.7	96.5	97.4	97.9	98.2
人均公园绿地面积（平方米）			13.69	15.10	15.47	15.70	16.09	16.18
建成区绿化覆盖率（%）	40.96	44.94	44.38	44.47	45.06	45.16	44.69	44.96
生活垃圾粪便无害处理率（%）	85.76	87.46	78.74	100.00	100.00	100.00	100.00	100.00

表 16—3 城市供水和节约用水

指 标	2000 年	2005 年	2010 年	2015 年	2018 年	2019 年	2020 年	2021 年
综合生产能力（万立方米/日）	536.00	589.80	645.80	645.38	647.90	619.90	632.10	707.80
供水总量（万立方米）	135052	118875	112326	125255	133978	152953	140517	148760
# 工业用量	81821	53208	40876	42997	47507	49479	57608	62674
生活用量	52197	54869	56862	39143	50548	62768	56869	58368
用水人口（万人）	289.51	472.62	494.87	617.79	657.20	671.35	682.35	692.78
节约用水量（万立方米）	1185	2513	4730	4217	5413	5296	5321	5536
生产用水重复利用量（万立方米）	119350	107934	183717	188429	213103	213555	195856	191615

表 16—4 市政工程设施

指 标	2000 年	2005 年	2010 年	2015 年	2018 年	2019 年	2020 年	2021 年
道路长度（公里）	1802	6132	5599	7771	8469	8583	9335	10594
道路面积（万平方米）	2185	7427	9576	14248	15904	16314	17061	17863
路灯盏数（盏）	45914	172280	241712	472131	508880	526096	578298	594753
排水管道长度（公里）	1370	3380	4948	8308	9896	10221	10863	10860
桥梁数（座）	464	1359	1498	2055	2185	2195	2274	1294
污水年排放量（万吨）	121199	120628	80490	95019	95859	104013	108857	113414
污水日处理能力（万吨）	227	385	429	465	530	492	378	387
污水年处理量（万吨）	77122	97964	71493	90904	75986	101346	106570	111365
污水处理厂（座）	3	10	17	24	25	27	29	29

注：本表由市城乡建设委员会提供。

表 16—5　城市园林绿化

指　　标	2000 年	2005 年	2010 年	2015 年	2018 年	2019 年	2020 年	2021 年
绿化覆盖面积（公顷）	11118	75226	84848	96874	100959	101327	102297	102876
# 建成区	8250	23037	27456	33588	36866	37166	38804	39036
园林绿地面积（公顷）	10587	71020	77087	88910	92202	92553	93512	94080
公园绿地面积（公顷）			6773	9328	10168	10543	10981	11212
公园个数（个）	40	59	62	127	140	155	165	179
公园面积（公顷）	1725	2605	2790	7122	7243	7493	7850	8058

注：本表由市城乡建设委员会提供。

表 16—6　城市环境质量

指　　标	2000 年	2005 年	2010 年	2015 年	2017 年	2018 年	2019 年	2020 年	2021 年
空气质量优良天数比例				64.4	72.3	68.8	70.1	83.1	82.2
$PM_{2.5}$ 年均浓度				57	40	43	40	31	29
集中式饮用水水源地水质达标率（%）	98.8	100.0	100.0	100.0	100.0	100.0	100.0	100.0	100.0
地表水功能区水质达标率（%）	86.1	97.2	100.0	64.5	72.7	81.8	98.6	100.0	100.0

注：空气质量优良天数比例和 $PM_{2.5}$ 年均浓度 2015 年前后考核标准发生变化，不具有可比性，因此提供 2015 年之后数据。

表 16—7 城市环境卫生

指　标	2000年	2005年	2010年	2015年	2018年	2019年	2020年	2021年
全年生活垃圾清运量（万吨）	99.24	169.00	184.78	238.68	311.18	325.63	322.13	290.46
粪便清运量（万吨）	126.40	193.90	10.64	17.62				
环卫机械车辆总数（辆）	579	777	1134	1630	2323	2366	2583	2609
公厕数量（座）	937	1559	1151	1250	1099	1083	1041	1039

注：全年生活垃圾清运量2020年口径调整。

表 16—8 工业污染排放与治理

指　标	2000年	2005年	2010年	2015年	2018年	2019年	2020年	2021年
工业废水排放量（万吨）				23206.32	14921.90	15534.07	14478.49	12796.54
工业化学需氧量排放量（吨）				20864.19	5309.44	4273.35	3371.49	3566.81
工业氨氮排放量（吨）				1058.16	285.96	195.60	143.49	97.15
工业总氮排放量（吨）				1182.19	1149.77	1316.30	1463.02	1729.04
工业总磷排放量（吨）				57.62	28.72	23.27	18.85	18.10
工业废气排放量（万立方米）				878213	84656509	88844698	93796631	93400980
工业二氧化硫排放量（吨）				101021.16	15404.15	12375.39	10523.28	9684.74
工业氮氧化物排放量（吨）				95682.44	46248.67	35820.67	27859.67	23684.16
工业颗粒物排放量（吨）				84127.89	44650.71	35914.41	32528.66	21819.88
工业挥发性有机物（VOCs）排放量（吨）					16307.67	14830.09	13427.56	17625.16
一般工业固体废物产生量（万吨）				1426.02	1995.42	1976.65	2031.56	1887.99
一般工业固体废物综合利用量（万吨）				1290.58	1798.49	1749.96	1855.71	1770.13
# 综合利用往年贮存量（万吨）				0.42	3.18	2.62	0.29	18.35
一般工业固体废物倾倒丢弃量（万吨）				0.01	2.52		0.00055	0.000658
一般工业固体废物综合利用率（%）				90.50	90.13	88.53	91.34	93.76
危险废物产生量（吨）				493362.42	592448.59	752505.17	793481.60	777641.88
危险废物利用处置量（吨）				306113.91	344675.31	435217.49	394988.22	809387.09
# 利用处置往年贮存量（吨）				5424.84	2576.16	2472.86	6085.90	18694.13

注：根据现阶段生态环境保护工作实际情况，部分指标进行了调整。

主要统计指标解释

供水综合生产能力 指按供水设施取水、净化、送水、出厂输水干管等环节实际测定计算的综合生产能力。

供水总量 指报告期供水企业（单位）供出的全部水量。包括有效供水量和漏损水量。

生活用水量 指居民日常生活与公共福利设施的用水量，包括居民、饮食店、旅馆、医院、理发店、浴池、洗衣店、游泳池、商店、学校、机关、部队等单位的用水量。

城市人口用水普及率 指城市用水人口数与城市人口总数之比。

计算公式为：用水普及率 = 城市用水人口数/城市人口总数*100%

燃气供应总量 指报告期燃气企业（单位）向用户供应的燃气数量。包括销售量和损失量。

燃气普及率 指报告期末使用燃气的城市人口数与城市人口总数的比率。

计算公式：燃气普及率=用气人口数/城市人口总数*100%

道路长度 指道路长度和与道路相通的桥梁、隧道的长度，按车行道中心线计算。

排水管道长度 指所有排水总管、干管、支管、检查井及连接井进出口等长度之和。计算时应按单管计算，即在同一条街道上如有两条或两条以上并排的排水管道时，应按每条排水管道的长度相加计算。

污水处理能力 指污水处理厂（或处理装置）每昼夜处理污水量的设计能力。

运营车数 指报告期末公交企业（单位）用于运营业务的全部车辆数。以企业（单位）固定资产台帐中已投入运营的车辆数为准；新购、新制和调入 的运营车辆，自投入之日起开始计算；调出、报废和调作他用的运营车辆，自上级主管机关批准之日起不再计入。

园林绿地面积 指报告期末用作园林和绿化的各种绿地面积。包括公共绿地、居住区绿地、单位附属绿地、防护绿地、生产绿地、道路绿地和风景林地面积。不包括：

1．屋顶绿化、垂直绿化、阳台绿化和室内绿化。

2．以物质生产为主的林地、耕地、牧草地、果园和竹园等。

3．城市总体规划中不列入绿地的水域。

公园绿地 指向公众开放的、以游憩为主要功能，有一定的游憩设施和服务设施，同时兼有健全生态、美化景观、防灾减灾等综合作用的绿化用地。

工业废水排放量 指经过企业厂区所有排放口排到企业外部的工业废水量。包括生产废水、外排的直接冷却水、超标排放的矿井地下水和与工业废水混排的厂区生活污水，不包括外排的间接冷却水（清污不分流的间接冷却水应计算在内）。

工业废水排放达标量 指各项指标都达到国家或地方排放标准的外排工业废水量，包括未经处理外排达标和经过处理后外排达标两部分。

工业废水处理量 指报告期内各种水治理设施实际处理的工业废水量，包括处理后外排和处理后回用的工业废水量和虽经处理但未达到国家或地方排放标准的废水量。如车间和厂排放口均有治理设施，并对同一废水分级处理时，不应重复计算工业废水处理量。

工业废气排放量 指企业厂区内燃料燃烧和生产工艺过程中产生的各种排入空气的含有污染物的气体总量，按标准状态〔273K，101325Pa〕计算。

工业二氧化硫排放量 指企业在燃料燃烧和生产工艺过程中排入大气的二氧化硫数量。

工业烟尘排放量 指企业厂区内燃料燃烧产生的烟气中夹带的颗粒物数量。

工业粉尘排放量 指企业在生产工艺过程中排放的颗粒物重量，如钢铁企业的耐火材料粉尘、焦化企业的筛焦系统粉尘、烧结机的粉尘、石灰窑的粉尘、建材企业的水泥粉尘等。不包括电厂排入大气的烟尘。

工业固体废物产生量 指企业在生产过程中产生的固体状、半固体状和高浓度液体状废弃物的总量，包括危险废物、冶炼废渣、粉煤灰、炉渣、煤矸石、尾矿、放射性废物和其他废物等； 不包括矿山开采的剥离废石和掘进废石（煤矸石和呈酸性或碱性的废石除外）。酸性或碱性废石指采掘的废石其流经水、雨淋水的 pH 值小于 4 或 pH 值大于 10.5 者。

工业固体废物处置量 指将固体废物焚烧或者最终置于符合环境保护规定要求的场所，并不再回取的工业固体废物量（包括当年处置往年的工业固体废物累计贮存量）。处置方法有填埋（其中危险废物应安全填埋）、焚烧、专业贮存场（库）封场处理、深层灌注、回填矿井等。

工业固体废物排放量 指将所产生的固体废物排到固体废物污染防治设施、场所以外的数量，不包括矿山开采的剥离废石和掘进废石（煤矸石和呈酸性或碱性的废石除外）。

一般工业固体废物综合利用率=一般工业固体废物综合利用量（含综合利用往年贮存量）/一般工业固体废物产生量*100%

（十七）分区社会经济

CHAPTER 17
SOCIAL ECONOMY BY DISTRICT AND COUNTY

表 17—1　分区户籍人口及构成（2021 年末）

计量单位：人

地　区	总人口	按性别分		性别比例（以女性为 100）
		男	女	
全　市	7337258	3636612	3700646	98.27
玄　武	464454	229904	234550	98.02
秦　淮	680408	331113	349295	94.79
建　邺	452363	221453	230910	95.90
鼓　楼	920441	454447	465994	97.52
浦　口	826167	412241	413926	99.59
栖　霞	566713	280227	286486	97.82
雨花台	326889	164047	162842	100.74
江　宁	1247510	616939	630571	97.84
六　合	947986	471198	476788	98.83
溧　水	453027	226967	226060	100.40
高　淳	451300	228076	223224	102.17

注：本表根据市公安局提供的数据编制。

表 17—2　分区年末户数（2021 年末）

计量单位：户

地　区	2021 年	比上年增加
全　市	2668149	63057
玄　武	157071	1465
秦　淮	263574	642
建　邺	139574	4628
鼓　楼	328958	2685
浦　口	292974	11384
栖　霞	205097	8507
雨花台	126042	4936
江　宁	480798	18668
六　合	341080	4305
溧　水	166371	3514
高　淳	166610	2323

注：本表根据市公安局提供的数据编制。

表 17—3　分区年末常住人口

计量单位：万人

地　区	2021 年	2020 年	2021 年为上年%
全　市	942.34	931.97	101.1
玄　武	53.73	53.81	99.9
秦　淮	74.17	74.15	100.0
建　邺	54.75	53.46	102.4
鼓　楼	94.18	94.07	100.1
浦　口	120.20	117.22	102.5
栖　霞	99.74	98.83	100.9
雨花台	61.63	60.91	101.2
江　宁	195.43	192.66	101.4
六　合	94.90	94.71	100.2
溧　水	50.14	49.16	102.0
高　淳	43.47	42.99	101.1

注：本表根据南京市第七次全国人口普查数据编制。

表 17—4　分区人口出生与死亡（2021 年）

计量单位：人、‰

地　区	出生		死亡		自然增长	
	人数	出生率	人数	死亡率	人数	增长率
全　市	52786	7.25	43831	6.02	8955	1.23
玄　武	2376	5.10	2714	5.82	-338	-0.72
秦　淮	3227	4.73	5533	8.11	-2306	-3.38
建　邺	2680	6.05	1875	4.23	805	1.82
鼓　楼	4450	4.83	6181	6.71	-1731	-1.88
浦　口	8466	10.46	3876	4.79	4590	5.67
栖　霞	4438	7.96	3139	5.63	1299	2.33
雨花台	2782	8.64	1687	5.24	1095	3.40
江　宁	12219	9.95	5845	4.76	6374	5.19
六　合	6040	6.37	6584	6.94	-544	-0.57
溧　水	3356	7.43	2947	6.53	409	0.90
高　淳	2752	6.10	3450	7.65	-698	-1.55

注：本表根据市公安局提供的数据编制。

表 17—5　分区婚姻登记情况（2021 年）

地　区	内地居民登记结婚对数（对）	内地居民准予登记离婚对数（对）
全　市	59230	23501
玄　武	3995	1701
秦　淮	4519	2267
建　邺	7132	2350
鼓　楼	6362	2839
浦　口	3527	1156
栖　霞	4396	1854
雨花台	3315	1420
江　宁	10276	3960
六　合	4521	1520
溧　水	3171	1040
高　淳	2230	769
江北新区直管区	5786	2625

注：本表数据由市民政局提供。浦口和六合为剔除江北新区直管区后的口径。

表17—6　分区地区生产总值（2021年）

计量单位：亿元

地　区	地区生产总值	第一产业增加值	第二产业增加值	工业增加值	第三产业增加值
全　市	16355.32	303.94	5902.65	4991.39	10148.73
玄　武	1205.94		21.21	8.66	1184.73
秦　淮	1324.42		93.37	81.95	1231.05
建　邺	1214.95		377.24	282.19	837.71
鼓　楼	1921.08		153.15	28.13	1767.93
浦　口	490.48	46.68	161.52	113.63	282.28
栖　霞	1708.88	7.78	977.75	802.45	723.35
雨花台	1015.55	0.11	183.39	159.36	832.05
江　宁	2810.47	71.69	1519.00	1285.37	1219.78
六　合	567.56	70.14	208.40	168.44	289.02
溧　水	1000.95	51.88	513.52	437.71	435.55
高　淳	560.24	48.79	245.16	113.19	266.29
江北新区直管区	2561.70	6.86	1396.03	1272.62	1158.81

注：浦口和六合为剔除江北新区直管区后的口径。

表 17—7　分区地区生产总值发展速度（2021 年）

计量单位：%

地　区	地区生产总值	第一产业增加值	第二产业增加值	工业增加值	第三产业增加值
全　市	107.5	100.8	107.6	108.8	107.6
玄　武	108.8		99.7	116.3	108.9
秦　淮	108.3		109.1	111.5	108.3
建　邺	108.3		106.4	108.2	109.2
鼓　楼	108.3		106.1	108.8	108.4
浦　口	107.0	100.7	110.4	113.2	106.3
栖　霞	108.0	98.3	107.2	106.6	109.3
雨花台	107.1	62.1	112.9	115.2	106.0
江　宁	107.5	99.7	107.8	108.8	107.6
六　合	108.6	100.8	111.5	116.7	108.6
溧　水	108.4	101.5	110.3	111.4	107.1
高　淳	107.6	102.3	106.1	113.2	110.1
江北新区直管区	114.3	100.3	111.1	112.3	118.2

注：本表发展速度按可比价计算。

表 17—8　分区一般公共预算收入（2021 年）

计量单位：亿元

地　区	2021 年	2021 年为上年%
全　市	1729.52	105.6
玄　武	105.08	108.4
秦　淮	110.52	110.4
建　邺	161.66	116.6
鼓　楼	176.59	106.6
浦　口	78.17	111.5
栖　霞	151.76	109.4
雨花台	91.58	109.1
江　宁	265.30	100.4
六　合	52.72	113.7
溧　水	81.88	103.6
高　淳	43.04	113.3
江北新区直管区	215.27	114.4

注：本表数据由市财政局提供。

表 17—9　分区城镇居民人均可支配收入（2021 年）

计量单位：元

地　区	2021 年	2021 年为上年%
全　市	73593	108.9
玄　武	81472	108.8
秦　淮	74597	108.8
建　邺	71718	108.9
鼓　楼	80735	109.1
浦　口	67910	108.7
栖　霞	72059	109.4
雨花台	71663	109.1
江　宁	70989	108.5
六　合	66353	109.2
溧　水	64859	108.6
高　淳	65444	108.5
江北新区直管区	71313	109.5

注：浦口和六合收入不包含江北新区直管区部分。

表 17—10 分区私营和个体从业人员（2021 年）

计量单位：人

地 区	私营企业从业人员	个体从业人员
全 市	2598297	1652150
市局登记	147019	16
江北新区	238758	153266
玄 武	141823	82261
秦 淮	248757	204660
建 邺	156521	97432
鼓 楼	276240	118496
浦 口	115262	81531
栖 霞	254483	121946
雨花台	125244	140253
江 宁	417298	365073
六 合	116672	109657
溧 水	132481	120727
高 淳	199187	55172
# 经济技术开发区	28547	1660
化学工业园区	5	

注：本表数据来自市市场监督管理局。反映市级、区级登记机关登记数量。各区数据均不包含在市市场监督管理局登记企业。栖霞区数据不包含经济技术开发区的数据。江北新区不包含化学工业园区数据。

表 17—11 农村经济概况（2021 年）

指 标	全市	其中			
		江北新区直管区	浦口	栖霞	雨花台
一、基本情况					
镇数（个）	6				
村民委员会数（个）	325	9	26	29	
户籍总人口（万人）					
# 乡村人口	195.58	7.17	19.18	6.43	1.76
乡村总户数（万户）	64.37	2.50	6.10	2.10	0.66
年末乡村从业人员（万人）	112.01	3.64	9.51	3.71	0.99
# 农林牧渔业从业人员	21.08	0.52	1.70	0.93	0.03
工业从业人数（万人）	35.10	1.28	2.75	1.28	0.36
二、农业					
1. 生产条件					
耕地灌溉面积（千公顷）	222.01	6.97	23.67	7.61	0.33
农业机械总动力（万千瓦）	236.83	3.46	26.20	4.77	0.53
机耕面积（千公顷）	248.58	3.83	12.80	9.86	0.05
机播面积（千公顷）	172.34	2.87	8.38	9.06	0.05
机电灌溉面积（千公顷）	229.49	2.76	12.80	9.93	0.05
机收面积（千公顷）	185.33	3.18	9.34	8.13	0.05
化肥施用量（折纯量）（吨）	53146	2075	2798	1312	152
农药使用量（吨）	1147	18	18	35	
地膜使用量（吨）	2264	5	86	202	1
农村用电量（万千瓦小时）	322785	5059	21795	7083	9941

注：本表中耕地灌溉面积来源于市水务局。农业机械总动力、机耕面积、机播面积、机电灌溉面积、机收面积来源于市农业农村局。

表17—11 农村经济概况（2021年）（续表1）

指 标	江宁	六合	溧水	高淳
一、基本情况				
镇数（个）		1	3	2
村民委员会数（个）	73	47	37	104
户籍总人口（万人）				
# 乡村人口	46.82	43.73	32.82	37.67
乡村总户数（万户）	15.69	13.62	10.93	12.77
年末乡村从业人员（万人）	28.25	25.80	18.20	21.91
# 农林牧渔业从业人员	5.06	5.05	3.69	4.10
工业从业人数（万人）	11.03	6.92	5.68	5.80
二、农业				
1．生产条件				
耕地灌溉面积（千公顷）	50.3	57.53	38.33	37.27
农业机械总动力（万千瓦）	52.71	57.70	35.71	55.75
机耕面积（千公顷）	66.32	82.98	45.34	27.4
机播面积（千公顷）	45.62	55.84	31.82	18.7
机电灌溉面积（千公顷）	66.99	82.37	41.94	12.65
机收面积（千公顷）	49.71	61.98	32.74	20.2
化肥施用量（折纯量）（吨）	7942	21363	8390	9114
农药使用量（吨）	310	247	296	223
地膜使用量（吨）	661	269	548	492
农村用电量（万千瓦小时）	86326	62467	79996	50118

表 17—11　农村经济概况（2021 年）（续表 2）

指　　标	全市	其中			
		江北新区直管区	浦口	栖霞	雨花台
2．农作物总播种面积（千公顷）					
粮食	136.59	2.77	4.83	4.18	0.05
小麦	41.74	0.96	1.22	1.63	0.03
稻谷	82.23	1.45	2.20	1.44	0.03
玉米	5.09	0.21	0.54	0.46	
大豆	3.93	0.12	0.57	0.59	
油菜籽	19.60	0.34	1.39	0.28	
棉花	0.30				
苎麻	0.20				
糖料	0.10				
蔬菜（含菜用瓜）	80.54	2.84	5.98	5.39	0.10
3．农林牧渔业产品产量（吨）					
粮食	984826	18814	32171	25317	340
小麦	207650	4507	6087	8271	120
稻谷	712654	12530	18909	12477	220
玉米	32522	1270	3696	2850	
大豆	10153	322	1570	1497	
油菜籽	45517	557	3345	715	
棉花	358				
苎麻	484				
糖料	4221				
蔬菜（含菜用瓜）	2781489	81046	211096	104097	3411
茶叶	1436	2	101	1	
园林水果	145670	8438	11424	2950	
猪牛羊肉总产量	14310	38	1269	1881	
# 猪肉产量	13748	36	1232	1872	
牛奶产量	15067				
水产品产量	163736	2430	20045	3645	55

注：本表中茶叶、园林水果、水产品产量来源于市农业农村局。

表 17—11　农村经济概况（2021 年）（续表 3）

指　　标	江宁	六合	溧水	高淳
2．农作物总播种面积（千公顷）				
粮食	28.25	58.52	28.56	9.43
小麦	7.03	20.53	8.60	1.74
稻谷	19.26	33.55	17.28	7.02
玉米	0.47	2.44	0.64	0.33
大豆	0.53	1.09	0.85	0.18
油菜籽	5.07	5.78	3.32	3.42
棉花	0.10		0.18	0.02
苎麻			0.20	
糖料	0.04		0.05	0.01
蔬菜（含菜用瓜）	28.00	20.36	12.32	5.55
3．农林牧渔业产品产量（吨）				
粮食	219509	407546	207006	74123
小麦	33786	103902	42970	8007
稻谷	175125	279830	150997	62566
玉米	3090	15500	3912	2204
大豆	1474	2648	2210	432
油菜籽	9809	14352	8162	8577
棉花	116		217	25
苎麻			484	
糖料	2161		1676	384
蔬菜（含菜用瓜）	987037	710271	431920	252611
茶叶	504	88	367	370
园林水果	38085	34200	36420	14153
猪牛羊肉总产量	1832	3741	4135	1414
# 猪肉产量	1700	3498	4012	1398
牛奶产量		15067		
水产品产量	28211	32977	28300	48073

表 17—11 农村经济概况（2021 年）（续表 4）

指　　标	全市	其中			
		江北新区直管区	浦口	栖霞	雨花台
4．农林牧渔及服务业总产值（现价）（万元）	5040149	103879	777525	112584	1819
农业	2715300	81069	413409	82694	1476
林业	224358	2309	62451	930	253
牧业	210199	5821	35568	9660	
渔业	1501892	10222	201533	13200	90
农林牧渔专业及辅助性活动	388400	4458	64564	6100	0
农林牧渔及服务业增加值（现价）（万元）	3265488	71387	506122	80965	1126
三、农村居民人均收入和支出情况					
（一）农村居民人均可支配收入（元）	32701		33157		
1．工资性收入	22320		18841		
2．经营净收入	4852		9412		
3．财产净收入	1630		2013		
4．转移净收入	3899		2891		
（二）农村居民人均消费支出（元）	24006		24727		

表 17—11 农村经济概况（2021 年）（续表 5）

指　　标	江宁	六合	溧水	高淳
4．农林牧渔及服务业总产值（现价）（万元）	1213039	1124669	860535	846099
农业	773520	664750	491500	206882
林业	35698	60630	37650	24437
牧业	30364	55948	49000	23838
渔业	269637	264685	207870	534655
农林牧渔专业及辅助性活动	103820	78656	74515	56287
农林牧渔及服务业增加值（现价）（万元）	775862	747724	560116	522186
三、农村居民人均收入和支出情况				
（一）农村居民人均可支配收入（元）	33391	32021	32032	32738
1．工资性收入	24407	25773	18775	16640
2．经营净收入	4586	2249	7936	12119
3．财产净收入	1721	927	2787	1520
4．转移净收入	2676	3072	2534	2459
（二）农村居民人均消费支出（元）	26268	25059	22538	24399

注：浦口和六合居民收入不包含江北新区直管区部分。

表 17—12　分区规模以上工业企业主要经济指标（2021 年）

计量单位：万元

地　区	企业单位数（个）	亏损企业	资产总计	流动资产	固定资产原价	累计折旧
全　市	3975	764	166010450	103827583	72592725	37973727
玄　武	32	1	840710	398684	485337	160905
秦　淮	65	10	4626348	1899620	1894424	672136
建　邺	47	11	3897393	3354902	713211	389528
鼓　楼	62	12	2197211	1928958	270267	195583
浦　口	258	65	7135176	4140470	3605072	1514833
栖　霞	389	81	27723366	16637813	17217086	8946149
雨花台	117	29	6007849	3226449	4955550	3092344
江　宁	1124	207	48784817	32180852	13196709	6276572
六　合	366	62	4593367	2828909	1521231	642981
溧　水	622	113	10771829	7503799	2819464	1069827
高　淳	264	51	2557042	1648796	927936	373256
江北新区直管区	628	122	45973784	27638792	24143403	13999124

表 17—12　分区规模以上工业企业主要经济指标（2021 年）（续表）

计量单位：万元

地　区	负债	流动负债	主营业务收入	税金及附加	盈亏相抵后利润总额	从业人员平均人数（万人）
全　市	89948127	78159060	147180403	5047753	10989139	61.24
玄　武	473620	408822	467766	2019	49290	0.35
秦　淮	2421033	1299457	1763798	14098	118381	1.06
建　邺	703752	688351	3373825	1684968	523999	0.42
鼓　楼	1373797	1311688	2480088	5365	84181	0.72
浦　口	3914166	2677181	3607128	36233	332022	2.37
栖　霞	15213923	12708748	35052587	1752635	2012333	10.53
雨花台	2774110	2621031	6216623	29924	515715	2.03
江　宁	27302414	23659718	37528394	365857	3067852	19.66
六　合	2416746	2244552	3724529	17749	197949	3.78
溧　水	6783087	6292345	7976630	38174	588109	6.35
高　淳	1470966	1333356	2074029	10933	96889	2.46
江北新区直管区	24830702	22709730	42764623	1078001	3382122	11.39

表 17—13　分区全社会固定资产投资（2021 年）

计量单位：亿元

地　区	全社会固定资产投资	工业投资	房地产开发投资
全　市	5675.24	1056.97	2719.8
玄　武	158.32	2.06	76.15
秦　淮	263.4	6.57	149.78
建　邺	489.06	2.43	374.95
鼓　楼	274.57	0.84	200.17
浦　口	579.19	111.28	296.21
栖　霞	604.69	115.38	361.03
雨花台	348.51	1.08	237.41
江　宁	890.72	217.36	380.90
六　合	259.98	64.48	102.49
溧　水	393.61	152.1	130.72
高　淳	231.61	56.24	69.52
江北新区直管区	802.68	272.49	340.48

表 17—14　分区社会消费品零售总额（2021 年）

计量单位：亿元

地　区	2021 年	2021 年为上年%
全　市	7899.41	109.7
玄　武	1129.77	109.8
秦　淮	1031.04	109.7
建　邺	451.24	113.5
鼓　楼	1145.73	111.3
浦　口	150.10	109.7
栖　霞	512.01	110.9
雨花台	731.18	108.0
江　宁	1032.02	108.2
六　合	294.05	112.1
溧　水	398.12	113.8
高　淳	264.14	112.0
江北新区直管区	760.02	113.5

注：浦口和六合为剔除江北新区直管区后的口径。

表 17—15　分区出口总额（按经营单位口径）（2021 年）

计量单位：亿元

地　区	2021 年	2021 年为上年%
全　市	3989.9	117.4
玄　武	221.4	124.5
秦　淮	409.7	113.0
建　邺	162.9	97.4
鼓　楼	431.5	117.8
浦　口	128.7	137.9
栖　霞	582.2	111.3
雨花台	223.1	93.5
江　宁	1199.3	123.9
六　合	64.9	120.7
溧　水	120.4	112.9
高　淳	90.3	113.4
江北新区直管区	355.7	135.7

注：本表数据由市商务局提供。

表 17—16　分区新批三资企业数（2021 年）

计量单位：个

地　区	2021 年	2021 年为上年%
全　市	925	111.6
玄　武	29	116.0
秦　淮	79	127.4
建　邺	74	119.4
鼓　楼	52	118.2
浦　口	59	81.9
栖　霞	127	118.7
雨花台	55	125.0
江　宁	138	92.6
六　合	28	90.3
溧　水	81	119.1
高　淳	39	84.8
江北新区直管区	164	137.8

注：本表数据由市商务局提供。

表 17—17　分区实际使用外资（2021 年）

计量单位：万美元

地　区	2021 年	2021 年为上年%
全　市	501445	111.1
玄　武	39416	165.1
秦　淮	30049	92.5
建　邺	38234	116.7
鼓　楼	29002	97.2
浦　口	35940	112.3
栖　霞	91889	100.3
雨花台	36570	149.2
江　宁	104523	87.0
六　合	34220	106.0
溧　水	28427	88.8
高　淳	21226	88.7
江北新区直管区	88059	105.9

注：本表数据由市商务局提供。

表 17—18　分区对外承包劳务实际完成营业额（2021 年）

计量单位：万美元

地　区	2021 年	2021 年为上年%
全　市	241317	106.3
玄　武	5797	77.7
秦　淮	2653	102.9
建　邺	9642	91.2
鼓　楼	95006	93.1
浦　口	347	35.6
栖　霞	28553	158.9
雨花台	1973	88.3
江　宁	52880	108.5
六　合	3167	487.2
溧　水	2310	118.2
高　淳		

注：本表数据由市商务局提供。

表 17—19 分区中小学、幼儿园学校数（2021 年）

计量单位：所

地 区	普通中学		小 学	幼儿园
	高中	初 中		
全 市	60	204	392	1035
玄 武	5	12	26	55
秦 淮	7	12	35	79
建 邺	4	12	26	61
鼓 楼	8	16	46	93
浦 口	5	30	43	131
栖 霞	5	18	43	91
雨花台	5	11	24	68
江 宁	9	38	48	209
六 合	6	28	43	104
溧 水	3	15	29	79
高 淳	3	12	29	65

注：本表数据由市教育局提供。

表 17—20　分区中小学、幼儿园在校学生数（2021 年）

计量单位：人

地　区	普通中学		小学	幼儿园
	高中	初中		
全　市	95471	193047	500138	283382
玄　武	9157	15693	27739	12976
秦　淮	10313	16447	35731	17915
建　邺	5532	10544	28052	16163
鼓　楼	14930	26527	61509	24807
浦　口	5645	20579	63322	41776
栖　霞	5139	14877	46286	28181
雨花台	5238	11192	29009	19222
江　宁	15565	33328	103564	65472
六　合	11547	21495	50874	27574
溧　水	6409	11835	29486	16111
高　淳	5996	10530	24566	13185

注：本表数据由市教育局提供。

表 17—21　分区中小学、幼儿园专任教师数（2021 年）

计量单位：人

地　区	普通中学	小学	幼儿园
全　市	28375	34809	21162
玄　武	2094	1904	1141
秦　淮	2693	2603	1625
建　邺	1731	2415	1442
鼓　楼	3761	4037	2015
浦　口	2801	4371	2982
栖　霞	2385	3471	2095
雨花台	1552	2065	1450
江　宁	4700	6951	4475
六　合	3288	3330	2029
溧　水	1783	2057	1004
高　淳	1587	1605	904

注：本表数据由市教育局提供。

表 17—22　分区公共文化设施数（2021 年）

计量单位：个

地　区	图书馆	文化馆	文化站	博物馆	美术馆
全　市	15	14	101	72	4
玄　武	2	2	7	20	1
秦　淮	1	2	12	13	2
建　邺	2	1	6	3	
鼓　楼	1	1	13	11	1
浦　口	1	1	9	1	
栖　霞	1	1	9	2	
雨花台	1	1	7	5	
江　宁	1	1	10	9	
六　合	2	2	12	4	
溧　水	2	1	8	1	
高　淳	1	1	8	3	

注：本表数据由市文化和旅游局提供。

表 17—23　分区卫生机构情况（2021 年）

计量单位：个

地　区	机构数	医　院	疾病预防控制中心（防疫站）	妇幼保健所（站）
全　市	3451	277	15	14
玄　武	219	23	2	1
秦　淮	441	50	1	2
建　邺	236	13	1	1
鼓　楼	417	46	3	2
浦　口	329	23	1	1
栖　霞	257	22	1	1
雨花台	195	18	1	1
江　宁	655	41	1	1
六　合	295	16	2	2
溧　水	185	9	1	1
高　淳	222	16	1	1

注：本表数据由市卫生健康委员会提供。

表 17—24　分区卫生机构床位和人员情况（2021 年）

地　区	床位数（张）	卫生人员（人）	执业医师和助理医师（人）	注册护士（人）
全　市	66087	128891	39326	47874
玄　武	4191	9319	2912	3222
秦　淮	10489	21375	6541	7936
建　邺	2535	7438	2202	2626
鼓　楼	21461	36712	10815	15624
浦　口	3762	9271	2649	3069
栖　霞	3101	6753	2135	2312
雨花台	2214	3903	1228	1378
江　宁	9856	17339	5385	5846
六　合	3400	7626	2496	2628
溧　水	2317	4692	1550	1637
高　淳	2761	4463	1413	1596

注：本表数据由市卫生健康委员会提供。

表 17—25　分区提供住宿的社会工作机构、床位和社区服务设施基本情况（2021 年）

地　区	提供住宿的社会工作机构数（个）	提供住宿的社会工作机构床位数（张）	社区服务设施数（个）
全　市	341	49132	6462
市本级	6	4611	14
玄　武	15	2883	495
秦　淮	52	5567	342
建　邺	13	2075	449
鼓　楼	45	5455	757
浦　口	15	2536	264
栖　霞	30	3618	1165
雨花台	20	2107	337
江　宁	60	7362	983
六　合	26	3295	303
溧　水	20	3672	166
高　淳	14	3375	762
江北新区	25	2576	425

注：本表数据由市民政局提供。为支持民办养老机构，壮大养老事业，反映全养老机构发展状况，民政部取消“收养性社会福利单位”指标，新增“提供住宿的社会工作机构”指标。